ANTON HAJOS

EINFÜHRUNG IN DIE WAHRNEHMUNGSPSYCHOLOGIE

DIE PSYCHOLOGIE

Einführungen in Gegenstand, Methoden und Ergebnisse
ihrer Teildisziplinen und Hilfswissenschaften

WISSENSCHAFTLICHE BUCHGESELLSCHAFT
DARMSTADT

ANTON HAJOS

EINFÜHRUNG IN DIE WAHRNEHMUNGSPSYCHOLOGIE

WISSENSCHAFTLICHE BUCHGESELLSCHAFT
DARMSTADT

Einbandgestaltung: Studio Franz & McBeath, Stuttgart.

1. Auflage 1980

Die Deutsche Bibliothek – CIP-Einheitsaufnahme

Hajos, Anton:
Einführung in die Wahrnehmungspsychologie /
Anton Hajos. – 2., unveränd. Aufl. – Darmstadt:
Wiss. Buchges., 1991
(Die Psychologie)
ISBN 3-534-07740-7

Bestellnummer 07740-7

2., unveränderte Auflage 1991

Gedruckt auf säurefreiem und alterungsbeständigem Offsetpapier
Satz: Fotosatz Janß, Pfungstadt
Druck und Einband: Wissenschaftliche Buchgesellschaft, Darmstadt
Printed in Germany
Schrift: Linotype Garamond, 9/11

ISSN 0174-0962
ISBN 3-534-07740-7

INHALTSVERZEICHNIS

VORWORT

Der Kenntnisbestand der Wahrnehmungsforschung ist, nicht zuletzt durch die bedeutsame Mithilfe der Sinnesphysiologie und anderer Nachbardisziplinen, im Laufe der letzten hundert Jahre enorm gewachsen. Eine „Einführung" kann sich im Hinblick auf die breit gefächerten Probleme der Wahrnehmungsforschung nicht das Ziel setzen, alle diese Probleme anzusprechen, geschweige denn, sie systematisch abzuhandeln. Für eine „Einführung in die Wahrnehmungspsychologie" steht nur das Vorgehen offen, exemplarisch und auswählend einige wenige Probleme aufzugreifen und diese stellvertretend für viele andere zu behandeln. Auf diese Weise geht die hier vorliegende Arbeit vor.

Eine Auswahl setzt Kriterien voraus. Zwei Kriterien spielten bei der Auswahl des Stoffes eine wesentliche Rolle. Das eine ergibt sich aus dem historischen Aspekt: man kann den Weg der Forschung in der zeitlichen Reihenfolge, die diese gegangen ist, am einfachsten darstellen. Zuerst das *Einfache, Elementare*, welches Voraussetzung für das Verständnis des Komplexen und Strukturellen ist, das dann behandelt werden kann. Das zweite Auswahlkriterium ist eine Folge des ersten. Die Anwendung von Kenntnissen der Forschung folgt mit einer Zeitverzögerung nach, auch dann, wenn ein praktischer Bedarf die Forschung in Gang gesetzt hat. Alsbald überholt die Forschung die Fragestellung der praktischen Anwendungen und geht dann oft auch eigene Wege. Bei der Auswahl des Stoffes galt, daß aus dem Einfachen und Elementaren diejenigen Kenntnisse ausgesucht werden sollten, die uns täglich als *Anwendungen* begegnen. Es galt also, aus der Fülle der Kenntnisse über Wahrnehmungsprozesse diejenigen Kenntnisse auszusuchen, die einfache Sachverhalte betreffen und die in der Praxis häufig angewendet werden.

Die Arbeit entstand aus den Unterlagen einer einführenden Lehrveranstaltung zur Wahrnehmungspsychologie, die für Studenten der Psychologie des ersten bis dritten Semesters vorgesehen ist. Am Anfang des Studiums der Psychologie kann eine einführende Veranstaltung über Wahrnehmungspsychologie sehr verschiedene didaktische Ziele haben. Hier werden Probleme des Verhaltens, des Erlebens, des Messens und experimentellen Vorgehens in der Psychologie überhaupt bedeutsam und sind didaktisch oft wichtiger als bestimmte, für den Fachmann besonders wichtige Probleme der Wahrnehmungsforschung selbst. Die jahrelange Erfahrung mit dieser einführenden Veranstaltung zeigte, daß Studenten, die in einer naturwissenschaftlich betriebenen und an Verhaltensaspekten orientierten Psychologie ausgebildet werden, besonderes Interesse gerade an Problemen zeigen, die eine nach dem Erleben fragende Psychologie mit sich bringt. Diesem Interesse versucht die vorliegende Einführung im ersten Teil entgegenzukommen.

Die Wahrnehmungsforschung ist, seitdem sie besteht, messend und experimentell. Das Messen und Experimentieren setzt nicht voraus, daß das Erleben zugunsten des Verhaltens zurückzutreten hat. Gerade die klassische Psychophysik ist ein gutes Beispiel dafür, daß Psychologie messend, experimentell und zugleich erlebnisorientiert sein kann. Der zweite Teil dieser Einführung zeigt, daß Wahrnehmungsforschung erlebnisorientiert und zugleich messend sein kann.

Die studentische Auseinandersetzung mit dem Lehrstoff ist oft eine kritische Reflexion der Brauchbarkeit seiner Inhalte, insbesondere zu Beginn des Studiums. Die berechtigte Frage, warum bestimmte Grundlagenkenntnisse — und gerade diese — vermittelt werden, stellt sich insbesondere zu Anfang eines Studiums, wo die Anwendungsfächer so gut wie gar nicht vertreten sind. Die Wahrnehmungspsychologie kann schon zu Beginn zugleich auch anwendungsorientiert sein, bei der Vermittlung von theoretischen Kenntnissen können diese um ihre Anwendung gruppiert werden. Eine solche Möglichkeit besteht durch die Einfachheit der Prüfverfahren der individuellen Leistungsfähigkeit und Leistungsbereitschaft der Sinnessysteme. Der dritte Teil behandelt Anwendungsmöglichkeiten und -bereiche des im zweiten Teil dargestellten Stoffes.

Wissenschaft ist eine wichtige und ernste Sache und muß auch so aufgefaßt werden. Sie verträgt nicht nur Kritik, sondern auch ein wohlwollendes Lächeln mit Würde. Der Gelehrtentyp des „zerstreuten Professors“ verträgt sich gut mit einigen Karikaturen über die Wissenschaft, die zur Auflockerung und, wie die Erfahrung zeigt, als besonders gute Gedächtnisstütze für abstrakte Sachverhalte in die Arbeit eingefügt sind. Oft vermag ein solches Bild nicht nur die Diskussionsfreudigkeit der Studenten zu wecken, sondern auch das Gemeinte so prägnant darzustellen, wie dies mit einem seitenlangen Text kaum zu erreichen wäre. Für die Karikaturen bin ich meiner Frau Helga Krawielitzki-Hajos zu besonderem Dank verpflichtet.

Für die Durchsicht und Korrekturen des Manuskriptes danke ich Herrn Dipl.-Psych. D. Fey. Die Zeichnungsvorlagen stellte mit besonderer Gründlichkeit Herr F. Fuhrmann her. Die Reinschrift des Manuskriptes besorgte Frau Marlis Markmann. Allen, auch den Studenten des Fachbereichs Psychologie der Justus Liebig-Universität, die mit ihren Fragen und kritischen Bemerkungen meinen didaktischen Bemühungen als Maßstab dienten, möchte ich meinen herzlichen Dank aussprechen. Mein besonderer Dank gilt dem Verlag für die Hinweise, Ratschläge und das Verständnis bei der Herstellung des Manuskriptes.

Marburg/Lahn, 18. 11. 1978 A. Hajos

Erster Teil

GRUNDANNAHMEN, GRUNDBEGRIFFE UND PROBLEME DER WAHRNEHMUNGSFORSCHUNG

I. Reiz, Erregung und Wahrnehmung

1. *Wahrnehmungserlebnisse*

Es ist eine plausible und einsichtige *Annahme*, daß Menschen, die von Geburt an farbenblind sind, keine Farberlebnisse haben. Es ist nicht möglich, einem, der niemals Farberlebnisse hatte, beizubringen, was das Wesen des Farberlebnisses ist. Man kann ein assoziatives, abstraktes bzw. begriffliches Wissen über Farben vermitteln, niemals aber das Erlebnis der Buntheit von Farben. Das Verhalten der Farbenblinden zeigt zwar, daß der Gebrauch von Farbausdrücken erlernt werden kann, und selten ist ein Farbenblinder durch seine Sprache auffällig. Er gebraucht die Farbausdrücke assoziativ richtig („grünes Gras", „rote Kirsche", „blauer Himmel" usw.), versagt jedoch bei Farbwahrnehmungsaufgaben. Es fehlt dem Farbblinden das wahrnehmungsmäßig Wesentlichste, nämlich das Wahrnehmungs*erlebnis* der Farbe.

Andererseits ist es völlig überflüssig, dem Farbtüchtigen das Farberlebnis beschreiben zu wollen, abgesehen von den Schwierigkeiten einer solchen Beschreibung. Farbtüchtige haben unmittelbar und direkt gegebene Farberlebnisse, die nicht nur jede weitere Beschreibung überflüssig machen, sondern auch dafür bürgen, daß keine Beschreibung sie an Lebendigkeit, Unmittelbarkeit und Realcharakter jemals auch nur annähernd erreichen kann. Selbstverständlich gilt dies nicht nur für Farben, sondern für alle Sinneserlebnisse.

Hieraus kann gefolgert werden, daß es völlig überflüssig ist, in der Wahrnehmungspsychologie inhaltliche Beschreibungen von Wahrnehmungserlebnissen anzustreben. Daher kann eine inhaltliche Beschreibung der Wahrnehmungserlebnisse nicht die zentrale Aufgabe der Wahrnehmungspsychologie sein. Es ist nur ein scheinbarer Widerspruch, wenn man dennoch feststellt, daß der Forschungsgegenstand der Wahrnehmungspsychologie die Wahrnehmungserlebnisse sind. Der Widerspruch löst sich auf, wenn man statt der inhaltlichen Beschreibung der Sinneserlebnisse die funktionelle Abhängigkeit der Sinneserlebnisse untereinander, den funktionellen Zusammenhang zwischen Reizen und Sinneserlebnissen sowie zwischen Erregungsprozessen im Nervensystem und Sinneserlebnissen als Beschreibungsaufgabe wählt. Die Wahrnehmungspsychologie versucht diesen Aufgaben gerecht zu werden.

2. *Die Annahme von Sinneserlebnissen*

Legt man an einige Formulierungen des vorigen Abschnittes strenge erkenntnistheoretische Kriterien an, so lassen sich die Aussagen kaum aufrechterhalten. Um das Gemeinte zu demonstrieren, wollen wir einige Aussagen konstruieren und überlegen, ob die Aussagen aufrechterhalten werden können oder nicht.

Aussage I: „Ein fünf Tonnen schwerer Kalkstein friert."

Aussage II: „Der Stein kann nicht frieren, er hat kein Erlebnis, sondern nur eine physikalisch meßbare, niedrige Temperatur."

Man möge hierzu die Formulierungen parallel setzen:

Aussage Ia: „Farbtüchtige haben unmittelbar und direkt gegebene Farberlebnisse."

Aussage IIa: „Farbtüchtige haben keine Farberlebnisse, sondern nur eine auf der verbalen oder Verhaltensebene registrierbare Farbdiskriminationsleistung."

Es kann niemand daran Anstoß nehmen, wenn man eigene Sinneserlebnisse beschreibt und behauptet, diese tatsächlich gehabt zu haben. Problematisch ist jedoch die Schlußfolgerung, daß in der gleichen Situation auch andere diese oder ähnliche Sinneserlebnisse haben. Obwohl niemand ernsthaft daran zweifelt, ist der Beweis, daß ein anderer überhaupt, geschweige denn die gleichen Sinneserlebnisse (allgemein Erlebnisse, Bewußtsein) hat, unmöglich durchzuführen. An das Wahrnehmungs*erlebnis* eines anderen kommt man nicht heran.

Jedes Individuum sitzt im eigenen „Diogenes-Faß", aus dem es nicht heraus kann, und hat nur die Möglichkeit, andere Fässer von „außen" zu sehen. Bei der Ähnlichkeit der Menschen in äußerlichen, anatomischen, chemischen, physiologischen Eigenschaften denkt sich Nr. 7: „Wenn ich in unzähligen *nachprüfbaren* Eigenschaften dem Mitmenschen ähnlich bin, so nehme ich an, daß auch in der Eigenschaft, ein Bewußtsein und Erlebnisse zu haben, Ähnlichkeit zwischen uns besteht: also haben auch die Mitmenschen, wie ich, ein Bewußtsein." Aus der Art der Schlußfolgerung ist ersichtlich, daß die Annahme von Erlebnissen bei Mitmenschen durch Analogieschluß erfolgt. Dieser Analo-

Abb. 1. Der Psychologe im „DIOGENES-Faß".

„Weil ich in dem Faß sitze und zwischen meinem und den anderen Fässern keinen Unterschied feststellen kann, nehme ich an, daß auch in den anderen Fässern Individuen mit Erleben (Wahrnehmung usw.) sitzen."

Die Fässer sind Symbole sowohl für das Körperlich-Äußere, als auch für alle interindividuell (= über die Personen hinweg) und empirisch experimentell direkt erfaßbaren Erscheinungen und Prozesse, so auch z. B. für das sprachliche, mimische (= Ausdrucksbewegungen) und sonstige Verhalten.

(Zeichnung von H. Krawielitzki-H.)

gieschluß ist die Grundlage der Übereinkunft (allgemeingültige Annahme, Konvention), daß beim Vorliegen bestimmter anatomisch-physiologischer Bedingungen dem Mitmenschen ein Bewußtsein und damit auch Sinneserlebnisse zugeschrieben werden. Die allgemeine Konvention in der Wahrnehmungspsychologie, daß bei gleichen äußeren Bedingungen und gleicher Wahrnehmungsleistung auch gleiche Erlebnisse vorliegen, wird schon aus Gründen einer ökonomischen Kommunikation meist akzeptiert. Es ist einfacher zu sagen, die Versuchsperson (Vp) „sieht grün", als zu formulieren: „Die Vp berichtet, daß sie eine grüne Farbe sieht."

Die Bildung einer Konvention über das Erleben erscheint auch schon dadurch berechtigt, daß man nicht die Möglichkeit hat, das Erleben bei einem Mitmenschen, aber auch bei Tieren oder leblosen Objekten, mit

Abb. 2. „Haben Delphine Erlebnisse?"

Die bekannte Anekdote über die Delphine zeigt das erkenntnistheoretische Problem, das entsteht, wenn man Bewußtsein, Erleben usw. beweisen oder aber widerlegen will. Nicht nur der, der von einem anderen das Erleben behauptet, sondern auch der, der ihn widerlegen will, verwickelt sich in Widersprüche.

(Zeichnung von H. Krawielitzki-H.)

logischer Strenge zu negieren. Das Erleben eines anderen läßt sich weder beweisen noch abstreiten.

Bei jedem Versuch, einen *Nachweis* zu führen, begibt man sich in das bekannte „Münchhausen Trilemma" — den dogmatischen Schluß oder die zirkuläre Argumentation oder den unendlichen Regreß.

Als Illustration möge die bekannte Anekdote über die Delphine dienen.

Zwei Gelehrte, vielleicht ein Erlebnispsychologe und ein Verhaltensforscher, sehen spielenden Delphinen zu. Der Erlebnispsychologe sagt: „Sehen Sie, lieber Herr Kollege, wie sich die Delphine freuen!" — Worauf der Verhaltensforscher bemerkt: „Aber, aber, Herr Kollege — Sie können doch nicht sehen, daß sich die Delphine freuen!" — Worauf der erste sehr treffend erwidert: „Nun, Herr Kollege, wenn Sie recht haben, können Sie erst recht nicht sehen, daß ich nicht sehen kann, daß sich die Delphine freuen!"

Man verstehe das Beispiel folgendermaßen:
E = Erlebnispsychologe, V = Verhaltensforscher.
E behauptet: „Delphine haben Erlebnisse", V behauptet: „E kann nicht die Erlebnisse von Delphinen haben". E argumentiert nun: „Wenn V recht hat, kann V auch nicht die Erlebnisse von E haben und könne so nicht wissen, ob E die Erlebnisse von Delphinen hat oder nicht."

Annahmen und Konventionen muß jede Wissenschaft machen, hierbei hat die Psychologie sicher keine Sonderstellung. Auch in der Tatsache nicht, daß sie ihren Forschungsgegenstand nicht hinreichend beschreiben kann. Zum Vergleich möge man geduldig dem Physiker oder Chemiker zuhören, wenn diese beschreiben sollen, was Materie ist. Entscheidend ist, daß man sich diese Annahmen als solche klarmacht und sich fragt, ob die Annahme für die betreffende Wissenschaft brauchbare Grundlagen sind oder nicht. In der Wahrnehmungspsychologie hat sich die vorwissenschaftliche Annahme von Sinneserlebnissen gut bewährt, und sie führt vor allem zu einer wesentlichen Vereinfachung der Verständigung.

3. Reiz und Wahrnehmungserlebnis

Die einfachste und wohl auch primitivste Art der Beschreibung eines Sinneserlebnisses in der Wahrnehmungspsychologie ist die, daß man eine äußere, physikalische Situation, in welcher dieses Sinneserlebnis beim normalen Beobachter aufzutreten pflegt, hinreichend beschreibt. So ist das Sinneserlebnis, das ein solcher Beobachter bei einer elektromagnetischen Strahlung der Wellenlänge von 650 Nanometer, die auf eine reflektierende Fläche geworfen wird, erlebt, eine Rotempfindung. Eine solche primitive Hinweisdefinition eines Sinneserlebnisses kann präzisiert werden, im Prinzip ändert sich jedoch nur die Komplexität der Beschreibung der Bedingungen, unter welchen die Rotempfindung auftritt.

Auf der physikalischen Seite kann die Wellenlänge der elektromagnetischen Strahlung, die Strahlungsstärke bzw. Strahlungsdichte, deren Dauer usw. variiert werden. Auf der Beobachterseite variiert damit die Ähnlichkeit bzw. Unähnlichkeit der einzelnen Sinneserlebnisse. Statt nun das *Erlebnis* zu beschreiben, beschreibt die Wahrnehmungspsychologie diejenigen *physikalischen Situationen* bzw., wenn möglich, deren gemeinsame und für die Rotempfindung hinreichende Merkmale, in denen farbtüchtige Beobachter das Wahrnehmungserlebnis „Rot" haben bzw. die Rotempfindung keine bemerkbaren Änderungen erfährt.

Das gemeinsame Merkmal (oder die gemeinsamen Merkmale der physikalisch beschriebenen Situation) wird zum Korrelat der Rotempfindung und wird als *Reiz* für „rot" bezeichnet.

Analog lassen sich für andere Farbempfindungen, wie für „orange", „gelb", „grün", „blau" die Reize aufsuchen. Die Erlebniskategorien stammen aus der vorexperimentellen Erfahrung, zunächst liegen sie z. B. verbal vor und können später durch für sie repräsentative Standardreize ersetzt werden. Bei Variation der physikalischen Bedingungen der Reizsituation wie Wellenlänge, Strahlungsintensität, Strahlungsfläche, Strahlungsdauer usw. variiert das Sinneserlebnis mit. Eine Mannigfaltigkeit möglicher physikalischer Bedingungen steht einer Mannigfaltigkeit der Farbempfindungen gegenüber. Ziel der experimentellen Forschung ist, die *Ähnlichkeits- bzw. Unähnlichkeitsrelation* der Sinneserlebnisse auf physikalisch beschreibbaren Dimensionen der Reize abzubilden. Die Ähnlichkeits- oder Unähnlichkeitsrelation auf der Ebene der Sinneserlebnisse kann durch das Kriterium des *ebenmerklichen Unterschieds* als Einheit ausgedrückt werden. Durch beliebig feine Variation der physikalischen Bedingungen, z. B. der Wellenlänge des Lichtes, sucht man diejenigen Reizunterschiede auf, bei welchen das Sinneserlebnis ebenmerklich verändert ist (minimale Unähnlichkeit).

Gemeinsam ist dieser und einer Reihe anderer methodischer Vorgehensweisen, daß Zusammenhänge in der Erlebnismannigfaltigkeit als Reizbeziehungen oder daß ebenmerkliche Unterschiede der Empfindungsmannigfaltigkeit als Reizunterschiede beschrieben werden. Schließlich müssen Regeln für Operationen in der Reizebene definiert werden, denen Beziehungen in der Ebene der Sinneserlebnisse entsprechen.

Das Forschungsgebiet der Wahrnehmungspsychologie, welches sich mit diesem und ähnlichen Problemen beschäftigt, wird *Psychophysik* genannt. Ihre Grundlagen sind bei G. Th. FECHNER (1860) formuliert. Die Psychophysik erfuhr in den vergangenen hundert Jahren eine eher bescheidene Entwicklung, kann sich jedoch einer Reihe von praktischen Anwendungen rühmen.

Der natürliche Menschenverstand kann kaum umhin, bei der Reiz-Wahrnehmungs-Beziehung eine Ursache-Wirkungs-Beziehung (Kausalität) anzunehmen. Das physikalische Ereignis, der Reiz, ist die Ursache für das Sinneserlebnis, wie sollte es anders sein? Dennoch muß man mit der Annahme einer Kausalität vorsichtig sein. Schon FECHNER (1860), der Begründer der Psychophysik, distanzierte sich von der Annahme einer Kausalität und sprach nur von einem funktionellen Zusammenhang zwischen Reiz und Empfindung. Der Grund hierfür ist ein philosophisches Problem, das sogenannte Leib-Seele-Problem. Hier wurde (in der Philosophiegeschichte) seit Jahrhunderten danach gefragt, ob das Physische, Körperliche, materielle Grundlage des Psychischen, Geistigen, Seelischen sei oder umgekehrt. Das Problem wurde unter dieser Fragestellung bisher nicht gelöst. Die Psychophysik kommt ohne eine Annahme von Kausalität zwischen Reiz und Sinneserlebnis aus und begnügt sich damit, daß das System der Empfindungen über ein System von Reizen (funktionale Abbildung) beschreibbar ist. In einer solchen Beschreibung tritt der Reiz als notwendiges und hinreichendes funktionelles Korrelat von Sinnesempfindungen auf und ist einer interindividuellen Kontrolle (Nachprüfbarkeit) zugänglich.

4. Erregung und Wahrnehmungserlebnis

Nimmt man den Reiz als funktionelles Korrelat für das Wahrnehmungserlebnis an, so muß man von einer indirekten, vermittelten funktionellen Korrelation zwischen Reiz und Sinneserlebnis ausgehen.

Der Reiz bewirkt spezielle Änderungen an den sensorischen Organen, den Rezeptoren. Für elektromagnetische Strahlung (Licht), für Luftdruckschwankungen (Schall), Druck auf die Haut, Temperatur von Luft und Körpern, chemische Wirkungen auf die Zunge (Geschmack) oder in der Nasenschleimhaut (Geruch) usw. sind spezifisch empfindliche Organe, die Rezeptoren, vorhanden. Die Rezeptoren transformieren die physikalisch-chemische Wirkung des Reizes in Nervenerregung (eine elektrochemische Änderung im Nervensystem), welche mit den Methoden der Physiologie, speziell der Elektro- und Neurophysiologie, registrierbar und meßbar sind.

Die Sinnesphysiologie hat durch ihre raschen Fortschritte, insbesondere in den letzten Jahrzehnten, grundlegende Kenntnisse über den Prozeß ermittelt, der abläuft, wenn Reize an Rezeptoren wirksam werden. Mit elektrophysiologischen und einer Reihe weiterer subtiler Methoden gelang es der Sinnes- und Neurophysiologie, Beziehungen zwischen den Reizeinwirkungen und den durch sie verursachten Erregungsprozessen in den Rezeptoren sowie in der Weiterleitung der Erregungen im Nervensystem, bis hinauf zum Großhirn, festzustellen und zu beschreiben. Von der Sinnesphysiologie wurden auch grundlegende Kenntnisse darüber ermittelt, wie die Erregung in verschiedenen Bereichen des Nervensystems, beginnend bei den Neuronen (Nervenzellen), die unmittelbar hinter die Rezeptoren geschaltet sind, bis hinauf zu immer höheren Nervenzentren bzw. Neuronen verarbeitet, d. h. nach bestimmten Merkmalen des Reizes analysiert werden.

Durch die Kenntnisse der Sinnesphysiologie über die Erregungsprozesse im Nervensystem bei Reizeinwirkung eröffnet sich für die Wahrnehmungspsychologie die Möglichkeit einer neuen Vorgehensweise. Man kann versuchen, die Sinneserlebnisse, d. h. deren spezifische Merkmale und Beziehungen, an Merkmalen von Erregungsprozessen abzubilden. Eine mögliche Grundannahme dabei ist, daß Sinneserlebnisse und Erregungsprozesse einander direkt entsprechen: im Sinne eines *funktionellen Monismus* stellen beide Prozesse Eigenschaften desselben Geschehens dar, die einmal von „außen", mit objektiven Methoden der Physiologie, und einmal von „innen", vom Erleben her, mit psychologischen Methoden beobachtet werden können. Möglicherweise läßt sich einmal, wenn die physiologischen Details des Erregungsprozesses bekannt sind, ein Satz von Abbildungsregeln aufstellen, die die Sinneserlebnisse auf der Ebene von physiologischen Erregungsprozessen abzubilden gestatten. Mit anderen Worten hieße dies: Erlebnisse und Erregungsprozesse stellen direkte Korrelate dar. Natürlich ist die Forschung von einer solchen Möglichkeit weit entfernt. Ob sich überhaupt irgendwann eine solche Erwartung bestätigen läßt, sei dahingestellt. Eine Vorgehensweise in der Wahrnehmungsforschung, die man als *Psychophysiologie* (oft als Neuropsychologie) bezeichnet, und die als Ziel eine solche Abbildung der Sinneserlebnisse an *Erregungsprozessen* befolgt, scheint derzeit mit vielen Erfolgen gekrönt zu sein. Durch diese Forschungsrichtung sind eine ganze Reihe von

Eigenschaften und Besonderheiten der Sinneserlebnisse verständlich, die man durch eine Abbildung an *Reizen* niemals erreichen kann.

Der Einbezug sinnesphysiologischer Kenntnisse in die Wahrnehmungspsychologie bringt einen besonderen Vorteil mit sich. Eine ganze Reihe von Spekulationen und mehr oder weniger plausibler Theorien über das „Warum-so" des Erlebnisses aus den gegebenen Reizen wird durch Realkenntnisse über die Funktionsweise des Nervensystems ersetzt. Es ist einfacher, anstatt einer ganzen Reihe zum Teil einander widersprechender Theorien und Spekulationen eine Grundannahme, nämlich die des funktionellen Monismus, zu akzeptieren.

Psychophysik und Psychophysiologie sind zwei Forschungsrichtungen der Wahrnehmungspsychologie. Sie schließen sich nicht aus, vielmehr stellen sie notwendige Ergänzungen für die Klärung des sensorischen Prozesses dar, von der Einwirkung des Reizes über dessen Wandlung in Erregung bis zu der Verarbeitung der Erregung im Nervensystem und schließlich der Entstehung des Sinneserlebnisses. Mit Hilfe beider Forschungsrichtungen kann das Ziel verfolgt werden, die Sinneserlebnisse an den Reizeinwirkungen (Psychophysik) und (unter Berücksichtigung der Reizsituation) an den Erregungsvorgängen (Psychophysiologie) abzubilden.

5. Sensorische Prozesse und der Wahrnehmungsprozeß

Von einem *Prozeß* spricht man dann, wenn es gelingt, Ausprägungsgrade von Eigenschaften eines Gegenstandsbereiches zeitlich zu ordnen. Mit anderen Worten: Ausprägungsgrade von Eigenschaften eines Objektbereiches (auch Objektes) ordnet man der Zeitachse zu, bildet man an der Zeitachse ab. Bei einem Prozeß dient die Zeit als Ordnungsprinzip für die Ausprägungsgrade von Eigenschaften. Wählt man statt der Zeit eine oder mehrere Dimensionen des Raumes als Ordnungsprinzip, so spricht man von einer *Verteilung* (ein-, zwei oder dreidimensionale Verteilung). Sind die Ausprägungsgrade von Eigenschaften eines Objektbereiches numerisch an der Zeit geordnet, so spricht man von einer *Variablen.* Bleibt der Ausprägungsgrad einer Eigenschaft — bezogen auf eine Meßvorschrift — über die Zeit hindurch gleich (bedarf der empirischen Feststellung), so spricht man von einer *Konstanten.* Die Gesamtheit aller Konstanten bzw. konstant gehaltenen Variablen eines Objektbereiches nennt man *Parameter.*

Aus dem physikalisch-physiologischen Realbereich läßt sich der *sensorische Prozeß* gewinnen. Er besteht in der zeitlichen Aufeinander-

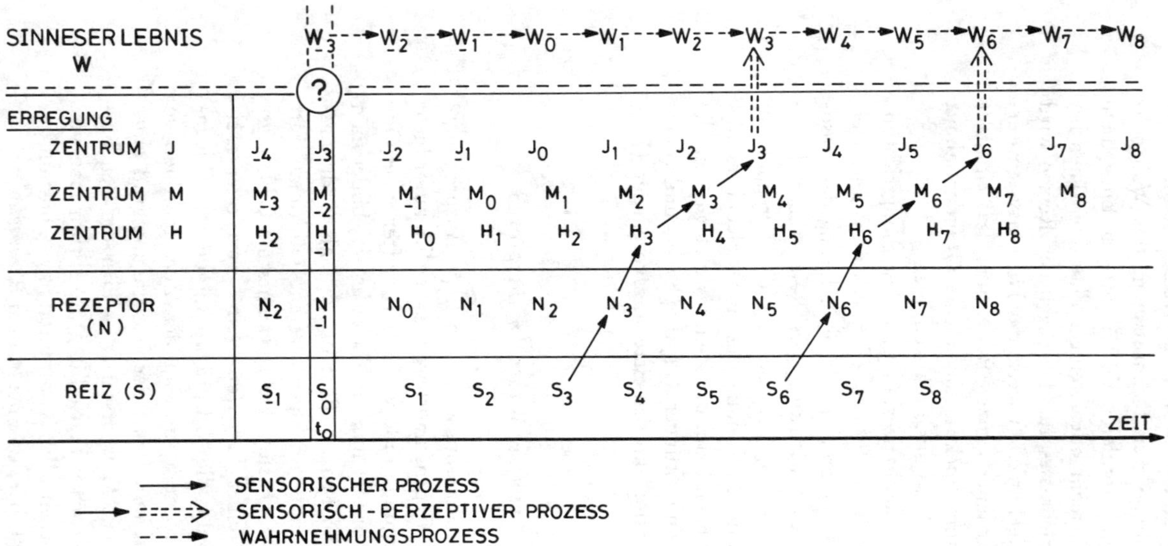

Abb. 3. Reiz, Erregungen und Wahrnehmung als Variablen.

Möglichkeiten bzw. mögliche Definitionen von Prozessen aus den verschiedenen Objekt- bzw. objektivierbaren Bereichen. S_1—S_2—S_3 .... S_n ist eine Reizvariable (= Reizprozeß). Reizvariable: Ausprägungsgrade von Reizeigenschaften, z. B. die gemessene Strahlungsdichte einer Fläche, geordnet an der Zeitachse, N_0—N_1—N_2 .... —N_i ist eine Rezeptorvariable (= Rezeptorprozeß). Rezeptorvariable: elektrochemische Änderungen im Rezeptor, z. B. das Generatorpotential N in Millivolt, abgebildet (geordnet) an der Zeitachse. Analog lassen sich H_0—H_1—H_2 ... H_j (und auch M und J) als Erregungsvariablen (= Erregungsprozesse) beschreiben. Erregungsvariable: z. B. die Entladungsrate von Neuronen H, M oder J (Anzahl der Aktionspotentiale pro Sekunde o. ä.) bzw. in einem sensorischen Nerv, geordnet an der Zeitachse. H, M und J sollen dabei verschiedene Ebenen des Nervensystems (H eine niedere, M und J höhere Ebenen) symbolisieren. W_0—W_1—W_2 ... —W_m ist eine Wahrnehmungsvariable (= Wahrnehmungsprozeß). Wahrnehmungsvariable: z. B. die gesehene Helligkeit bzw. wahrgenommene Helligkeitsänderungen einer Fläche (an einer Skala wie „heller-gleich-dunkler" usw.), geordnet an der Zeitachse. S_3—N_3—H_3—M_3—J_3 .... kennzeichnen einen sensorischen Prozeß. Hierbei werden Erregungsgrößen auf eine Reizgröße zurückgeführt und die Erregungsgrößen verschiedener Ebenen des Nervensystems zeitlich geordnet. Wird auch die Wahrnehmung (W_3) mitbetrachtet, so spricht man von einem sensorisch-perzeptiven Prozeß. Das Fragezeichen soll an die Schwierigkeit und die methodischen Probleme bei der zeitlichen Zuordnung von S, N, H, M und insbesondere W erinnern.

folge von Reizeinwirkung, Reizaufnahme und Transformation des Reizes in Erregung, Weiterleitung und Verarbeitung der Erregung in einem oder in mehreren Nervenzentren. Gemessene Ausprägungsgrade des Reizes und der Erregung in verschiedenen Nervenzentren können als eine zeitliche Aufeinanderfolge, als Prozeß beschrieben werden. Problematischer ist die Situation, wenn auch das Sinneserlebnis als Objektbereich (einer oder mehrere Ausprägungsgrade von Eigenschaften des Sinneserlebnisses oder von Sinneserlebnissen) in die Betrachtung einbezogen wird. Durch einfache Annahmen bzw. Übereinkunft (auf Grund von Voruntersuchungen usw.) ist es dennoch möglich, den Objektbereich vom Physikalisch-Physiologischen auch auf das Psychische (Sinneserlebnis) zu erweitern. „Objektbereich" soll nicht auf Objekte im körperlichen Sinne beschränkt sein, der Inhalt des Ausdruckes soll im wesentlichen „objektivierbar", also letztlich „meßbar" bedeuten, zumindest sollen Ausprägungsgrade von Eigenschaften durch ein Kategoriensystem unterscheidbar sein. Das Skalenniveau ist wichtig, aber nicht problematisch. Es reicht für eine anfängliche Untersuchung, wenn man Gleichheit und Ungleichheit der Ausprägungsgrade und die Relationen größer/kleiner (Rangskalenniveau) unterscheiden kann. Letzteres ist, wie die Psychophysik zeigt, für Sinneserlebnisse durchaus möglich.

Problematisch ist jedoch eine zeitliche Abbildung der Ausprägungsgrade von Eigenschaften der Sinneserlebnisse an der gleichen Zeitachse, auf welcher die Reize und Erregungen abgebildet wurden. Nicht aus prinzipiell meßtheoretischen Gründen, sondern vielmehr durch die Tatsache, daß die Feststellung der Ausprägungsgrade von Sinneserlebnissen (diese müssen in irgendeine Reaktion des Beobachters übersetzt werden) erhebliche Zeitdauer beansprucht. Es ist nicht Zufall, daß die experimentelle Psychologie damit begann, gerade diese Zeiten zu messen. Diese für die Umsetzung von der Empfindung in die (ja erst registrierbare) Reaktion erforderliche Zeit muß bei der Abbildung der Sinneserlebnisse an der Zeitachse berücksichtigt (d. h. subtrahiert) werden. Auch wenn es theoretisch zunächst kompliziert erscheint, zeigt sich beim praktisch-experimentellen Vorgehen, daß eine Abbildung von Ausprägungsgraden der Sinneserlebnisse an der Zeitachse, an der auch die Reize und Erregungen abgebildet wurden, mit guter Genauigkeit möglich ist. Erweitert man den physikalisch-physiologischen Objektbereich durch den Bereich der Sinneserlebnisse und bildet die Ausprägungsgrade der Eigenschaften dieser Objektbereiche an der Zeitachse ab, so spricht man von einem *sensorisch-perzeptiven Prozeß*. Vgl. hierzu in Abb. 3 die Darstellung sensorischer Prozesse,

z. B. S3, N3, H3, M3, J3. Wird auch W3 einbezogen, so spricht man von sensorisch-perzeptiven Prozessen.

Die in Abb. 3 gezeigte Reizsituation weist eine einzige Variable auf. Man kann die Zahl der Reizvariablen auf zwei, drei oder mehr erhöhen (die zur gleichen Zeit aufgenommen werden, weil Rezeptoren die Verteilungseigenschaft haben). Entsprechend ergibt sich in den verschiedenen neuronalen Zentren eine Erregungsverteilung und eine als Verteilung identifizierbare Eigenschaft der Sinneserlebnisse. Hierdurch ist es möglich, Prozesse getrennt in den einzelnen Objektbereichen — physikalisch-chemischer Reizbereich, physiologischer Erregungsbereich und psychologischer Erlebnisbereich — zu beschreiben. Entsprechend können diese Prozesse als *Reiz-, Erregungs- und Wahrnehmungsprozeß* bezeichnet werden.

Aus Abb. 3 ist ersichtlich, daß der sensorisch-perzeptive Prozeß ein zeitlich geordneter Querschnitt von Prozessen in den verschiedenen Objektbereichen ist. Diese Unterscheidung ist wichtig. Es gibt eine Reihe von Kenntnissen, die gerade zeigen, daß die zeitliche Folge neuronaler Erregungen nicht linear aus der zeitlichen Folge der Reize ableitbar ist. Z. B. gelangt die Erregung eines intensiven Lichtreizes früher in ein höheres Nervenzentrum (J) als die Erregung eines weniger intensiven Lichtreizes, obwohl diese zur gleichen Zeit als Reizeinwirkung an den Rezeptor gegeben waren. Es kann sogar vorkommen, daß die Erregung eines später einwirkenden intensiven Lichtreizes früher in ein höheres Nervenzentrum gelangt als die Erregung eines weniger intensiven, aber früher einwirkenden Lichtreizes. Entsprechend wird der Beobachter des Lichtes feststellen, daß er zuerst das hellere und dann das dunklere Licht wahrnimmt. Gerade diese und eine Reihe anderer Nichtlinearitäten zeitlicher und zeitlich-räumlicher Zuordnungen sind besonders aufschlußreich, wenn es zu prüfen gilt, ob eine Abbildung von Sinneserlebnissen an den Reizen und an den Erregungen richtig ist oder nicht.

Einen weiteren Hinweis dafür, daß die zeitliche Ordnung der Reize nicht mit der zeitlichen Ordnung von Erregungen gleichzusetzen ist, findet man in der Tatsache, daß die Erregung mit Beendigung der Reizeinwirkung nicht abrupt aufhört. Vielmehr überdauert die Erregung und auch das Sinneserlebnis die Dauer der Reinzeinwirkung in manchen Fällen um ein beträchtliches Zeitintervall. Als Beispiel ist die Nachdauer der Lichterregung und Lichtempfindung besonders illustrativ (vgl. hierzu die Nachwirkung von Scheinwerferlicht bei nächtlichen Autofahrten). Es gilt selbstverständlich auch, daß mit Beginn einer Reizeinwirkung nicht in allen neuronalen Zentren die Erregung sofort beginnt (Erregungslatenz), vielmehr vergeht ein Zeitintervall, bis die Erregung in höheren Zentren ankommt.

Gerade die Unterscheidung der Prozesse in Reiz-, Erregungs- und Wahrnehmungsprozesse, die zeitliche Ordnung und der unterschiedliche Ablauf von sensorisch-perzeptiven Prozessen bilden eine wichtige Quelle von Kenntnissen der Psychophysiologie, nebst ähnlich aufschlußreichen Kriterien der räumlichen und räumlich-zeitlichen Zuordnungen in den verschiedenen Ebenen der Objektbereiche.

6. Sinneserlebnis, Empfindung und Wahrnehmungsobjekt

Eines der wesentlichsten Erlebnismerkmale von Wahrnehmungserlebnissen ist die an ihnen haftende Überzeugung, daß das wahrgenommene Objekt (Wahrnehmungsobjekt) auch real existiert und an dem wahrgenommenen Ort präsent ist. Diese Überzeugung wird durch erlebte Situationen nicht geschmälert, bei denen der Beobachter — aus welchen Gründen auch immer — nicht sicher ist, etwas Bestimmtes wahrgenommen zu haben. Gerade die graduelle Stufe der Sicherheit belehrt uns über die (nur für den Philosophen anzweifelbare) reale Existenz von Wahrnehmungsobjekten, indem wir sicher sind, im anderen Fall für möglich halten oder bereit sind zuzugeben, „ich könnte mir einbilden, daß . . .“ usw. Diese unterschiedlichen Grade der Sicherheit beziehen sich zwar auf das Wahrnehmungsobjekt, nicht aber auf das Sinneserlebnis. Genauer: die Unsicherheit bezieht sich auf den *Erkennungsakt* des Wahrgenommenen, nicht aber auf die Sinneserlebnisse, die in der aktuellen Situation — für die Erkennung voll ausreichend oder in einem nicht ausreichenden Maße — vorhanden sind.

In Anlehnung an das DESCARTESsche „cogito ergo sum“ teilte F. BRENTANO (1874) in seiner ›Psychologie vom empirischen Standpunkte‹ Wahrnehmungsurteile in sog. Urteile der inneren und Urteile der äußeren Wahrnehmung. Ein Urteil der äußeren Wahrnehmung wäre z. B. „Ich sehe einen Strauß roter Rosen“. An der Wahrheit einer solchen Aussage kann gezweifelt werden, ich kann mich irren, es sind keine Rosen, es sieht nur so aus usw. Demgegenüber kann man an dem Urteil der inneren Wahrnehmung „Ich bin ein einen roten Rosenstrauß-Sehender“ bzw. „Ich bin ein Rotsehender“ nicht zweifeln, ohne zugleich sein ganzes Erleben und darin eingeschlossen auch den Zweifel selbst anzuzweifeln (unendlicher logischer Regreß). Urteile der inneren Wahrnehmung sind in diesem Sinne unbezweifelbar, evident.

Gegenüber der logischen (von DESCARTES für absolut gehaltenen) Wahrheit oder gegenüber sog. „objektiven" Wahrheiten des naturwissenschaftlichen Weltbildes wird eine Sinneswahrheit betont.

Sinneserlebnisse stellen unbezweifelbare, evidente Sinneswahrheiten dar. Sie werden für wahr gehalten, als Wahres angenommen. In diesem Sinne ist der Ausdruck „Wahrnehmung" sehr treffend.

Eine solche Realexistenz, Lokalisiertheit und Präsenz wird anderen Erlebnissen nicht mitgegeben. Bei Erinnerungen fehlt die Präsenz des Erinnerungsinhaltes, bei Vorstellungen allgemein Präsenz und Existenz, oft auch Lokalisation. Bei Gefühlen fehlt die Lokalisation, die Intentionalität (das Nach-außen-Verlagern des Inhaltes) usw. Normalerweise kann man das Wahrgenommene innerhalb des Erlebten als Klasse von Erlebnissen gegenüber anderen Klassen (Vorstellung, Erinnerung, Denken, Wollen) unterscheiden. Dies ist der Grund dafür, daß die allgemeine Psychologie in die bekannten Teilgebiete gegliedert wird.

Wahrnehmung ist Sinneserlebnis und Erkenntnisakt (ähnlich der gängigen Unterscheidung zwischen Perzeption und Apperzeption).

Das Sinneserlebnis hat den Charakter des real Existierenden, des Intentionalen („die nach außen verlagerte Existenz") auch dann, wenn es sich um Halluzinationen oder um Wahn handelt. (Übrigens ein sehr treffendes Argument gegenüber der Auffassung, Sinneswahrheiten für objektiv zu erklären.) Täuschungen, Trugbilder, Illusionen belasten lediglich das Konto des Erkennungsaktes. Beim Erkennungsakt spielen Erinnerungen, Vorstellungen, Interessen, das Wissen über das zu erkennende Objekt, Wollen, motivationale Lage usw. eine wesentliche Rolle. Daher ist das Produkt des Wahrnehmungsaktes, das Wahrnehmungsobjekt, niemals das Produkt des sensorisch-perzeptiven Prozesses allein und verdient nicht mehr als den Stempel des subjektiv für wahr Erkorenen in Anlehnung an KATZ' Wortanalyse und Wortspiel: des subjektiv für wahr Erklärten, „Wahrgegebenen". Vgl. hierzu die Ausdrücke: Wahrnehmen, Wahrgeben auf der einen und Falschnehmen, Falschgeben auf der anderen Seite. Vier Kategorien, welchen Wahrnehmungsobjekte zugeordnet werden können.

Trotz all dieser Erfahrungen wird dem Wahrnehmungsobjekt, womit nicht etwa das physikalische Reizkorrelat (Reiz, Reizsituation), sondern der Inhalt des Wahrnehmungserlebnisses gemeint ist, Realexistenz, Intentionalität und Präsenz verliehen. Ein Zweifel an der Existenz von Wahrnehmungsobjekten ist dem Denken, der Erkenntnistheorie (Systeme außerhalb des Wahrnehmungssystems) vorbehalten. Letzteres zeigt sich auch dadurch, daß man starke Emotionen bei erkenntnistheoretisch Ungeschulten wecken kann, wenn man sie etwa belehren will: In der objektiven Umwelt gibt es keine Töne, keine Farben usw., diese sind nur in deinen Erlebnissen subjektiv gegeben usw. Alsbald wird die Diskussion eine Wendung nehmen, bei welcher nur mehr erörtert wird, wer wohl „verrückt" ist.

Eine besondere Gruppe von Wahrnehmungsobjekten bilden die Erlebnisse über den eigenen Körper und seine Zustände. Diese Gruppe von Wahrnehmungserlebnissen (manche auch, nicht zu Unrecht, „Körpergefühle" bezeichnet) stellt kein besonderes Problem dar, wenn man die Grenze zwischen „innen" und „außen" richtig festlegt. Als solche kann nicht die „Haut", also der Umriß des als Wahrnehmungsobjekt erlebten eigenen Körpers, also eine körperliche Grenze, angenommen werden. Die Grenze muß zwischen dem Psychischen (Erlebten) und Physischen (Physikalischen) gezogen werden. Ein Subjekt ist nicht all das, was unter der Hautoberfläche ist, sondern die Gesamtheit der Erlebnisse einer Person. Wir erleben unseren eigenen Körper als ein „Äußeres", als ein in der „Außenwelt" mit anderen Objekten mitlokalisiertes, im Wachzustand ständig präsentes Wahrnehmungsobjekt. Die Unsicherheit und die damit zusammenhängende Tendenz, den eigenen Körper als etwas „Inneres" zu erleben, begründet sich durch eine Reihe möglicher Sinneserlebnisse, die wir von anderen Objekten nicht haben können. Man kann nicht von einem Stein wahrnehmen, daß er friert, wohl aber kann dies am eigenen Körper erlebt werden. Vom Benzintank her kann man den „Durst" eines Autos nicht erleben, wohl aber kann man einen solchen „inneren" Zustand des Körpers bei Flüssigkeitsbedarf erleben. Von dem Zahn des Mitmenschen — zum Glück — kann man keine Zahnschmerzen bekommen usw. Zu dieser besonderen Gruppe von Wahrnehmungserlebnissen gehören auch die Stellungs- und Lagewahrnehmungen, denen die wichtige Aufgabe zukommt, die räumliche Ordnung der Wahrnehmungswelt zu erstellen und aufrechtzuerhalten.

Die Gesamtheit der Wahrnehmungsobjekte und ihrer Beziehungen untereinander ist die Umwelt des Individuums, in welcher es (mit besonderem Wahrnehmungsobjekt, nämlich mit dem eigenen Körper) agiert und reagiert; in welchem es die Wirkungen seiner Aktionen und Reaktionen wahrnimmt; in welche sich seine Erfolge und Mißerfolge präsentieren.

Ein empirisch-experimentelles Vorgehen setzt in der Regel eine Reduktion der Komplexität des Forschungsgegenstandes voraus. Man setzt mit dem experimentellen Vorgehen nicht an der „Gesamtheit" der Variablen an, sondern versucht, einige Variablen und deren Wechselwirkung in den Griff zu bekommen. Es empfiehlt sich, Ausschau nach den Elementen und nach Elementarbeziehungen zu halten. In diese Richtung weist der Titel des Buches von FECHNER (1860) ›Elemente der Psychophysik‹. Man sucht Eigenschaften von Wahrnehmungsobjekten auf, die an Einfachheit und Elementenhaftigkeit nicht mehr zu unterbieten sind. Diese elementaren Eigenschaften von Wahrnehmungsobjekten mit dem Charakter der einfachsten Sinneserlebnisse werden *Empfindungen* benannt.

Der Begriff 'Empfindung' wird in der Wahrnehmungsforschung in engerem Sinne als in der Alltagssprache gebraucht. 'Empfindung' ist die elementarste Art von Sinneserlebnissen und entbehrt jeglichen Bedeutungsbezugs auf Gefühle. Insbesondere ist aber 'Empfindung' eine mehr oder weniger an bestimmte Untersuchungssituationen angepaßte „akademische" Abstraktion: man meint damit die einfache Änderung des Sinneserlebnisses in einer vereinfachten Reizsituation, in welcher alle Reizeinflüsse, bis auf einen oder einige wenige, Parameter sind. Alle Reizeinflüsse, bis auf einen oder einige wenige, werden konstant gehalten, dieser eine oder die wenigen werden nach einem von der Methode her definierten Vorgehen variiert (= Isolierende Variation). Das Variierende im Erlebnisbereich ist eine Empfindung.

Die Auswahl der Empfindungen, als elementare Eigenschaften von Wahrnehmungsobjekten — wie rot, warm, süß, hell, Ton, laut usw. — erfolgt selten durch introspektives (selbstbeobachtendes) Vorgehen. In der Geschichte der Psychophysik läßt sich verfolgen, daß die Empfindungswahl entweder durch eine praktische Fragestellung (z. B. das Stimmen bei Saiteninstrumenten und mathematisches Interesse an der Beziehung zwischen Tonhöhe und Saitenlänge) oder durch gegebene Kenntnisse der Physik (Spektrum, Strahlungsintensität und Wellenlänge des Lichts), also von der Reizseite her, mitbestimmt wurde. Erst nachdem eine ganze Reihe von solchen Untersuchungen und Ergebnissen vorlag, dehnte man die Untersuchungen systematisch auf introspektive Analyse, aber auch auf andere Reizdimensionen aus.

Die vorexperimentelle Erfahrung der Zuordnung von physikalischen Dimensionen zu Eigenschaften von Wahrnehmungsobjekten wies dabei den Weg.

Selten gelangt man zu Empfindungen durch Verwendung von Erfahrungsobjekten des Alltags. Der Grund, Erfahrungsobjekte zur Untersuchung von elementaren Sinneserlebnissen nicht zu verwenden, liegt in der Tatsache, daß bei solchen Objekten ein komplexer Erkennungsprozeß dieses komplexen Objektes vorliegt, und der Anteil des elementaren Sinneserlebnisses kaum von den Ergänzungen aus vorangehenden Wahrnehmungen (Erinnerung), Wissen, Einstellung usw. zu isolieren ist.

Ein gern gewähltes Beispiel für die Demonstration des Gemeinten ist das Reizobjekt „Apfel“. Der Inhalt des Wahrnehmungsobjektes „Apfel“ pflegt aus grünlich-gelblicher Farbe, eventuell an bestimmten Stellen rötlicher Farbe, charakteristischen Verzeichnungen (Textur), einem bestimmten Gewicht, süßlichem oder säuerlichem Geschmack, einem typischen „Apfelgeruch“, bestimmtem Härtewiderstand beim Hineinbeißen, einer bestimmten mittleren Temperatur, rundlicher, räumlicher Form mit typischen Dellen usw. zu bestehen. Eine ganze Reihe dieser Eigenschaften pflegen aktualisiert zu werden, wenn man nur einen kurzen Blick auf einen Apfel wirft, obwohl die meisten dieser Eigenschaften unmöglich vom Gesichtssinn vermittelt werden können. Vgl. hierzu die Ausdrücke, man sieht, daß der Apfel reif ist, süß ist; man sieht, wie schwer er ist usw. Es ist schwer, aus dem Erlebnis heraus festzustellen, welche Wahrnehmungsinhalte auf aktuelle Sinneserlebnisse und welche auf intermodale Ergänzungen (Ergänzungen durch Sinneserlebnisse früherer Wahrnehmungen, bei denen Erfahrungen mit dem Apfel gesammelt wurden) zurückzuführen sind. Man vergleiche hierzu auch die Wahrnehmung eines gut modellierten Wachsapfels oder eine Photographie des Apfels.

Sicherlich ist es unmöglich, alle Eigenschaften eines Apfels aufzuzählen. Wenn man für die Erfahrungsbildung über Eigenschaften beliebige Operationen, und nicht nur direkte Wahrnehmung, zuläßt, besteht der Apfel aus unzählbaren Eigenschaften (unzählbar auch schon dadurch, daß man einige sicherlich noch nicht kennt). Man kann den Apfel zermahlen, kochen, chemisch analysieren und so Wissen über den Apfel ansammeln. Im Erlebnis, das durch einen kurzen Blick auf einen Apfel aktualisiert wird, können eine ganze Reihe von solchen Kenntnissen enthalten sein. Die in der aktuellen Situation durch den sensorisch-perzeptiven Prozeß ermittelten Informationen ermöglichen lediglich die Identifikation (Erkennung) des Objektes (Zeichencharakter der Sinneserlebnisse), und es ist schwer zu unterscheiden, was im Erlebnis auf Sinneserlebnissen und was auf früheren Erfahrungen mit Äpfeln beruht.

Ein weiterer Grund, weshalb man bei der Psychophysik bestrebt ist, inhaltsarme Reize zu verwenden, ist die Tatsache, daß die Erlebnisinhalte eines Alltagsreizes durch Interessen, Motivationen, Kenntnisse weitgehend mitbestimmt werden. Ein symbolisches Beispiel hierzu gibt Abb. 4. In diesem Lichte erweist sich eine oft als „akademisch“ bezeichnete Trennung zwischen Wahrnehmung, Gedächtnis, Lernen, Denken, Gefühl, Wille usw. als unberechtigt und bekommt lediglich die Bedeu-

„Schatten!"
„Schöpfung!"
„Revier!"
„Holz!"
„Chlorophyl!"
„Schön!..."

tung, daß psychische Vorgänge von verschiedenen Aspekten untersucht bzw. betrachtet werden können, was durch Abb. 4 auch ausgedrückt ist.

Die beginnende Psychophysik stellte die einfachsten Reiz/Empfindungs-Beziehungen in den Vordergrund und verzichtete auf das Komplexe. Mit elementaren, bedeutungsneutralen Reizen wurden einfache Beziehungen und Gesetze gesucht. Der Einwand der Ganzheits- und Gestaltspsychologie, daß die Psychophysik vor lauter „Bäumen den Wald nicht sah" (s. Abb. 4), ist durchaus berechtigt, wenn auch bemerkt werden muß, daß dieses Vorgehen allen Naturwissenschaften eigen ist.

7. Qualität, Intensität, Extensität

Mit Qualität einer Empfindung meint man deren Art wie „rot", „blau", „warm", „kalt", „süß", „salzig", „Ton", „Geräusch", einen bestimmten „Duft" usw. . . . Eine der frühesten Erfahrungen der psychophysischen Forschung war, daß nicht die physikalisch beschriebene Art des Reizes, sondern der Einwirkungsort (auf welche Rezeptoren der Reiz wirkt) für die Qualität der Empfindung ausschlaggebend ist. Druck auf die Haut löst Druckempfindung aus, Druck auf das Auge erzeugt Lichtempfindungen. Von einer Ohrfeige wird nicht nur Schmerz empfunden, sondern gelegentlich ein Knall gehört, auch Sterne werden gesehen, es wird von einem schwefeligen Geruch und einem sauren Geschmack berichtet.

Wir haben für elektrischen Strom kein spezifisches Sinnesorgan. Es konnte aber recht früh festgestellt werden, daß alle Rezeptoren auf elektrischen Strom reagieren. Der elektrische Strom ist ein allgemeiner Reiz, mit welchem alle Rezeptoren gereizt werden können. In späterer Zeit stellte man fest, daß er praktisch auf das gesamte Nervensystem wirken kann. Obwohl das gleiche physikalische Ereignis an den verschiedenen Rezeptoren wirksam wird, zeigt sich bei Reizung mit elek-

Abb. 4. „Wer sieht den Wald?"

Jedem ist das gleiche „Wahrzunehmende" geboten, jeder „sieht" etwas anderes. Verschiedene psychische Instanzen wie Interesse, Bedürfnisse, Motivation, Einstellungen usw. lassen in der Wahrnehmung bestimmte Merkmale dominieren, andere wiederum werden weniger „beachtet". Wahrnehmung ist nur zum Teil Aufnahme von Informationen, zum anderen Teil ist sie eher eine Selektion von Informationen und auch eine Ergänzung von Informationen.

(Zeichnung von H. Krawielitzki-H.)

Abb. 5. Demonstration zum Gesetz der spezifischen Sinnesenergien — abweichend von Johannes Müller.

J. Müller experimentierte weniger mit „Impuls-Druckreizen" als mit elektrischem Strom, woran die im Hintergund sichtbaren Geräte und die Lampe erinnern sollen (die es damals, im Jahre 1827, nicht gab). Das Gesetz läßt sich jedoch auch im Bereich der Alltagserfahrungen gut verifizieren.

(Zeichnung von H. Krawielitzki-H.)

trischem Strom, daß die Empfindungen, die sich einstellen, *qualitativ* unterschiedlich sind. Wirkt der elektrische Strom auf das Auge (Lichtsinneszellen), so werden Lichtempfindungen, verschiedene Farben, je nach Art des elektrischen Stromes auch komplexe Formgebilde gesehen. Wirkt der elektrische Strom auf die Zunge (Geschmacksrezeptoren), so empfindet man z. B. einen sauer-salzigen Geschmack. Es zeigt sich, daß z. B. eine 4,5-Volt-Taschenlampenbatterie sauer schmeckt, wenn man die beiden Pole der Batterie an die Zunge führt. Auf der Haut wirksamer Strom kann, je nach Art des Stromes (Gleich- oder Wechselstrom), als Kälte, Wärme, Schmerz oder Vibration empfunden werden. Auch Geruchs- und Gehörsempfindungen lassen sich durch elektrischen Strom auslösen (Nasenschleimhaut, am Ohr).

Auf Grund solcher Beobachtungen faßte 1826 der Physiologe Johannes MÜLLER seine Forschungsergebnisse zusammen: Jedes Sinnesorgan erzeugt spezifische Arten (Modalitäten) von Empfindungen, unabhängig von der Art des Reizes. Dies ist eines der ältesten Gesetze der psychophysischen Forschung und wird als das „Gesetz der spezifischen Sinnesenergien" nach Johannes MÜLLER zitiert.

Experimente mit elektrischer Reizung sind in mehrerer Hinsicht von besonderer Bedeutung. Neuere Ergebnisse zeigen, daß durch elektrische Reizung des Gehirns Erlebnisse — auch wesentlich komplexerer Art als die vorhin beschriebenen Empfindungen — hervorgerufen werden können. Reizungen des Tiergehirns können spezifische Bewegungen und komplexe Verhaltensweisen hervorrufen. Diese Experimente geben wichtige Hinweise auf die Zuständigkeit verschiedener Gehirnbereiche für das Verhalten.

Eine der Schlußfolgerungen, die man ziehen muß, ist, daß die Qualität des Sinneserlebnisses (Qualität der Empfindung) mit dem Ort der Erregung („örtliches Merkmal" des Erregungsprozesses) zusammenhängt. Die Erregungsprozesse der Rezeptoren und von Nervenzellen verschiedener Sinnesorgane zeigen keine qualitativen Unterschiede, gleichgültig aus welcher Rezeptorenart und aus welchem Gehirnbereich sie registriert wurden. Unser Nervensystem scheint für seine Nachrichten stets die gleiche Signalart (elektrochemische Vorgänge, Nervenimpulse) zu haben, die „Sprache" des Nervensystems ist uniform für alle Nachrichten. Demgegenüber stehen im Erlebnisbereich die unterschiedlichen Empfindungsqualitäten, wie Helle, Farbe, Form, Ton, Lautheit, süßer, bitterer Geschmack. Diese Verschiedenheit der Sinnesqualitäten gegenüber der Uniformität der Erregungsvorgänge könnte Anlaß geben, eine funktionelle Zuordnung zwischen Empfindungsqualitäten und Erregungsprozessen von vornherein zu bezweifeln.

Gerade aber das Gesetz der spezifischen Sinnesenergien und diesem Gesetz entsprechende neuere Erfahrungen der Elektro- und Neurophysiologie zeigen, daß eine Zuordnung der Empfindungsqualitäten zu Erregungsmerkmalen durchaus möglich ist.

Bedient man sich hierbei einer technischen Analogie, so wird das Gemeinte leichter verständlich, wenn auch solche Analogien nur Aspekte darstellen und niemals das Bemühen um das Verständnis am Objekt ersetzen können. Als Analogien könnten viele Beispiele gewählt werden, die alle zeigen, daß die „Bedeutung" bzw. Wirkung von gleichen Ereignissen in Abhängigkeit vom Ort (Gerätschaft), wo sie wirksam werden, unterschiedlich sein können. Der gleiche Fünf-Volt-Impuls kann den Zustand „1" oder den Zustand „0" einer bistabilen Kippstufe ("Flip-Flop") hervorrufen, je nachdem, ob dieser Impuls an den „Setzeingang" oder an den „Löscheingang" gelangt. Das örtliche Merkmal des Impulses („wohin dieser geführt wird") bestimmt den Zustand des einfachsten Speicherelementes. Führt man den gleichen Impuls über eine spezielle „Verteilerschaltung" dem Flip-Flop für beide Eingänge zu, so bewirkt der Impuls eine *Änderung* des eben gegebenen Zustandes. War der Flip-Flop in Zustand „1", dann bewirkt der Impuls, daß nunmehr der Zustand „0" realisiert wird. War jedoch der Zustand „0" gegeben, so ändert sich dieser auf „1". Je nach Zustand des Flip-Flops bekommen die Impulse unterschiedliche „Bedeutung" im Schaltkreis. Uniforme Impulse werden in Abhängigkeit von dem im Schaltkreis gegebenen Zustand „interpretiert". Führt man Impulse in rascher Aufeinanderfolge in einen anderen Schaltkreis, den man „monostabile Kippstufe" nennt, so wird aus einer Vielzahl möglicher Impulse nur der erste innerhalb einer kritischen Zeit „interpretiert", die darauf folgenden Impulse innerhalb der kritischen (Eigen-)Zeit der monostabilen Kippstufe werden „übersehen", bleiben unwirksam. In diesem Fall werden Impulse in Abhängigkeit vom Zeitpunkt ihrer Wirksamkeit relativ zum Zustand des Schaltkreises „bewertet". Die Analyse von elektrischen Schaltkreisen könnte bei komplexeren Gerätschaften — wie z. B. einem Digitalrechner — fortgesetzt werden, bei welchen die gleichen (z. B. Fünf-Volt-)Impulse sehr verschiedenes bewirken können. Sie können Zahlen „bedeuten", die die Wertigkeit der „Einer", „Zweier", „Vierer", aber auch „Tausendvierundzwanziger" usw. (Potenzen von zwei, analog zur Wertigkeit von Ziffern im Dezimalsystem) in Abhängigkeit vom Ort des Schaltkreises darstellen, oder sie können an einem anderen Element des Rechners „bedeuten", daß dem Rechner der Strom abgeschaltet wurde ("Power-Fail"-Impuls). Der Rechner soll bei einem Impuls alle seine Register „retten“ (im Kernspeicher ablegen, wo der Inhalt auch bei Stromausfall erhalten bleibt), seinen augenblicklichen Zustand feststellen und im Permanentspeicher ablegen und mit einer bestimmten Meldung am Anzeigeregister (ein Halt-Code, der zugleich den Grund des Haltens angibt usw.) stehenbleiben. Eine anthropomorphe Interpretation des letztgenannten Beispiels drängt sich auf. Der gleiche Fünf-Volt-Stromimpuls kann je nach seinem in der Schaltung realisierten Ort sehr verschiedene „Bedeutungen“ haben, verschiedenes bewirken, und er kann zu unterschiedlichem und sehr komplexem „Verhalten“ des Rechners führen.

Eine andere Demonstrationsmöglichkeit des hier Gemeinten wäre z. B. bei einem Fernsehempfangsgerät gegeben. Nimmt man eine Taschenlampenbatterie (zur Nachahmung jedoch nicht zu empfehlen) und „reizt“ damit das Fernsehgerät an verschiedenen Stellen (im eingeschalteten Zustand), so wird sich zeigen, daß bei „Reizung“ an manchen Stellen ein Krachen im Lautsprecher, an anderen Stellen ein rötliches, grünliches, bläuliches oder aber weißes „Bildflimmern“ entsteht, oder aber das Gerät schaltet sich — womöglich endgültig — ab, wählt einen anderen Sender, erhöht die Bildhelligkeit oder die Lautstärke usw. Man möge auch die Wirkung der gleichen Handbewegung (deren Bedeutung) überlegen, wenn man Schalter einer Schaltwarte eines Großbetriebes bedient. Die Bedienung verschiedener Schalter wird unterschiedliche Konsequenzen haben. Nicht die Anordnung, sondern die Verschaltung der Schaltereinheiten mit „Effektoren“ ist für die Wirkung der gleichen Handbewegung entscheidend. Bei einer fertig verdrahteten Schaltwarte ist jedoch der Ort des Schalters innerhalb der Schaltwarte ein Merkmal, auf dem die „Bedeutung“ des Schalters — für den Bediener — abgebildet ist. Mit dem Ortsmerkmal „zweiter Schalter links oben“ ist eine Bedeutung verknüpft, z. B. „Anhalten bzw. In-Betrieb-Setzen des Kohletransportbandes“. Man möge berücksichtigen, daß diese Zuordnung technisch bedeutet, daß der Schalter die Leitung zum Magnetschalter des Elektromotors, welcher das Transportband in Bewegung setzt, schließt oder unterbricht. Ein Technologe wird drei Ebenen der Analyse vorfinden:

1. Schalterort, 2. Schalterbedeutung und 3. Schalterwirkung. Ähnliches sieht man nicht nur bei den Tasten eines Musikinstrumentes oder den Pedalen eines Autos, sondern ganz allgemein in unserer technischen Umgebung. Das örtliche, gelegentlich auch das zeitliche Merkmal ist Träger von Wirkungen und Bedeutungen (= Benennung von Wirkungen), die sich aus der funktionellen Struktur (Verschaltung usw.) ergeben.

Im Lichte dieser Beispiele erscheint plausibel, daß auch unser Nervensystem die Art der Einwirkungen durch das örtliche Merkmal (gelegentlich auch durch das zeitliche) der Erregung signalisiert bzw. kodiert. Die Übersetzung der *Art des Reizes* durch das örtliche Kriterium der Erregung setzt voraus, daß die Empfindlichkeit der Aufnahmeorgane (Rezeptoren) selektiv für die Art des Reizes ist. Diese spezielle Selektivität der Sinnesorgane (Rezeptoren) drückt sich in den beiden Ausdrücken *„spezifischer Reiz"* und *„spezifische Empfindlichkeit"* aus.

Untersucht man die notwendige Energie des Reizes, die ein bestimmtes Sinnesorgan eben zu erregen vermag, so stellt man fest, daß verschiedene Reize unterschiedliche Mindestenergien haben müssen, um den Rezeptor erregen zu können. Unter den Reizarten gibt es eine, die den Rezeptor schon bei niedrigsten Energiemengen erregen kann, oder umgekehrt formuliert: für welche Reizart der Rezeptor maximale Empfindlichkeit aufweist. Den Reiz, für welchen die *spezifische, maximale Empfindlichkeit* besteht, nennt man *spezifischen Reiz.* Nach diesem Kriterium lassen sich den einzelnen Sinnesorganen bzw. deren spezifischen Rezeptorarten spezifische Reize zuordnen. Durch morphologische, anatomische und chemische Eigenschaften, die die spezifische Empfindlichkeit bestimmen, reagieren die Rezeptoren selektiv auf verschiedene Reizarten. Durch diese Selektivität wird die örtliche Kodierung der Reizart für das Sinnessystem garantiert. Auch hierzu könnten eine Reihe technischer Beispiele genannt werden. Als Analogie kann überlegt werden, daß ein Lenkrad nur für Kräfte, die in bestimmter Richtung am Lenkrad ansetzen, „empfindlich" ist. Ein sog. Schwingkreis filtert aus dem Gemisch von unzähligen Erregerfrequenzen eine oder einige wenige (mit harmonischer Grundfrequenz) heraus. Eine einfache selektive Funktion hat eine Diode: sie „unterscheidet" zwischen Flußrichtungen des elektrischen Stromes. Weitere Beispiele wären: ein Sieb, ein Glasfilter, aber auch eine Brücke mit einer begrenzten Belastbarkeit („unterscheidet, ob das Fahrzeug weniger oder mehr Gewicht als 50 Tonnen hat").

Unsere bisherige Betrachtung erscheint ausreichend für die Erklärung bzw. Begründung, wie verschiedene Reizarten selektiv aufgenommen werden und wie durch das örtliche Merkmal der Erregung die Art des Reizes signalisiert wird. Das Problem der Erlebnisqualitäten, warum statt des örtlichen Kriteriums der *Erregung* im Erleben *Sinnesqualitäten* gegeben sind, blieb unbeantwortet. Die Frage, warum im Erleben Qualitäten und nicht das örtliche Kriterium der Erregung selbst als Merkmale gegeben sind, ist diskutierbar. Die Frage ließe sich auch stellen: Wieso wird im Erleben das örtliche Merkmal der Erregung als Sinnesqualität übersetzt? Die Diskussion ist schwer zu führen, es fehlen hierzu die notwendigen Vorstellungen. Statt der Qualitäten das örtliche Merkmal der Erregung zu erleben, würde bedeuten, daß wir eine Rotempfindung statt als „rot“ als an einer bestimmten Stelle oder in einem bestimmten Bereich des Gehirns (von der Retina bis zum Gehirn) lokalisieren würden. Das gleiche Erlebnis müßte aber auch das Merkmal der Intentionalität haben, d. h., das Objekt müßte an *seinem* Ort lokalisiert, am „äußeren“, nach außen verlagerten Ort, erlebt werden.

Dies führte entweder zu einer räumlichen Verdoppelung von Wahrnehmungsobjekten, oder der phänomenale Raum müßte anders erlebt werden, d. h. dieser müßte dann in eine Qualität übersetzt werden. Eine anschauliche Vorstellung läßt sich in Ermangelung von hierzu notwendigen Sinneserfahrungen nicht gewinnen, und auch das abstrakte Denken scheint seine Grenzen für diese Probleme zu haben. Die einfachste, wenn auch nicht zwingende Folgerung scheint zu sein: das Merkmal (= Erlebnisqualität) der räumlichen Lokalisation ist für die räumliche Ordnung der Realgegenstände und damit Wahrnehmungsobjekte reserviert. Für die Art des Reizes kann nicht das örtliche Merkmal der Erregung erlebt werden, vielmehr muß die Reizart als ein System von Dimensionen, als Qualitäten im Erleben gegeben sein.

Bei diesen und ähnlichen Überlegungen zeigt sich die große und unüberwindbare Kluft zwischen dem Psychophysischen (Erregungsprozessen) und dem Psychischen (Erlebten). Fragen, wie sie einander zugeordnet sind (funktionelle Abbildung), lassen sich stellen und auch beantworten, nicht aber Fragen, wie sie einander bedingen, eine aus den anderen hervorgeht (Leib-Seele-Problem). Es läßt sich formulieren, daß örtlichen Merkmalen des Erregungsprozesses im Erleben die Qualität zugeordnet ist, und dies läßt sich durch empirische und experimentelle Belege stützen. Wie aber die Qualität aus dem örtlichen Merkmal entsteht, entzieht sich einer experimentellen oder empirischen Untersuchung.

Die Qualität der Empfindung ist nur eine der Eigenschaften, durch welche elementare Sinneserlebnisse beschrieben werden können. Eine zweite Eigenschaft ist der Ausprägungsgrad, die *Intensität der Empfindung*. Schwaches Licht (geringe Leuchtdichte) geht mit weniger intensiver Lichtempfindung einher als starkes Licht (hohe Leuchtdichte).

Ein Schall geringeren Schallpegels wird als leise, ein Schall mit hohem Schallpegel als lauter Ton oder lautes Geräusch empfunden. Die

Intensitätsdimension der Empfindung bildet die energetischen Eigenschaften des Reizes ab. Man kann die Art des Reizes, z. B. elektromagnetische Strahlung bestimmter Wellenlänge oder die Mischung der spektralen Komponenten, konstant halten und die Strahlungsdichte (oft auch Lichtintensität genannt) kontinuierlich erhöhen. Im Erleben ändert sich die Intensität der Hellempfindung. Hält man die Frequenz oder das Frequenzgemisch eines Schalles konstant und erhöht den Schalldruck, so ändert sich im Erleben die Lautstärke. Ähnlich verhält es sich beim Druck auf die Haut mit der Intensität der Empfindung (Schwere eines Körpers). Eine Erhöhung der Salzkonzentration einer Flüssigkeit führt zur Zunahme der Empfindungsintensität „salzig“ usw.

Die Beschreibung der Qualitäts- und Intensitätseigenschaften der Empfindung durch den Reiz wird dadurch sicher nicht einfacher, daß mit der Reizenergie gelegentlich auch die Qualität der Empfindung verändert wird und umgekehrt, daß bei Änderung der Reizart und konstanter Energie die Intensität der Empfindung mitverändert wird. Nimmt man z. B. eine elektromagnetische Strahlung der Wellenlänge zwischen 500 und 580 Nanometer (Licht der Farbe grün bis gelb) und erhöht die Leuchtdichte, so wird der Farbeindruck zugunsten des Helligkeitseindrucks immer mehr zurücktreten, bis das Licht bei hohem Lichtniveau weißlich erscheint. In umgekehrter Richtung ist die Änderung der Farbqualität noch deutlicher: Vermindert man die Leuchtdichte (Wellenlänge wie vorher) immer mehr, so wird zwar zunächst der Lichteindruck von Gelb oder Grün immer weniger intensiv, aber von einer bestimmten Leuchtdichte an abwärts erscheint statt Grün bzw. Gelb nur mehr Grau.

Wenn der Schalldruck eines Schalles immer mehr erhöht wird, hört man den Schall zwar zunächst nur immer lauter, aber von einem bestimmten Schalldruck an wird man auch Schmerz empfinden, ähnlich wie z. B. infolge hoher Temperatureinwirkungen (heißes Wasser). In mittleren Intensitätsbereichen jedoch kann die Intensitätseigenschaft mit guter Annäherung als eine Dimension der Empfindung beschrieben werden und einem Maß der Reizintensität zugeordnet werden.

Die Intensitätsdimension von Sinneserlebnissen bzw. die Intensität der Empfindungen zeigt den einfachsten Zusammenhang sowohl mit der Reizenergie (auch Reizintensität genannt) als auch mit Merkmalen des Erregungsprozesses. Schon zu Beginn des neunzehnten Jahrhunderts, insbesondere aber durch die Untersuchungen von Weber (1846) und Fechner (1860), konnte eine Grundbeziehung zwischen Intensität der Empfindungen und Reizintensität formuliert werden. Die

Ergebnisse von WEBER (1846) zeigten, daß ein gegebenes Gewicht immer um einen konstanten Anteil vergrößert bzw. verkleinert werden muß, um ebenmerklich schwerer oder ebenmerklich leichter empfunden werden zu können. War das Gewicht 200 Gramm, so mußten etwa 4 Gramm, bei 300 Gramm etwa 6, bei 400 Gramm etwa 8 Gramm Zusatzgewicht zugegeben werden, damit das Gewicht als ebenmerklich schwerer empfunden werden konnte. Nicht ein konstanter Gewichtszuwachs ist für den ebenmerklichen Empfindungsunterschied notwendig, sondern ein dem Grundgewicht proportionaler Anteil. Diese Beziehung erwies sich mit guter Annäherung auch für andere Empfindungsintensitäten (Lautstärke, Helligkeit usw.) zutreffend, und FECHNER (1860) formulierte das Ergebnis in mathematischer Form und nannte es das WEBERsche Gesetz:

$$\Delta S/S = k,$$

wobei ΔS den *für den ebenmerklichen Empfindungsunterschied* notwendigen Reizzuwachs, S den Bezugsreiz und k die sogenannte WEBERsche Konstante bedeuten. Die WEBERsche Konstante variiert zwischen den Werten $^1/_5$ und $^1/_{250}$ und ist verschieden für die Intensitäten verschiedener Empfindungen. Im Grunde genommen müßte das WEBERsche Gesetz konsequent so formuliert werden:

$$\Delta S\ (\Delta R)\ /\ S = k,$$

wobei die Bedeutung der Symbole dem vorherigen entspricht und ΔR „ebenmerklicher Empfindungsunterschied“ bedeutet. Diese Formulierung des WEBERschen Gesetzes betont deutlicher, daß das Verhältnis derjenigen Reizdifferenz, *die eben eine Empfindungsdifferenz* (ΔR) hervorruft, zum Bezugsreiz für einzelne Sinnesleistungen eine konstante Größe ist. Weil aber FECHNER (1860) ΔR als Einheit des Psychischen setzte und ihm als Maßeinheit den Wert „Eins“ zuordnete, wird in der mathematischen Formulierung des WEBERschen Gesetzes das Anführen des Kriteriums, unter welchem das Verhältnis des Reizzuwachses zum Bezugsreiz konstant bleibt, oft vernachlässigt, gelegentlich sogar vergessen. Die Formel ist im Grunde nichts anderes als *eine Beschreibung der Empfindlichkeit des Sinnessystems gegenüber Reizintensitätsunterschieden als Funktion des Reizpegels für den ebenmerklichen Unterschied der Empfindungsintensität.*

FECHNER extrapolierte auf Grund einiger Annahmen mit Hilfe der Infinitesimalrechnung obigen Ausdruck und erhielt eine Beschreibung der Beziehung zwischen Reizintensität und Empfindungsintensität, die als psychophysische Maßformel bezeichnet wurde und in der

Literatur oft FECHNERsches Gesetz genannt wird. Die Beziehung besagt: um die Empfindungsintensität linear (arithmetisch) anwachsen zu lassen, muß der Reiz nichtlinear (geometrisch) anwachsen. In mathematisch explizierter Form:

$$E = c \cdot \log S,$$

wobei E die Empfindungsintensität, S die Reizintensität und c eine für die Empfindungsart spezifische Konstante ist.

In den Sinnesnerven wird die Reizintensität durch die Häufigkeit der Nervenimpulse (= Aktionspotential) pro Zeiteinheit signalisiert. Bei schwachem Reiz erfolgen einige wenige Impulse pro Sekunde, bei starkem Reiz bis zu hundert Impulse pro Sekunde oder wesentlich mehr. Die Untersuchung der Beziehung zwischen Impulsdichte (Impulse pro Sekunde) und Reizintensität (s. KEIDEL, 1971, S. 67) erbrachte das Ergebnis, daß die Impulsrate logarithmisch von der Reizintensität abhängt. Im Nervensystem wird die Reizintensität logarithmisch kodiert, d. h.: nach der mathematischen Beziehung, die FECHNER (1860) zwischen Reizintensität und Empfindungsintensität beschrieb. Die knapp hundert Jahre später durch die Neurophysiologie gefundene logarithmische Beziehung zwischen Reizintensität und Pulsdichte legt nahe, daß Pulsdichte und Empfindungsintensität zueinander in linearer Beziehung stehen.

Der von FECHNER formulierte Zusammenhang zwischen Reiz- und Empfindungsintensität (Psychophysik) und die zitierte Beziehung zwischen Reizintensität und Impulsdichte der Erregung (Physiologie) konnten für eine Reihe von elementaren Situationen und für den biologischen Bereich der Reize (vom Theoretiker oft als 'mittlerer Bereich' bezeichnet) gute Bestätigung finden. Die Beschreibung nach der FECHNERschen Funktion ist jedoch ungenau, wenn es sich um *komplexe Reizsituationen* handelt oder aber *die Empfindlichkeit nicht dem Niveau des Bezugsreizes (Reizintensitätsdurchschnitt usw.)* entspricht. Hierfür fanden STEVENS (1961, 1963, 1971) und seine Mitarbeiter eine bessere Beschreibung durch eine Potenzfunktion.

Raum und Zeit sind grundlegende Ordnungsprinzipien der Sinneserlebnisse. Auch die elementarsten Sinneserlebnisse, die einfachsten Sinnesempfindungen werden in einer Zeitordnung erlebt und in einem Wahrnehmungsraum bzw. phänomenalen Raum eingeordnet. Sinnesempfindungen zeigen dabei das Merkmal der Gegenwärtigkeit (Präsenz) und der Lokalisiertheit. Schon aus diesem Grunde konnte die klassische Psychophysik von räumlich-zeitlichen Eigenschaften der Empfindungen nicht absehen. Die Zusammenfassung räumlich-zeitlicher

Eigenschaften der Empfindungen in der Eigenschaft *Extensität* meint jedoch etwas anderes als die von KANT als „Kategorien apriori" bezeichneten Dimensionen des Erlebens, nämlich, daß bei manchen Sinnesempfindungen gerade deren zeitliche und räumliche Eigenschaft eine dominierende Beschreibungsdimension ist. Sinneserlebnisse haben eine Dauer, manche führen Eigenschaften von Wahrnehmungsobjekten mit, die man als Länge, Flächengröße oder Volumen erfassen kann. Eine weitere Gruppe von Phänomenen begründet sich aus dem Vergleich der Reize mit den Empfindungen: Einheit und Vielheit von Reizelementen führen nicht immer zu Einheit und Vielheit des Erlebten, wie auch ein Nacheinander von Reizen nicht immer zu einem Nacheinander von Empfindungen führen muß (s. dazu die Bemerkungen, die wir zum sensorisch-perzeptiven und Wahrnehmungsprozeß gemacht haben). Die flächenförmig verteilten Rezeptoren haben eine endliche Auflösung, wobei es geschehen kann, daß zwei Erregungen verschmelzen. Eine ähnliche Grenze gibt es hinsichtlich der zeitlichen Auflösung (Trägheit des Sinnessystem), wenn zwei kurz hintereinander applizierte Reize zu einer Erregungsgröße und auch zu einer Empfindung verschmelzen.

Unter dem Eigenschaftsbegriff 'Extensität' werden Merkmale der Sinnesempfindung zusammengefaßt, die entweder die räumlich-zeitlichen Eigenschaften der Empfindung beschreiben oder aber auf Unterschiede zwischen den räumlich-zeitlichen Eigenschaften der Reize und den zugeordneten Empfindungen hinweisen (räumliches bzw. zeitliches Auflösungsvermögen der Hautsinne, des Auges [wie z. B. Flimmerverschmelzungsfrequenz], s. unten S. 61 ff.).

8. Sinnesorgan, Sinneskanal, Sinnessystem

Hin- und Abwendungsreaktionen, Beeinträchtigungen der Sinnesorgane und die damit einhergehende Änderung der Erlebnismodi scheinen uns zu belehren, daß es diese Organe sind, die uns die Informationen über die Umwelt vermitteln. Die Sinnesorgane Auge, Ohr, Zunge, Nase und Haut haben nach dieser Meinung die Funktion, uns die Sinneserlebnisse des Sehens, des Hörens, des Geschmacks, des Geruchs und die der Hautempfindungen (Wärme, Kälte, Berührung, Druck, Schmerz) zu vermitteln. In der Alltagsmeinung wird eine solche Zuordnung der Sinnesfunktionen zu Sinnesorganen allgemein akzeptiert. Die klassische, wohl auf Aristoteles zurückgehende Einteilung der „fünf Sinne" hat die empirische Grundlage von sichtbaren und tastbaren Organen des Körpers. Sie ist jedoch in mehrerer Hinsicht nicht nur unvollständig, uneinheitlich, sondern auch unbrauchbar für die Wahrnehmungspsychologie. Mit der Entwicklung der Anatomie und der Sinnesphysiologie wurden Organe mit Rezeptoren und neuronalen Einrichtungen bekannt, die sensorische Aufgaben haben und schwerlich unter den „fünf Sinnen" unterzubringen sind. Zunächst befindet sich im Innenohr ein weiteres Sinnesorgan, von dem KEIDEL (1971) bemerkt, es sei der „sechste Sinn". Gemeint sind die Maculaorgane (Sacculus und Utriculus), die die sensorische Aufgabe haben, die Lage und den Gleichgewichtszustand des Körpers zu melden. Insofern ist die Einteilung in die „fünf Sinne" sicherlich unvollständig. Das Argument, vom sog. „Gleichgewichtssinn" seien keine Sinneserlebnisse bewußt, ist unrichtig: ihm kommt die wichtige Rolle zu, neben anderen Sinnen, das „Oben" und „Unten", die eigene Körperbewgung usw. als Sinneserlebnis zu melden. Von diesen Sinneserlebnissen werden wir insbesondere dann unterrichtet, wenn sie fehlen oder gestört sind. Uneinheitlich ist die Einteilung in fünf Sinne schon dadurch, daß gänzlich verschiedene Qualitäten der Sinneserlebnisse, wie Wärme–Kälte, Berührung-Druck-Vibration und Schmerzempfindung, also die Thermorezeption, die Mechanorezeption und Nozizeption, mit für sie typischen, spezifischen Arten von Rezeptoren zusammengefaßt werden, obwohl sie getrennt erregbar sind. Ihr gemeinsames Merkmal ist, daß sie zu Sinnesempfindungen führen, die an der Haut lokalisiert sind. Dieses Merkmal trifft, in etwas modifizierter Form, auch für den Geschmackssinn zu, welchem jedoch ein eigenes Sinnesorgan zugeordnet wird. In der Einteilung fehlt zudem der „Stellungs- und Spannungssinn" (Propriozeption).

Die Einteilung der Sinne durch anatomische Merkmale der Sinnesorgane ist jedoch weniger durch die Uneinheitlichkeit und Unvollständigkeit der Einteilung problematisch. Eine solche Einteilung kann zu Mißverständnissen führen. Mit einer Aussage, daß „wir mit dem Auge sehen", könnte eine Vorstellung verknüpft sein, daß die Gesichtswahrnehmungen „im Auge", also im Organ entstehen. Man kann dann die Vorgänge im Auge untersuchen, wie etwa den optischen Strahlengang, Bildentwurf, Netzhautbildgüte, Aufnahme der Lichtenergie durch die Rezeptoren der Netzhaut usw., und diese als Korrelat der Gesichtswahrnehmung betrachten.

Aus einer solchen — wohl veralteten — Betrachtungsweise können Probleme entstehen wie etwa: Wie kommt es zu aufrechtem Sehen, obwohl das auf der Netzhaut entworfene Bild auf dem Kopfe steht? Die organetisch-anatomische Betrachtungsweise unterstützt den Irrtum

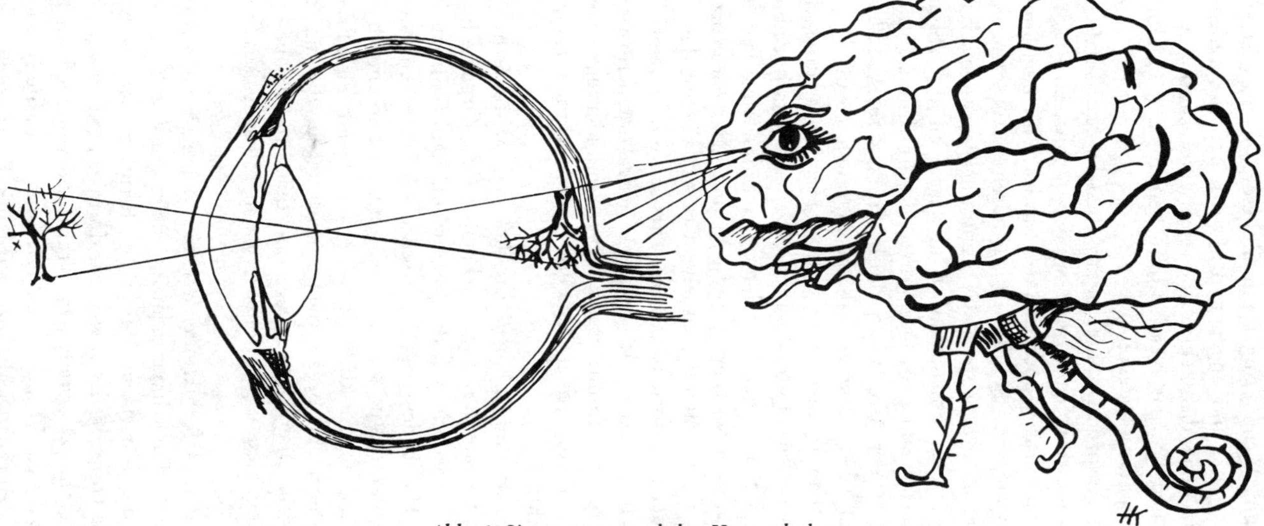

Abb. 6. Sinnesorgan und der Homunkulus.

Oder: die Auffassung, daß „mit dem Auge“ gesehen wird; dann nämlich kann die Frage gestellt werden, wieso es trotz „verkehrten Netzhautbildes“ zum „aufrechten Sehen“ kommt. Bei Vermengung organischer und funktioneller Betrachtungsweisen können Scheinprobleme entstehen. Nicht zu verwechseln jedoch mit der sinnvollen Fragestellung, die schon bei Stratton (1897) (s. dazu Kohler, 1951) zu finden ist.

(Zeichnung von H. Krawielitzki-H.)

obiger Fragestellung. Wenn „Auge“ mit Sinnesorgan und „Gesichtssinn“ gleichgesetzt wird und angenommen wird, daß das Sehen im Auge entsteht, folgt, daß das Gehirn oder ein hypostasiertes „Männlein“, der „Homunculus“, das Netzhautbild betrachtet. („Homunculus“ kann auch Bewußtsein bedeuten.)

Der Vorteil des Ausdrucks „Sinnesorgan“ besteht darin, daß man im körperlich-anatomischen Sinne genau weiß, was mit dem Ausdruck gemeint ist. Ein Nachteil ist jedoch, daß der Ausdruck die zum Sinnessystem gehörenden anatomischen Teile (es gehören die Nerven, Neuronen und weitere Nervenzentren des Zentralnervensystems dazu) nicht vollständig umfaßt und eigentlich nur ein Teil des „Sinnesorgans“ im erweiterten Sinne ist. Der Vorteil des Ausdrucks „Sinnesorgan“ geht zwar mit der Anwendung des Begriffes ‘*Sinneskanal*’ verloren, man gewinnt aber dadurch, daß die Nachteile ebenfalls fortfallen. Mit ‘Sinneskanal’ meint man alle organetisch-anatomischen Einrichtungen, in welchen sensorische Prozesse einer Modalität ablaufen. Mit „visuellem Sinneskanal“ sind nicht nur das Auge, sondern auch die Nerven vom Auge (nervus opticus) und die Neuronenzentren (Corpus geniculatum laterale, visueller Cortex), die mit der Verarbeitung von visuellen Informationen beschäftigt sind, gemeint. Der Ausdruck ‘Sinneskanal’ bezieht sich zwar auf einen organetisch-anatomischen Teil des Körpers (Sinnesorgan, Nerven und Nervenzentren), die Auswahl dieser anatomischen Teile erfolgt jedoch unter funktionellem Gesichtspunkt.

Nachteil des Begriffs ‘Sinneskanal’ ist, daß man anatomisch nicht genau (bzw. nicht vollständig) angeben kann, welche Organteile gemeint sind. Vorteil ist jedoch, daß die Abgrenzung nach funktionellen Kriterien erfolgt. Die Bedeutung des Ausdrucks ‘Sinneskanal’ darf nicht organetisch-anatomisch, sondern sie muß nachrichtentechnisch verstanden werden. Dem funktionellen Aspekt folgend, umfaßt der Sinneskanal alle diejenigen organischen Einrichtungen, die mit den (signalverarbeitenden) Operationen des sensorischen Prozesses beschäftigt sind. Man kann diese Operationen etwa in folgende Abschnitte gliedern:

1. Aufnahme und Transformationen des Reizes: Je nach Sinneskanal sind damit bestimmte Funktionen gemeint. Beim Auge z. B. werden die Lichtstrahlen, die von einem Objekt (= Fernreiz) her ins Auge gelangen, durch die Dioptrik des Auges transformiert, und es wird das Netzhautbild (= Nahreiz) erstellt. Das Transformationsmedium Pupille beeinflußt bei diesem Vorgang die Netzhautleuchtdichte (je enger, desto weniger Lichteinfall). Schließlich wird der Fernreiz durch die

Augenbewegungen transformiert. Im auditiven Kanal wird der Schall durch die Ohrmuschel gesammelt, verstärkt, auf das Trommelfell übertragen und über die Gehörknöchelchen an die Flüssigkeit des sog. Cortischen Organs (darin die Gehörrezeptoren) übergeben. Bei diesem Prozeß wird der äußere Schall in mehrerer Hinsicht transformiert. Durch die Ohrmuschel wird er richtungsabhängig verstärkt, durch den äußeren Hörgang insbesondere in dem mittleren Frequenzbereich (zwischen 2 und 3 kHz) verstärkt; es folgt dann eine Impedanzwandlung (Erniedrigung des Widerstandes, so daß der Schall vom Trommelfell nur gering reflektiert wird) und Drucktransformation des Schallreizes, bevor der Nahreiz an die Rezeptoren gelangt.

2. *Aufnahme und Wandlung des Reizes in Erregung:* Die Reizenergie wird mittels eines Stoffwechselprozesses in einen elektrochemischen Vorgang umgesetzt (Generatorpotential, Aktionspotential), der Reiz wird in Nervenerregung transformiert.

3. *Weiterleitung und Verarbeitung der Erregung:* Die Nervenimpulse (Aktionspotentiale) werden zu Nervenzentren weitergeleitet, wo eine Informationsverarbeitung nach verschiedenen Kriterien (Konvergenzprinzip, Divergenzprinzip, efferente Wirkungsgradverstellung, s. KEIDEL, 1971, S. 47 ff.) vorgenommen wird.

Durch die Abwendung vom Sinnesorgan und die Zuwendung zu funktionell (nachrichtentechnisch oder neurophysiologisch) definierten Sinneskanälen ist es möglich, aus dem Dilemma der „fünf Sinne“ herauszukommen. Die physiologischen Korrelate der Sinneserlebnisse, die „Erregungsnachrichten“, sind an den verschiedenen Stellen des Sinneskanals objektiv meßbar. Entscheidend ist bei diesen Messungen, im Gegensatz zu energetischen Messungen am Reiz, daß es sich um Nachrichtenmengen und nicht mehr um Energiemengen handelt.

Die Wandlung des Reizes in Erregung bedarf noch einer zusätzlichen Bemerkung. Das Besondere dieser Wandlung ist, neben beschreibbaren Stoffwechselprozessen und Umsetzung der Reizenergie in die Erregung (elektrochemische Größe), daß sie eine *Informationswandlung* ist. Dabei kommt es nicht nur auf die Reizenergie an, die in den verschiedensten physikalischen Dimensionen beschreibbar ist (bzw. auch in von der Chemie ausgeliehenen Maßeinheiten, insbesondere für Geschmack, Geruch), sondern auch auf die Informationsstruktur. Würde man beim Wandlungsprozeß energetische Gesichtspunkte als ausschließliche Betrachtungsgrundlage wählen, so müßten die Sinneskanäle in den meisten Fällen als „Energievernichtungsmaschinen“ bzw. „Energieverstärkungsmaschinen“ bezeichnet werden. Gerade durch das Verarbeitungsprinzip, das als „Wirkungsgradverstellung“ nach KEIDEL

(1971) zitiert wurde bzw. seit WEBER (1846) als Empfindlichkeitsverstellung bekannt ist (Sinnesadaptationen, s. unten, S. 114 ff.), zeigt sich, daß die Sinneskanäle dazu tendieren, die Energiezufuhr zu nivellieren. Wenn die Reizenergie gering ist, wird das Signal durch Steigerung der Empfindlichkeit verstärkt. Bei hoher Reizenergie wird die Empfindlichkeit herabgesetzt. Die Reizenergie und deren Analyse ist für eine ganze Reihe von Eigenschaften der Sinneskanäle wichtig, stellt jedoch nur einen Aspekt des Wandlungsprozesses dar. Für den sensorisch-perzeptiven Prozeß ist es adäquater, wenn statt der Energiewandlung derselbe Prozeß als Informationswandlung betrachtet wird. Im weiteren muß hier auf die Rezeptorphysiologie hingewiesen werden.

Im vorgenannten Punkt 3 (Weiterleitung und Verarbeitung) verbirgt sich die Elektro- und Neurophysiologie, die Sinnesphysiologie (speziell die Neurophysiologie der Sinnessysteme). Dieser Bereich, dessen Kenntnis für ein modernes Verständnis des sensorisch-perzeptiven Prozesses unerläßlich ist, kann hier nicht behandelt werden. Wir verweisen auf die Reihe ›Heidelberger Taschenbücher‹ (SCHMIDT, [1972, 1973]) oder auf die Reihe ›Urban & Schwarzenberg‹-Taschenbücher (Bände 10—17), hrsg. von GAUER, KRAMER und JUNG, die eine exzellente Einführung darstellen und auch einen ausreichenden Überblick über den Wissensstand ermöglichen. Für erschöpfende Informationen sei auf die Reihe ›Handbook of Sensory Physiology‹ (Springer) hingewiesen, die zugleich den Fortschritt und den Umfang der Kenntnisse dieser Disziplinen (über zehntausend Seiten) demonstriert.

Man kann den funktionellen Betrachtungsaspekt, welcher durch den Ausdruck 'Sinneskanal' angedeutet wird, um eine weitere Stufe verschärfen. Spricht man von '*Sinnesystem*', in der strengen Bedeutung des Ausdrucks 'System', wie es in der Systemtheorie benutzt wird, so wird auf organetisch-anatomische Einrichtungen keine Rücksicht mehr genommen. Die Ebene der Analyse ist rein funktionell, ohne jegliche Rücksicht auf anatomisch-organetische Grenzen. Die Ebene der Messung ist selbstverständlich der Realbereich, die Beschreibung und Abbildung der Relationen und Zusammenhänge erfolgt abstrakt mathematisch, was wohl einer der Nachteile eines solchen funktionellen Formalismus ist. Die durch die Einführung des Ausdrucks 'Sinnessystem' bedingte Anwendung der Systemtheorie bringt eine unanschauliche, symbolische, im Grenzfall abstrakt-mathematische Darstellung mit sich. Der besondere Vorteil der Anwendung der Systemanalyse in der Wahrnehmungsforschung ist, daß sie für den Erlebnisbereich, wie auch für die Bereiche Reiz und Erregung, anwendbar ist. Erst eine solche funktionelle Betrachtungsweise gestattet es, sowohl den sensorisch-perzeptiven wie auch den Wahrnehmungsprozeß mit seinen Parallelprozessen (Erregungsprozeß, Reizprozeß) in einem einheitlichen Formalismus, in einem System zu vereinigen und als Ganzes zu behandeln. Es ist kein Zufall, daß eine solche Betrachtungsweise, nämlich eine kybernetische, rasch in der Sinnesphysiologie und Neurophysiologie Eingang fand und in der Geschichte der Wahrnehmungsforschung sowohl in der Psychophysik als auch in der Psychophysiologie, ganz allgemein in der quantitativ orientierten Wahrnehmungspsychologie, die Grundlage bildet.

In diesen Bereichen eröffnet die Systemanalyse mit ihren Formalismen nur die Möglichkeit einer Systematik und Einheitlichkeit, inhaltlich bietet sie jedoch nicht etwas gänzlich Neues. Der Vorteil der Anwendung systemanalytischer Formalismen liegt hauptsächlich in ihrer Systematik und in dem für alle Disziplinen einheitlichen Formalismus, wodurch der Vergleich der verschiedenen Forschungsergebnisse erleichtert und eine Verständigung der Fachvertreter in vielen Fällen erst ermöglicht wird.

Unter einem Sinnessystem versteht man eine endliche Zahl von Variablen (= quantitativ bestimmte Ausprägungsgrade von Eigenschaften eines oder mehrerer Gegenstands- bzw. Forschungsbereiche) und die Transformationsregeln, die diese Variablen miteinander verknüpfen. Die Variablen eines Systems müssen nicht der gleichen Meßebene entstammen. Man kann den Reiz mit physikalischen Maßen quantifizieren und eine Erlebniseigenschaft mit der für diese Eigenschaft adäquaten psychophysischen Meßmethode quantitativ beschreiben. Bestimmte Erregungsgrößen (Impulsrate des Aktionspotentials) können mit den Methoden der Sinnesphysiologie gemessen werden. Bildet man alle diese Ausprägungsgrade der Eigenschaften an der Zeit ab (= Variablen), so können Transformationsregeln zwischen Reiz, Erregung und Empfindung gesucht werden, die die Überführung der Variablenwerte ineinander beschreiben.

Eine endliche Menge von Variablen bestimmt den Umfang des Systems für die Analyse. Aus einem Real- bzw. Forschungsbereich können unzählige (theoretisch eine unendliche Anzahl) Variablen gefunden werden.

Die Zahl der Variablen eines Real- bzw. Forschungsbereiches ist unendlich groß. Die Anwendung der Systemanalyse setzt voraus, daß die Ausprägungsgrade der Eigenschaften, die als Variablen Verwendung finden, prinzipiell meßbar sind, und eine seriöse Anwendung der Systemanalyse fordert, daß die Variablen eines Systems tatsächlich quantitativ bestimmt wurden oder, als Forschungsaufgabe, bestimmt

Abb. 7. Aladin und seine Wunderlampe.

Die Zugeständnisse des Geistes, eine endliche Zahl von Variablen zu haben und auch determinierbar zu sein, sind mehr, als Aladin (die Psychologie) braucht, um die Systemanalyse als Methode anwenden zu können. Aladin gesteht dem Geist unendlich viele Variablen zu. Er kann Variablen auswählen, wie es die allgemeine Forschungspraxis der Naturwissenschaften ist. Zum Problem der Determinierbarkeit äußert sich Aladin diplomatischerweise nicht, er könnte etwa sagen: „Ob und inwiefern du determinierbar bist, ist eine empirische Frage, das werden wir schon sehen.“ Aladin muß jedoch, wenn er seine Forschungsarbeit ernst nimmt, eine Art von Determiniertheit (zumindest Zusammenhänge von Eigenschaften) annehmen.

(Zeichnung von H. Krawielitzki-H.)

werden. Man kann nun nicht eine unendliche Anzahl von Variablen messen. Vielmehr ist es notwendig, einige wenige Variablen (mindestens zwei) aus dem Real- bzw. Forschungsbereich auszuwählen (= Selektion von Variablen). Für die Auswahl von Variablen stellt die Systemanalyse keine Vorschriften auf. Eine sinnvolle Auswahl von Variablen für eine empirische Untersuchung setzt jedoch voraus, daß zwischen diesen Variablen eine funktionelle Beziehung besteht und diese funktionelle Beziehung durch andere, nicht ausgewählte Variablen nicht gestört wird. Man trachtet die Variablenwerte von anderen, nicht berücksichtigten Eigenschaften soweit als möglich konstant zu halten. Im Sinne der isolierenden Variation versucht man durch bestimmte Maßnahmen den Einfluß von nicht berücksichtigten Variablen konstant zu halten, wodurch diese zu Parametern der Untersuchung werden.

Die Auswahl (= Selektion) von Variablen des Objekt-, Real- oder allgemein-Forschungsbereiches ist der erste Schritt der Systemanalyse und führt zu einer Umfangsbeschreibung (= Umfangsdefinition) des Systems. Hieraus ergibt sich, daß ein Sinnessystem umfangmäßig definiert werden kann, bevor die Verknüpfung und Verknüpfungsart der Variablen miteinander bekannt ist.

Ohne die Transformationsregeln, die die Variablenwerte ineinander überführen, zu kennen, kann man ein Sinnessystem dadurch definieren, daß man die in Betracht gezogenen Variablen aufreiht. Es müssen mindestens zwei Variablen sein; es können aber beliebig viele ausgewählt werden. *Ein Sinnessystem wird also umfangmäßig nicht durch die Angabe der Organe definiert*, an denen die Messung durchgeführt wird, *sondern durch Angabe der Eigenschaften* von Organen, aber auch von Sinneserlebnissen, *die gemessen werden.* Eine Aufreihung wie etwa Auge, Gehirn und Sinneserlebnisse ist keine Systemdefinition, sondern eine organetische Beschreibung von Real- bzw. Forschungsbereichen. Vielmehr müßte eine Systemdefinition z. B. lauten: Die Lichtintensität als Funktion der Zeit, die Pulsdichte am optischen Nerv als Funktion der Zeit, die Helligkeitsintensität als Funktion der Zeit als Helligkeits-Sinnessystem. In abgekürzter Form: S(t), P(t) und H(t), wobei S die Leuchtdichte des Reizes, P die Impulsrate im optischen Nerv und H die Helligkeitsintensität der Empfindung bedeuten.

Die Gesamtheit der Transformationsregeln eines Systems nennt man *Struktur* des Systems. Weil der Umfang eines Systems niemals alle möglichen Variablen eines Realbereiches umfassen kann, ist auch die Struktur des Systems nur eine Teilstruktur des Realbereiches. *Das Ziel der Analyse im Sinne der analytischen Kybernetik besteht darin, bei einem definierten Systemumfang die Struktur (= Inhaltsdefinition oder „Inhalt") des Systems zu beschreiben.* Das oben beschriebene *Helligkeits*-Sinnessystem hätte dann im Sinne der FECHNERschen Maßformel eine Struktur wie folgt: Dimensionswandlung von Leuchtdichte in Impulsrate, die logarithmische Transformation zwischen Leuchtdichteintensität und Erregungsstärke (Impulsrate des Aktionspotentials) und eine Dimensionswandlung zwischen Impulsrate und Maßdimension der Helligkeit. Die formalen Symbole der Systemanalyse gestatten es, die Variablen und die Struktur des Systems graphisch abzubilden.

Abb. 8 zeigt eine formale Abbildung des Helligkeits-Sinnessystems. Variablen werden durch Pfeile dargestellt, Strukturelemente durch Kästchen. Eine solche Abbildung nennt man ein Modell des Systems. Man beachte, daß alle Variablen, die im Modell verwendet werden, Meßgrößen (gemessene Größen) sind. Die Variablenwerte von S, P und H sind als Prozeß quantifiziert. Aus den Variablenwerten des Systems muß die Struktur des Systems bestimmbar (berechenbar) sein. Nachdem die Struktur bekannt ist, ist das System determiniert. *Determiniertheit eines Systems* bedeutet, daß in der Regel die Kenntnis einiger weniger Variablenwerte (im Extremfall die Werte einer der Variablen) ausreichen, um mit Hilfe der Systemstruktur alle Werte aller Variablen des Systems bestimmen (= berechnen) zu können (= Simulation des Realbereichs durch das System).

Ein systemanalytisches Modell kann Hilfsvariablen enthalten, an denen keine Messungen durchgeführt wurden. Die Anführung solcher Variablen ist eine Hypothese. Oft ergibt sich — aus verschiedenen plausiblen Gründen — die Notwendigkeit, Hilfsvariablen anzunehmen. Auch für diesen Fall muß es aber gelten, daß alle Variablen des Modells (nicht nur die des untersuchten Systems) einen quantitativ identifizierbaren Wert besitzen, wenn die Variablenwerte des Systems eingesetzt werden. Dieser Fall ist wohl zu unterscheiden von bedauerlichen Fällen von sog. Modellen, die sich mit der Nennung von Eigenschaften begnügen oder gar organetische Elemente statt Transformationsregeln in das Modell einsetzen usw. Es wird oft verkannt, *daß es neben dem funktionellen der quantitative Aspekt ist,* welcher die Systemanalyse zur Systemanalyse, also zu einem universellen Methodenkonzept der Forschung in verschiedenen Wissenschaften macht. In diesem Sinne möge man die Bedeutung der Ausdrücke „methodisches Vorgehen" und „formalistisches Spiel" überdenken und insbesondere in der Psychologie, aber auch in einigen anderen Disziplinen, das erstere erstreben und unbedingt beherzigen.

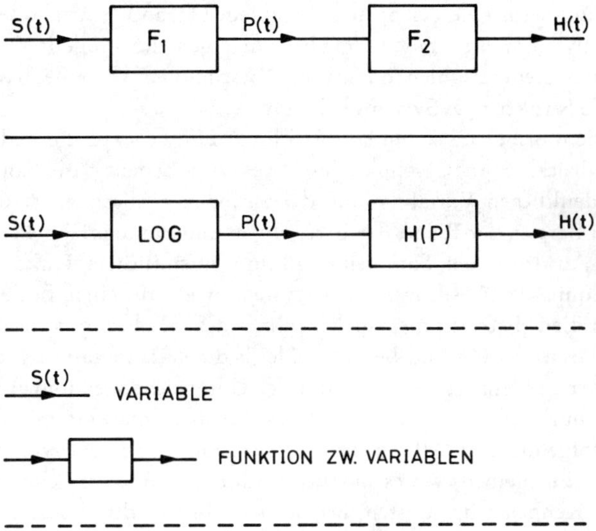

$$P(t) = F_1[S(t)] \qquad H(t) = F_2[P(t)]$$

$$H(t) = F_2[P(t)] = F_2\{F_1[S(t)]\}$$

$$H(t) = F_2[P(t)] = F_2[\mathrm{LOG}\ S(t)]$$

Abb. 8. Symbolische Darstellung des Helligkeitssystems.

Pfeile symbolisieren Variablen, Kästchen die Transformationsregeln. Die minimale Bedeutung eines (leeren) Kästchens ist, daß zwischen den beiden Variablen (z. B. S[t] und P[t]) ein gerichteter Signalfluß gegeben ist (bedarf bereits einer empirischen Feststellung). F_1 und F_2 geben allgemein die Transformationsregeln zwischen den Variablen des Systems (= Struktur des Systems) an, sie können expliziert sein (z. B. „LOG" nach der FECHNERschen Maßformel). Die Gleichungen stellen mit dem Blockschaltbild (Kästchen und Pfeile usw.) äquivalente Beschreibungen desselben Systems dar, wobei die erste Gleichung nur den sensorischen, die anderen auch die sensorisch-perzeptiven Prozesse beschreiben.

Die Abbildung eines Sinnessystems in einem systemanalytischen (oft einfach „kybernetisch" genannten) Modell setzt voraus, daß jede Variable des Modells einen quantitativ identifizierbaren Wert besitzt, wenn die Variablenwerte des Systems eingesetzt werden. Es muß sogar gelten, daß nicht alle Variablenwerte des Systems hierzu notwendig sind. Mindestens eine der Systemvariablen (oft sind es zwei oder mehrere) muß zusammen mit allen Hilfsvariablen des Modells durch die anderen Systemvariablen quantitativ bestimmbar (berechenbar) sein, wenn die Struktur des Systems bekannt ist.

Aus dem bisher Gesagten ergibt sich ein Hinweis auf die Bedeutung des Ausdrucks 'Sinnessystem'. Dieser Ausdruck bedeutet die Sammlung aller erdenklichen Variablen und der zu ihnen gehörenden Strukturen aus dem Bereich der Reize, der Erregungen und Sinneserlebnisse. Damit ist der Ausdruck ein Sammelbegriff mit unendlichem Umfang. Die Verwendung des Ausdrucks 'Sinnessystem' weist auf einen funktionell-strukturellen Betrachtungsaspekt (ohne den Einbezug von organetischen Grenzen) hin und betont zugleich die systemanalytisch-quantitative Art der Analyse. Gegenstand der Untersuchungen und Analysen können nur Teilsysteme aus der Gesamtheit „Sinnessystem" werden.

Die folgende Darstellung bemüht sich, auf der Ebene von Sinnessystemen zu bleiben, wo es möglich und angebracht erscheint. Hierzu ist eine Kenntnis der Systemtheorie und ihrer fachwissenschaftlichen Anwendung, der Systemanalyse, unerläßlich. Sie kann heute nicht allgemein als bekannt vorausgesetzt werden. Soweit es der Umfang der Darstellung ermöglicht, werden die Grundlagen der Systemanalyse mitbehandelt. Für eine gründliche Einarbeitung sei hier auf die für diese Zwecke besonders geeignete Literatur (Varju, 1977, dort weitere Literatur) hingewiesen, wo der Leser nicht nur eine das Verständnis erleichternde qualitative Beschreibung der Grundlagen, sondern auch deren mathematische Darstellung finden wird.

II. Probleme der Wahrnehmungsforschung

1. Synthese von Wahrnehmungsobjekten

Die bisherige Darstellung bewegte sich vorwiegend in Richtung des Elementaren. Aus dem Wahrnehmungserlebnis konnten wir durch die analytische Betrachtung des sensorisch-perzeptiven Prozesses das methodisch und begrifflich definierte Abstraktum „Empfindung" ausgliedern. Diese elementarsten und der Untersuchung leicht zugänglichen Sinneserlebnisse stellen, in klassischem Sinne und auch in dem der Psychophysik neueren Datums, die Untersuchungsobjekte dar.

Die Wahrnehmungspsychologie ist jedoch mehr als Psychophysik und Psychophysiologie, sie beschäftigt sich auch mit Problemen, die nicht auf der Ebene der Empfindungen liegen. Ein, wenn auch nur grober, Überblick über einige Probleme der Wahrnehmungsforschung soll demonstrieren, daß die Bestrebung der Wahrnehmungspsychologie, das Elementare zu erfassen, nur eine der Aktivitäten der Wahrnehmungsforschung darstellt.

Eines der Probleme der Wahrnehmungsforschung ist die Frage, wie aus den einzelnen Empfindungen verschiedener Sinne (Empfindungen verschiedener Modalität) eine Synthese zu einem Sinneserlebnis erfolgt. Es sind Probleme, die man mit den Ausdrücken *„intermodale Synthese“* von Sinneserlebnissen, oder aber auch als *„intermodale Koordination“* von Sinnessystemen zusammenfassen kann. Bliebe die Wahrnehmungsforschung auf der Ebene der Psychophysik und auf der Betrachtungsebene der Empfindungen, so bliebe z. B. die Frage offen, wie aus den Empfindungen „gelblich-rot“, „rundliche Form“, ein „süßlicher Geschmack“, ein „typischer Geruch“ usw., also aus einzelnen Empfindungen, die sich bei einem Apfel einstellen, die einheitliche, koordinierte Wahrnehmung eines Apfels wird. Bei der Besprechung der Qualitätseigenschaft der Empfindungen wiesen wir darauf hin, daß auch eine Synthese innerhalb einer Modalität (z. B. Sehen) notwendig ist, um eine Zusammenführung, Koordination von Qualitäten (Helligkeit, Farbe, Form, Texturdetails usw.) zu erreichen. Diese Zusammenführung der verschiedenen Qualitäten einer Modalität kann man als *intramodale Synthese* bezeichnen.

Würde man Fragen dieser Art in der Wahrnehmungspsychologie ignorieren, so wäre notwendig, für diese Aufgaben einen „Homunculus“ anzunehmen (s. oben, Abb. 6), welcher nun nicht nur — wie früher erwähnt — für die Interpretation des Netzhautbildes zuständig wäre, sondern für die Zusammensetzung aller Empfindungen zu einem Sinneserlebnis (Puzzlespiel).

Dies würde der Funktion des Betrachters von Abb. 4 ähneln, der aus den verschiedenen „Meldungen“ der einzelnen erfahren will, was ein Wald ist. Empfindungen zeigen Aspekte eines Objektes (singuläre Eigenschaften) an, die miteinander zu einem einheitlichen Sinneserlebnis vereinigt, besser noch: verschmolzen werden müssen. Diese Aktivität im sensorisch-perzeptiven Prozeß, bzw. zwischen diesen (Konvergenzfunktion), ist eines der Hauptprobleme der Wahrnehmungspsychologie.

Diesem Problem versuchte man von den verschiedensten Seiten beizukommen. Der einfachste Weg in der Wahrnehmungspsychologie bestünde darin, diese synthetische Funktion dem Denken zuzuschreiben und das Problem damit dem Denkpsychologen zu überlassen. Nicht ganz so extrem ist etwa die Auffassung von v. HELMHOLTZ (1909), der bei Problemen dieser Art von „unbewußten Schlüssen" sprach. Gemeint sind damit kognitive Prozesse, die so ablaufen, daß sie uns nicht bewußt werden. In einem hat v. HELMHOLTZ sicher recht: die Prozesse, die bei intra- und intermodaler Synthese ablaufen, haben einen hohen Grad der Strukturiertheit und sind erlebten kognitiven Prozessen in vieler Hinsicht gleichwertig. Diese Prozesse haben der Struktur nach tatsächlich Ähnlichkeit mit kognitiven Leistungen, die beim Schließen ablaufen, und können sicher als logische Operationen (in ähnlichem Sinne, wie man bei einem Digitalrechner von logischen Operationen spricht) beschrieben werden. Diese Syntheseprozesse unterscheiden sich von den kognitiven Prozessen dadurch, daß sie rasch, so gut wie automatisch, auf Grund von Reizmerkmalen ablaufen — ohne kognitiven Einsatz des Individuums. Ob man sie als „unbewußte Schlüsse" bezeichnen sollte, ist mehr eine Geschmackssache; seitdem aber das „Unbewußte" mit anderen Deutungen belegt ist und vor allem in bestimmten Gebieten andere Funktionen zugeteilt bekommen hat, empfiehlt es sich, diesen Ausdruck nicht für einen quantifizierbaren Prozeß zu verwenden.

Man kann die Synthese statt als „unbewußte Denkprozesse" auch als „Assoziationen" beschreiben. Die elementaren Empfindungen sind dann Auslösepunkte für eine Assoziationskette bzw. für Assoziationsnetze (Assoziationen werden dabei erlernt), und wenn die einzelnen Assoziationsknoten durch Empfindungen aktiviert werden, entsteht durch assoziative Verknüpfungen die Wahrnehmung. An diesem Ansatz ist sicher der Aspekt des Lernens, das ein *perzeptives* Lernen voraussetzt (= lernen wahrzunehmen), besonders wichtig und sicher auch richtig. Insgesamt wird durch den assoziationspsychologischen Ansatz die Klärung der Syntheseprozesse aber nur auf die „Assoziationen" verschoben (sie werden nur umbenannt), und das eigentliche Problem bleibt ungeklärt. (Es müßten mehr assoziative Verbindungen bestehen als Wahrnehmungen bisher vorhanden waren, nämlich auch für Wahrnehmungen, die noch gar nicht aktualisiert wurden — etwa einen bestimmten Apfel mit einem Wurmloch an einer ganz bestimmten Stelle usw.)

Man kann auch versuchen, das intra- und intermodale Syntheseproblem dadurch zu umgehen, daß man die Existenz von Empfindungen, also von elementaren Sinneserlebnissen, negiert und annimmt, daß das Wahrnehmungserleben nicht in Elemente und Teilkomponenten zu zerlegen ist. Wenn man das Wahrnehmungserlebnis auf Elemente, Empfindungen oder Teilkomponenten, zerlegt, so werden nach dieser Auffassung (Gestalttheorie) diese Elemente aus dem Gesamtzusammenhang gelöst und haben nicht mehr die Inhalte, die sie in der Ganzheit besitzen. Vielmehr müssen allgemeine Gesetze oder Tendenzen (s. Gestalttendenzen) im Wahrnehmungsprozeß existieren, die ein Reiz- und Erregungsmosaik zu einer Wahrnehmung gestalten. Die in der Wahrnehmung wirksamen Gestaltungstendenzen haben Organisationsprozesse im Gehirn, speziell in der Großhirnrinde, zum Korrelat.

In der Großhirnrinde werden — so die Gestalttheorie — nach bestimmten Regeln Kräfte wirksam, wie Anziehung oder abstoßende Kräfte, ähnlich den Kräften eines Magnetfeldes. Der aufgenommene Reiz bewirkt im Gehirn isolierte Erregungsherde, Einzelerregungen, die durch die speziellen Kräfte des Gehirns zu einer Erregungsgestalt strukturiert werden. — Der Hinweis auf Prozesse in der Großhirnrinde ist sicher nicht falsch, die Annahme von feldtheoretischen anziehenden und abstoßenden Kräften steht in Analogie zu den bereits genannten Verarbeitungsprinzipien (Divergenz- und Konvergenzprinzip der Erregungsverarbeitung im Nervensystem).

Oft liegt jedoch das Wesentliche im Detail: Die von der Neurophysiologie aufgedeckten Prinzipien der Erregungsverarbeitung entsprechen kaum dem diesbezüglichen Modell der Gestalttheorie. Bei der Wahrnehmung eines Apfels entsteht im Gehirn nicht ein räumliches Erregungsgebilde, welches mit dem räumlichen des Apfels (isomorph) vergleichbar wäre, sondern eine nach bestimmten *Elementarkategorien* eindeutig klassifizierbare Zerlegung der Sinnesnachricht, die erst dann in höheren Zentren auch intermodal zur funktionellen Konvergenz gebracht wird. Sicherlich weiß die Neurophysiologie in dieser Beziehung reichlich wenig und kann derzeit nur über Elementarqualitäten, nebst einigen intersensorischen Konvergenzen berichten. Gerade aber diese Kenntnisse machen die schon oft begrabene Unterscheidung der Elemente (= Empfindungen) des Sinneserlebnisses und der Wahrnehmung nicht nur notwendig, sondern auch wieder modern.

Man kann das hier diskutierte Problem auch dadurch umschreiben, daß man den Ausdruck „Synthese“ (= Konvergenz von Sinnesdaten zu einem Sinneserlebnis) durch den Ausdruck „Organisation“ ersetzt und soweit als möglich die Organisiertheit der Sinneserlebnisse und schließlich der Wahrnehmung in die Organisiertheit der Reize verlagert. GIBSON (1950, hier zitiert nach der deutschen Ausgabe 1973) unternimmt einen solchen Versuch bez. der Wahrnehmung des Raumes. Seine Auffassung ließe sich durch die Ausdrücke *globale oder ganzheitliche Psychophysik* beschreiben. Nach seiner Auffassung sind die Ordnungen, die wir in der Wahrnehmung haben, durch Ordnungen in den Reizen zu erklären. Bei Reizen (Texturreize, Gradienten) ist nicht nur das Elementenhafte, sondern auch eine höhere Ordnung vorzufinden (z. B. Perspektive durch Zusammenlaufen von Linien, Verringerung der Länge von Strecken in der Netzhautprojektion usw.), die durch den sensorisch-perzeptiven Prozeß wie einfache Reiz-Empfindungszusammenhänge verarbeitet werden. Der Ansatz GIBSONS, der von anderen geteilt wird (s. dazu KOHLER, 1968, 1961, 1962, 1957; KLIX, 1962), scheint für die intramodale Synthese auch unter Berücksichtigung neurophysiologischer Ergebnisse, zumindest für Teilfragen dieser Synthese (insbesondere hinsichtlich räumlicher Merkmale) zuzutreffen. Welcher „Gradient" jedoch zwischen einem „faulen Geruch" und den visuellen Informationen eines zerbrochenen Eies (für ein faules Ei) bestehen soll, läßt sich kaum in der Reizordnung durch andere als durch das räumliche und zeitliche Zusammentreffen dieser Elemente erklären. GIBSON (1950) sprach jedoch von Gradienten *für* das visuell Räumliche und nicht von *Raum als Gradient.*

Dennoch scheint die Lösung dieser Probleme inzwischen möglich zu sein, nämlich dadurch, daß man die beiden Dimensionsbereiche Raum und Zeit für die intra- und intermodale Synthese von Sinnesdaten verantwortlich macht. Bei der Behandlung des Wahrnehmungsobjektes sprachen wir von der unmittelbaren Überzeugung des Wahrnehmenden, daß das Wahrnehmungsobjekt existent (real existent), in einem Ort lokalisiert und zu gegebener Zeit präsent ist.

Das elementarste Sinneserlebnis weist diese Merkmale, nämlich der Existenz, Lokalisation und Präsenz auf. Es liegt nahe, die beiden Eigenschaftsdimensionen von Sinneserlebnissen, nämlich *Raum und Zeit als Ordnungsprinzipien für die intra- und intermodale Synthese zu verstehen.* Jede noch so elementare Sinnesnachricht besteht aus einem „Inhalt", aus der Raummarke (Lokalisation) und der Zeitmarke (also von welchem Ort und aus welcher Zeit die Nachricht stammt). Die Lokalisation des Sinnesdatums ist — wenn auch nicht mit gleicher Präzision — eine Eigenschaft aller Sinneskanäle, so daß die verschiedenen Nachrichten der verschiedenen Modalitäten, je nach Ursprungsort, identische Raummarken (Adressen) tragen.

Die Begriffe 'Raummarke' und 'Zeitmarke' meinen Eigenschaften des *Wahrnehmungsobjekts* und dürfen nicht mit den Begriffen 'Örtliches Merkmal' und 'Zeitliches Merkmal' verwechselt werden, die sich auf Lokalisation bzw. Zeitfolge von *Erregungen* im Gehirn beziehen und die Grundlage von Empfindungsqualitäten bilden (vgl. Abschnitt 7).

Nun werden aber nicht zuerst Empfindungen wahrgenommen und diese dann durch ihre räumliche Zusammengehörigkeit geordnet. Vielmehr scheint es im Gehirn für die Erregungen eine *doppelte räumliche Ordnung* zu geben. Von der ersten räumlichen Ordnung (Raummerkmal für Qualitäten) sprachen wir schon. Die einzelnen Qualitäten nehmen einen *bestimmten Bereich des Gehirns* in Anspruch. *Innerhalb dieses Bereiches* gibt es eine zweite räumliche Ordnung für die Erregung nach dem Kriterium, aus welchem Ort der Reiz aufgenommen wurde.

Die Retina ist im Gehirn nach verschiedenen Funktionen (Farbe, Form, Bewegung) mehrfach topologisch repräsentiert, wie auch die Hautsensibilität und die Zunge. Wie das Räumliche von Gehörsinn und Geruchssinn erregungsmäßig repräsentiert ist, ist unbekannt. Beim Geruchssinn können wir beobachten, daß ein Raumkriterium durch motorische Aktivität (als Lagegradient) erstellt wird. Ist dies nicht möglich, so riecht der „Raum“ und nicht ein Objekt. Beim akustischen Sinneskanal muß es eine topologische Ordnung der Erregung nach binauralen Kriterien geben (also nach Intensitätsunterschied und nach Zeit- bzw. Phasenunterschied der vom Schall verursachten Erregung). Ausgehend von gehirnanatomischen Kenntnissen können wir annehmen, daß das lokalisatorische Merkmal der Erregung, das eine topologische Ordnung von Ort und Zeit der Reizobjekte abbildet, vom Sinnessystem zur Synthese benutzt wird. Von den verschiedenen topologischen Repräsentationen der Erregung innerhalb von Qualitätsbereichen, die bez. des Raummerkmals eine gleichförmige Ordnung (Isomorphie) zeigen, braucht nur eine Konvergenz der Sinnesnachrichten zu erfolgen, die dann ein mehrdimensionales Merkmal (Sinneswahrnehmung) realisiert. Wie dies neurophysiologisch genau vor sich geht, wissen wir nicht. Tatsache ist, daß unsere Sinnessysteme Sinnesdaten von einem Ort und der gleichen Zeit zu einem erlebten Wahrnehmungsobjekt zusammenfassen. Ist die Gleichzeitigkeit oder aber die gleiche Lokalisation nicht phänomenal gegeben, so zerfällt das Wahrnehmungsobjekt in Teile. Daß die vorher erwähnte Auffassung der Synthese durch Assoziationen notwendig scheitern muß, zeigt sich schon an folgendem Beispiel: Blitz und Donner sind miteinander durch die räumlich-zeitliche Nachbarschaft stark assoziiert, werden aber (abgesehen von dem Fall, daß es in unmittelbarer Nähe eingeschlagen hat) nicht zu einem Wahrnehmungsobjekt zusammengefaßt. Durch die relativ niedrige Schallgeschwindigkeit kommt der Schall (Donner) wesentlich später als das Licht an. Dieses Beispiel zeigt nicht nur, daß die Wahrnehmungssynthese nicht nach Assoziationen verläuft, sondern demonstriert auch die wichtige Rolle der Zeitmarke für die Wahrnehmungssynthese. Die Bedeutung der Raummarke erlebt man direkt durch die Verdoppelung der visuellen Welt, wenn man mit dem Finger auf ein Auge drückt.

Außer der intra- und intermodalen Synthese spricht man auch von *amodaler Ergänzung* der Wahrnehmungsdinge. Wir sprachen von dem Wahrnehmungsobjekt als einem Produkt aus aktuellen Sinneserlebnissen und Erkennnungsprozessen. Aktuelle Sinneserlebnisse werden durch Sinneserlebnisse aus früheren Wahrnehmungssituationen bereichert, ergänzt. Oft versteht man unter amodalen *Ergänzungen* auch *Vervollständigung* des Sinneserlebnisses mit Details, die nicht zugleich mit dem aktualisierten Sinneserlebnis wahrgenommen werden können (z. B. die mitwahrgenommene kugelförmige Rückseite des Apfels usw.).

Die Ergänzung des Wahrnehmungsobjekts durch Erinnerungen ist nur eine Seite des perzeptiven Erkennungsaktes (= Apperzeption). Eine mindestens so wichtige Rolle beim Erkennen spielen phänomenale Bezugssysteme und, im einfacheren Fall, perzeptive Normen wie z. B. etwas als Gerade, als Quadrat, als Vertikale usw. wahrnehmen zu können. Diese Probleme stellen ein weites Feld der Wahrnehmungsforschung dar, die man einerseits als Bezugssystemforschung (WITTE, 1966), andererseits als Problembereich des perzeptiven Lernens beschreiben kann und die sowohl einfache Adaptations- und Habituationsprozesse als auch komplexe perzeptive Lernprozesse sensumotorischer Koordinationen (s. KOHLER, 1966) beinhalten.

Einige weitere Problemfelder seien übersichtshalber genannt:

Die *Sinnesadaptationen* stellen ein weites Forschungsgebiet dar (KOHLER, 1966), das Fragen der Anpassung der Sinnessysteme an die jeweilige Reizsituation bzw. deren Veränderung behandelt.

Bestimmte Eigenschaften von Wahrnehmungsobjekten bleiben trotz Veränderungen der Reizsituation häufig erhalten (konstant), wie z. B. die Größe oder die Helligkeit. Verändert z. B. ein Wahrnehmungsobjekt seinen Abstand vom Beobachter von zwei auf vier Meter (oder umgekehrt), so verringert sich der visuelle Nahreiz auf der Netzhaut auf die Hälfte (bzw. er verdoppelt sich), trotzdem nimmt der Beobachter ein und dieselbe Größe des Objekts wahr. Diese Leistungen unserer Sinnessysteme werden als *Wahrnehmungskonstanzleistungen* bezeichnet.

Unsere Wahrnehmung ist darauf ausgerichtet, Unterschiede der Sinnesqualitäten und -intensitäten besonders herauszuheben, zu akzentuieren. Phänomene dieser Art bezeichnet man als *Kontrastphänomene*.

Es ließen sich noch weitere Problembereiche der Wahrnehmungsforschung aufzählen. Ihre Gemeinsamkeit läßt sich folgendermaßen beschreiben:

Wir erleben unsere Wahrnehmungen; wir erleben jedoch nicht, wie sie entstanden sind. — Die Aufgabe der Wahrnehmungsforschung besteht nun gerade darin, die Frage zu beantworten, wie Wahrnehmungen in dem sensorisch-perzeptiven Prozeß entstehen.

2. Anwendungsorientierte Probleme der Wahrnehmungsforschung

Die Kenntnisse der Wahrnehmungsforschung kommen in zwei Gebieten, die miteinander zusammenhängen, zur Anwendung. Das eine Gebiet ist der *subjektzentrierte* Anwendungsbereich. Es geht bei diesen Anwendungen um Prüf- und Testverfahren der Sinnessysteme.

Es hat sich in der Praxis gezeigt, daß einige wenige Prüfungen von relativ einfachen Sinnesleistungen ausreichen, um über die Fähigkeiten eines Individuums bez. des Sehens und Hörens (das sind die Wahrnehmungsgebiete, die in der Regel geprüft werden) ein Urteil abzugeben. Im Bereich des Sehens pflegt man das Auflösungsvermögen der Augen zu prüfen, inwiefern also der Beobachter in der Lage ist, kleine Details einer Vorlage aus verschiedener Entfernung zu erkennen (Sehschärfeprüfung). Oft werden auch der Farbensinn und andere Sinnesleistungen, wie Gesichtsfeldgröße (Perimetrie), Hell- und Dunkeladaptationsfähigkeit (Adaptometer) oder stereoskopisches Sehen (inwiefern geringe Tiefenunterschiede vom Beobachter erkannt werden) geprüft. Im Bereich des Hörens stellt man als Leistungskriterium die Hörschwelle fest, d. h.: welche niedrigste Schallenergie ist ausreichend, um Töne verschiedener Tonhöhen ebenmerklich zu hören (Audiometrie).

Das zweite Anwendungsgebiet der Kenntnisse der Wahrnehmungsforschung ist *objektzentriert*. Es geht bei diesen Anwendungen um gestalterische Probleme, die größtenteils nicht in der Wahrnehmungspsychologie, sondern in angewandten Teildisziplinen wie Ergonomie, Lichttechnik, Akustik abgehandelt werden. Fragen, wie z. B. ein Arbeitsplatz einzurichten ist, um bez. der Lichtverhältnisse, Erkennbarkeit der Zeichen und Symbole, der Signal- und Mustererkennung usw. den Sinnessystemen optimale Bedingungen zu garantieren, müssen beantwortet werden. Andererseits werden Ergebnisse der Wahrnehmungsforschung im Sinne der Psychohygiene angewendet: Wann führen ein bestimmter Geräuschpegel (Lärm) und klimatische Verhältnisse am Arbeitsplatz zu einer Leistungsbeeinträchtigung der Sinnessysteme bzw. wann schädigen sie den Menschen?

Eine der gestalterischen Aufgaben bezieht sich auf die Erkennbarkeit von Zeichen und Symbolen, darunter nicht nur Ziffern und Buchstaben, sondern auch Verkehrszeichen usw. Auch Fragen wie: Wie ist eine visuelle Vorlage zu gestalten, damit sie die Aufmerksamkeit auf sich zieht (Probleme der Auffälligkeit, Probleme in der Werbung, Probleme der Signalentdeckung usw.)? gehören zum Aufgabenbereich der objektzentrierten Wahrnehmungsforschung.

Diesen und einer Reihe anderer Anwendungsprobleme kann die Wahrnehmungspsychologie nur dadurch gerecht werden, daß sie reproduzierbare Meßmethoden und vor allem Metriken konstruiert, mit deren Hilfe sowohl Sinnesleistungen und Situationsbedingungen quantifizierbar werden als auch Sinnessysteme adäquat beschrieben werden können. Daher ist die Entwicklung und Präzisierung von psychophysischen Metriken (Farbmetrik, Metrik für Helligkeiten, für Lautstärke, Lautheit, Sehschärfe, Hörverlust usw.) eine weitere Aufgabe der Wahrnehmungsforschung.

Zweiter Teil

ALLGEMEINE EIGENSCHAFTEN VON SINNESSYSTEMEN

I. Elementare Sinnesleistungen

1. Empfindlichkeit von Sinnessystemen

Wir definieren ein System durch drei Variablen: X1(t), X2(t) und Y(t). X1 und X2 seien die gemessenen Leuchtdichten zweier benachbarter Flächen, Y der gesehene Helligkeitsunterschied der beiden Flächen. Y(t) bilden wir auf einer Skala ab, die nur die Werte Null und Eins haben soll. Der Skalenwert Null bedeutet, daß der Beobachter keinen Unterschied zwischen den Helligkeiten der beiden Flächen sieht, der Skalenwert „Eins" bedeutet einen wahrgenommenen Helligkeitsunterschied. Bei Y(t) verlassen wir uns auf die Urteilstreue und den Verbalbericht des Beobachters.

Wir können mit gutem Grund annehmen, daß bei genügend großer Differenz $\Delta X = X1 - X2$ der Skalenwert „Eins", bei geringer oder keiner Differenz der Skalenwert „Null" notiert werden kann. Im zweiten Fall erkennt der Beobachter keinen Helligkeitsunterschied. Wir stellen fest, daß ΔX den Skalenwert von Y beeinflußt. Umgekehrt besteht kein Anlaß anzunehmen, daß die Leuchtdichten bzw. deren Differenz sich ändern, wenn der Beobachter einen Helligkeitsunterschied sieht oder nicht sieht. Die Leuchtdichtedifferenz beeinflußt den gesehenen Helligkeitsunterschied, der gesehene Helligkeitsunterschied beeinflußt jedoch nicht die Leuchtdichten und deren Differenz. Wenn bei einem System die Variablen nach diesem — zunächst qualitativen — Merkmal der gegenseitigen Beeinflussung untersucht werden, so kann man sie in vier Gruppen einteilen:

1. Variablen, die nicht durch andere Variablen des Systems beeinflußt werden, beeinflussen jedoch eine oder mehrere der Variablen des Systems. Diese Variablen heißen *Eingänge* des Systems. Im Beispiel sind dies X1 und X2. In einem System können einer, aber auch mehrere Eingänge gegeben sein.
2. Variablen, die von anderen Variablen oder einer der Variablen des Systems beeinflußt werden, selbst aber keine Variable des Systems beeinflussen. Diese Variablen heißen *Ausgänge* des Systems. In unserem Beispiel ist das Y.

3. Variablen, die von einer oder mehreren Variablen des Systems beeinflußt werden, selbst jedoch eine oder mehrere Variablen des Systems beeinflussen. Diese Variablen sind, wenn sie gemessen wurden, *vermittelnde Variablen* oder Systemvariablen im engeren Sinne (ΔX). In der Abbildung des Systems als Modell können Variablen auftreten, deren Wert nicht gemessen worden ist. Diese Variablen heißen *hypothetische* Variablen. Dies sind Modellvariablen und nicht Systemvariablen. Eine solche wäre z. B. die Beleuchtungsstärke der Flächen an der Netzhaut, weil sie von der Pupillenfläche mitbeeinflußt wird und diese wiederum von der Beleuchtungsstärke an der Netzhaut mitbeeinflußt wird. Auch die Pupillenfläche ist eine vermittelnde Variable (wenn deren Fläche gemessen wird), oder eine hypothetische, wenn sie nur in der Abbildung des Systems aufgeführt wird.
4. Die vierte Gruppe von Variablen sind solche, die weder andere beeinflussen noch von anderen beeinflußt werden. Diese Variablen sind für eine systemanalytische Untersuchung überflüssig und sollten aus der Systemdefinition weggelassen werden (Redefinition des Systems). Vergleiche hierzu: Die Systemanalyse stellt keine Vorschriften für die Selektion von Variablen auf, entscheidet jedoch über die Güte der Selektion und kann die Selektion verbessern.

Im einfachsten Fall versteht man unter Empfindlichkeit (V) eines Systems eine Multiplikationskonstante für die Eingangsvariable des Systems. Im obigen Beispiel würde das bedeuten, daß nicht X1(t) und X2(t), sondern deren V-fache, also X1(t) · V und X2(t) · V im System wirksam werden bzw. ΔX(t) · V, wenn man die Differenz der Leuchtdichten als Variable wählt. Im obigen Fall ist es zwar nicht empfehlenswert, aber doch lehrreich, sie zugleich mitzubetrachten.

Die Annahme eines konstanten Multiplikationsfaktors für die Empfindlichkeit erweist sich im einschlägigen Experiment als falsch, wie wir es beim WEBERschen Gesetz gesehen haben. Die Empfindlichkeit ist kein konstanter Multiplikator, sondern abhängig von den gegebenen Leuchtdichten, zwischen denen ein Helligkeitsunterschied gesehen werden soll. Diese Abhängigkeit kann man formulieren:

$$V = F\,(X1, X2),$$

also *die Empfindlichkeit des Systems ist eine Funktion der Leuchtdichten X1 und X2.* Die Empfindlichkeit des Systems selbst ist abhängig von den Eingängen des Systems. In diesem Sinne kann man, statt von Empfindlichkeit, von einer *Empfindlichkeitsfunktion* sprechen, die ein wichtiger Teil der Struktur des Systems ist.

Mit „Empfindlichkeit von Sinnessystemen" können die verschiedensten Strukturen (Teilstrukturen) gemeint sein. Zunächst wollen wir, in Anlehnung an die Aussagen über Qualitäten, Intensitäten und Extensitäten, „Typen von Empfindlichkeiten" unterscheiden. Erst in weiteren Schritten wollen wir dann auch auf strukturelle Merkmale dieser Empfindlichkeiten eingehen.

2. *Empfindlichkeitsfunktionen nach Eigenschaften der Sinneserlebnisse*

a) Empfindlichkeitstypen „Intensität"

Das einfachste und auch eines der ältesten Konzepte der Empfindlichkeit von Sinnessystemen hinsichtlich Intensitätseigenschaft der Sinneserlebnisse haben wir kurz erwähnt und als WEBERsches Gesetz zitiert. Für Intensitätseigenschaften der Sinneserlebnisse in einem begrenzten Bereich der Reizintensitäten lassen sich in der Regel monotone, für die Einzelleistung und Testsituation spezifische explizite mathematische Ausdrücke angeben, die mehr oder weniger gut die experimentell gewonnenen Daten beschreiben.

Als Empfindlichkeit nahm FECHNER (1860, S. 46) an: „Demnach setzen wir die Empfindlichkeit für Reize der Größe der Reize, die eine gleich starke, oder allgemeiner, um extensive Empfindungen mit zu begreifen, eine gleich große Empfindung erwecken, umgekehrt proportional, mit einem kurzen Ausdruck reciprok." Nun ist von FECHNER die absolute Empfindlichkeit $1/S_0$ gemeint. Durch Berücksichtigung des WEBERschen Gesetzes kann die Unterschiedsempfindlichkeit (Empfindlichkeit für Reizunterschiede) abgeleitet werden. Sie ist der reziproke Wert des Bezugsreizes (S_i), versehen mit einer Maßstabkonstanten

$$V = f(S_i) = c \cdot \frac{1}{S_i}$$

Setzt man für $c = 1/k$ (also den reziproken Wert der sogenannten WEBERschen Konstanten ein), dann wird

$$V = \frac{1}{k \cdot S_i}.$$

Aus der allgemeinen Beziehung, daß ein Empfindungsunterschied (ΔR), der durch die relative Empfindlichkeit bewertete Reizunterschied ist, ist

$$\Delta R = \Delta S \cdot V(S),$$

und es ergibt sich für den ebenmerklichen Empfindungsunterschied:

$$(\lim \Delta R \rightarrow 1)\ \Delta R = \Delta S \cdot \frac{1}{k \cdot S_i} = 1,$$

woraus sich nach Umformung die schon bekannte empirische Beziehung

$$\Delta S \frac{1}{S_i} = k$$

oder in gewohnter Form

$$\frac{\Delta S}{S_i} = k$$

(das WEBERsche Gesetz) ergibt. $\Delta S = S_1 - S_2$ bezeichnet man als relative Intensitätsschwelle, und $1/k \cdot S$ ist die angenommene Empfindlichkeitsfunktion; sie kann auch formuliert werden als

$$\frac{\Delta R}{k \cdot S_i}$$

wobei ΔR der ebenmerkliche Unterschied und k eine Konstante ist.

Diese von WEBER erstmals beschriebene und von FECHNER und anderen oft nachgeprüfte Beziehung erweist sich für einen mittleren Bereich der Reize mit guter Annäherung als eine Beschreibung der Empfindlichkeit des Sinnessystems. Die wiederholte Kritik an der klassischen Psychophysik, vorwiegend an FECHNER als deren Hauptvertreter, besteht aus dem Vorwurf, daß im „oberen" und „unteren" Bereich der Reize die WEBERsche Beziehung keine gute Beschreibung der Empfindlichkeit erlaubt. Die Kritik ist sicher zutreffend, sie kann aus der folgenden Überlegung abgeleitet werden.

Die eben behandelte Empfindlichkeitsfunktion ($1/k \cdot S_i$) zeigt eine Abhängigkeit von einem Bezugsreiz bzw. Reizintensitätsniveau. Denken wir uns ein physikalisches Reizkontinuum mit der Dimension S, welches von Null an bis weit über die von den Rezeptoren tolerierbare Intensität wachsen kann. Ein solches wäre z. B. der Bereich der Lichtintensität eines maximal abgedunkelten Raumes bis zum direkten Blick in die Sonne. Unter diesen Bedingungen muß obige Empfindlichkeitsfunktion „Abnormitäten" zeigen. Wenn die Lichtintensität Null ist, müßte die Empfindlichkeit unendlich werden, was weder sinnvoll noch biologisch möglich ist. Vielmehr ist davon auszugehen, daß die Empfindlichkeit schon vor dem Nullwert der Intensität des Reizes einem Empfindlichkeitsmaximum (höchst mögliche Empfindlichkeit) asymptotisch angenähert wird. Es ist schwer vorstellbar, daß eine abrupte Änderung vorliegt, und auch, daß eine solche asymptotische Annäherung erst bei der sogenannten absoluten Schwelle, also derjenigen minimalen Reizintensität, die eben wahrgenommen wird, beginnt. Es liegt viel näher, daß die Empfindlichkeit schon vorher von der theoretischen Kurve abweicht (s. Hyperbel in Abb. 9 a und den gestrichelten hypothetisch angenommenen Verlauf der Empfindlichkeitsfunktion).

Bei sehr hohen Lichtreizen tritt das Phänomen der Blendung auf. Die Rezeptoren müssen eine sehr hohe Lichtenergie durch den elektrochemischen Wandlungsprozeß und den damit zusammenhängenden Stoffwechselprozeß umsetzen. Schon bevor die Rezeptoren Schädigungen erleiden, wird sich eine biologische Grenze durch die notwendigen Stoffwechselprozesse und andere Grenzwerte (z. B. Pupillendurchmesser) einstellen. Funktionell zeigt sich bei sehr hohen Leuchtdichten, daß das visuelle System die Unterscheidungsfähigkeit merklich einbüßt (= Blendung), so daß für sehr hohe Leuchtdichten die Empfindlichkeitsfunktion den Wert Null erreicht, d. h. ein Hinzufügen von Licht wird nicht mehr als Zunahme an Helligkeit empfunden.

Ähnliche Beziehungen wird man bei sehr niedrigen Schallintensitäten und bei sehr hohem Schalldruck (s. dazu die durch hohen Schall ausgelöste Schmerzempfindung) vorfinden. Trägt man die Funktion V(S), also 1/kS an der Ordinate auf und an der Abszisse den Reiz, so wäre der theoretische Verlauf der Funktion, wie es in Abb. 9 gezeigt wird, eine Hyperbel. Mit der unterbrochenen Linie ist eine mögliche Abweichung der Empfindlichkeitsfunktion im Sinne obiger Argumentation angedeutet. Nun kann man sowohl aus der theoretischen V(S)-Kurve, wie auch aus deren modifizierter Form den Ausdruck $\Delta S/S_i$ rückberechnen. Aus der theoretischen Kurve wird $\Delta S/S_i$ eine Abszissenparallele im Sinne des Weberschen Gesetzes, da $\Delta S/S_i = k$ ist. Den aus der modifizierten Empfindlichkeitsfunktion bestimmten Wert von $\Delta S/S_i$ zeigt Abb. 9b. Deutlich weichen die Werte von der Abszissenparallelen ab. Als Abszissenmaßstab wurde der Logarithmus des Reizes gewählt. Versucht man im Sinne der Fechnerschen Maßformel nun die Intensität der Empfindung nach der logarithmischen Maßformel zu konstruieren, so erhält man bei LogS-Abszisse und linearer Intensität der Empfindung (Ordinate) eine Gerade.

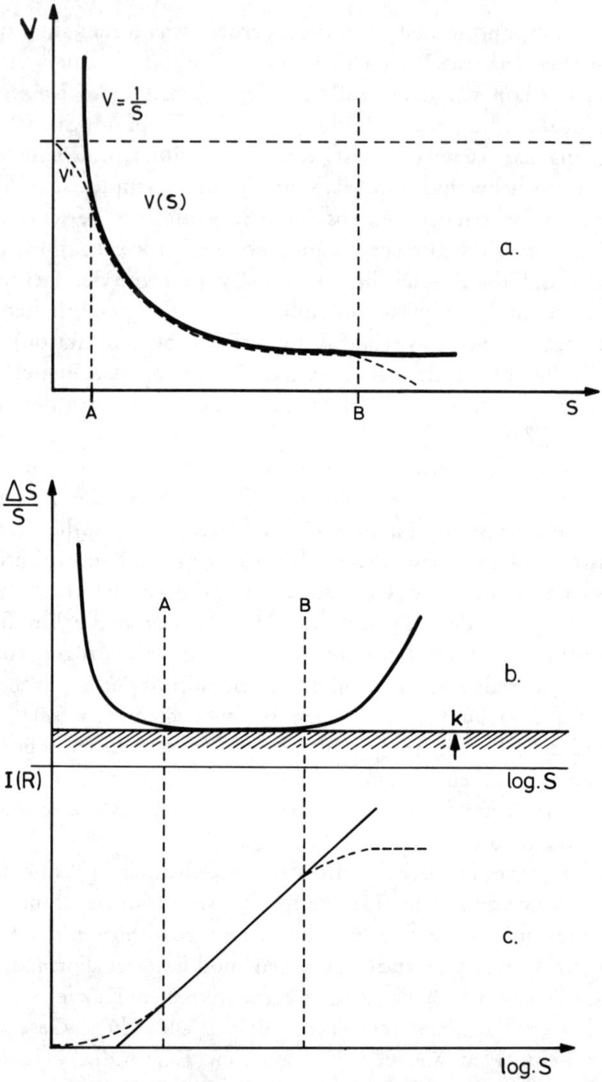

Abb. 9. Empfindlichkeitsfunktion (a), Bewertungsfunktion (b) und Intensität der Empfindung (c) als schematisches Modell.

a) Die ausgezogene Linie zeigt den theoretischen Verlauf der Empfindlichkeitsfunktion nach dem Weberschen Gesetz. Abszisse: die Reizintensität, Ordinate: die Empfindlichkeit (V).
Mit der unterbrochenen Linie ist eine modifizierte Funktion dargestellt. Im Bereich A—B stimmen beide Empfindlichkeitsfunktionen überein.

Integriert man (hier graphisch) nach der modifizierten Empfindlichkeitsfunktion, so erhält man einen Intensitätsverlauf, wie es durch die gestrichelte Linie gezeigt wird. Im Bereich der Bezugsreize, in dem das WEBERsche Gesetz gilt, ist die Steigung der unterbrochenen Linie gleich der Steigung nach der FECHNERschen Maßformel, ansonsten weicht sie typisch ab.

Man kann verschiedene Auswege aus der WEBERschen Problematik suchen, wie es in der Literatur unternommen wird. Z. B. kann man eine neue Funktion statt der WEBERschen annehmen, aus der eine andere integrierte Funktion für die Intensität der Empfindung ableitbar ist. (Vergleiche hierzu STEVENS Potenzfunktion.) Oder man kann ein „Sinnesrauschen“, „Schwellenrauschen“ für die Abweichungen verantwortlich machen und unzählige Funktionen für eine Annäherung vorschlagen.

Viel geeigneter scheint es, zunächst von festgefahrenen Gesetzen abzusehen und die Sinnessysteme nicht als Meßinstrumente zu betrachten, die den Außenreiz nach einfachen oder mathematisch explizierbaren Funktionen messen. Auch wenn die Experimente noch so mühsam sind, sollte man danach trachten, für das gegebene physikalische Kontinuum die Empfindlichkeitsfunktionen so zu bestimmen, wie sie sind, und nicht voreilig zu abstrahieren. Die entscheidende ökologische Argumentation scheint im Eifer theoretischer und mathematischer Diskussionen in Vergessenheit geraten zu sein. *Unsere Sinnessysteme messen nicht die Außenweltreize, sondern sie zeigen sie an. Ihre Aufgabe ist eine optimale Differenzierung zwischen den Umweltreizen.* Daher ist es einleuchtend, daß sie denjenigen Reizen, die in der natürlichen Umgebung vorhanden sind und auch häufig vorkommen, eine größere Empfindlichkeit entgegenbringen als Reizen, die nicht oder nur sehr selten in der natürlichen Umgebung vorkommen.

Unter diesem Aspekt wird man FECHNER mit seiner Maßfunktion nicht recht geben können, obwohl sich diese Beziehung in einer Reihe

b) Darstellung der Bewertungsfunktion. Abszisse: Logarithmus der Reizintensität, Ordinate: $\Delta S/S$. Im Sinne des WEBERschen Gesetzes müßte die Bewertungsfunktion eine abszissenparallele Linie (k) sein. Der Verlauf der ausgezogenen Linie beschreibt die modifizierte Empfindlichkeitsfunktion.

c) Die integrierte Funktion analog der FECHNERschen Maßformel, gestrichelt die Abweichungen vom geradlinigen Verlauf, die auf die V′-Funktion zurückgeführt werden können. Abszisse: Logarithmus der Reizintensität, Ordinate: Intensität der Empfindung.

praktischer Anwendungen gut bewährt hat. Bei praktischen Aufgaben kommt es selten auf Extremintensitäten von Reizen an. Dagegen wird man der folgenden Ansicht FECHNERS zustimmen:

Insofern die Empfindlichkeit ein Veränderliches ist, haben wir auch kein Maß derselben als einer festen zu suchen: aber wir können 1) Gränzwerthe, 2) Mittelwerthe derselben aufsuchen; 3) die Abhängigkeit ihrer Veränderungen von den Umständen untersuchen; 4) Gesetze aufsuchen, die sich durch die Veränderlichkeit derselben erhalten (FECHNER, 1860, S. 53/54).

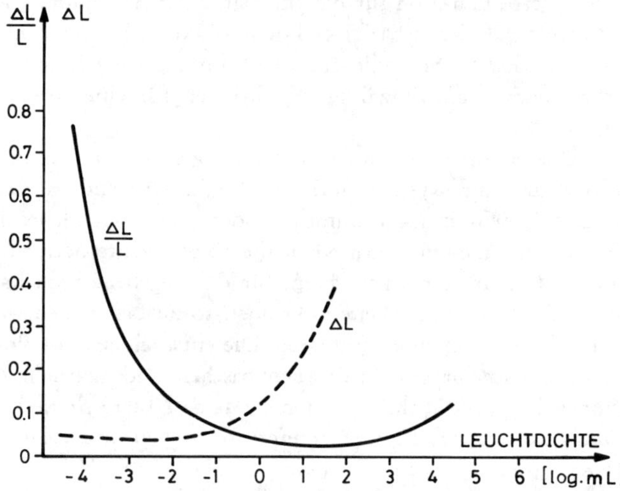

Abb. 10. Abhängigkeit der Unterschiedsempfindlichkeit für Helligkeiten von der Leuchtdichte des Hintergrundes:

Abszisse: Logarithmus der Leuchtdichte des Hintergrundes (in mL, s. Kap. I. 3.). Ordinate: das WEBERsche Verhältnis, wobei ΔL den Leuchtdichteunterschied zwischen einer Testmarke (1 Grad Sehwinkel) und der Hintergrundleuchtdichte bedeutet. Mit der unterbrochenen Linie ist ΔL, also die für den ebenmerklichen Helligkeitsunterschied notwendige Leuchtdichtedifferenz zwischen Testmarke und Hintergrund dargestellt. Würde das WEBERsche Gesetz über alle 7 bis 8 Dekaden der Hintergrundleuchtdichte gelten, so müßte die ausgezogene Linie eine Abszissenparallele sein. Der Verlauf der ΔL-Linie, die nach den Daten von KÖNIG und BRODUHN, 1889, in Wiedergabe von HECHT, 1934, rückgerechnet wurde, zeigt deutlich, daß unterhalb 0.1 mL (—1 log-Einheit) der Unterschied der Test- und Hintergrundleuchtdichte konstant bleibt. Dies besagt, daß die Unterschiedsempfindlichkeit unterhalb 0.1 mL nicht mehr zunimmt, sie folgt also nicht der 1/L-Hyperbel. Vgl. die ausgezogene Linie mit Abbildung 9b. (Abbildung nach GRAHAM, 1965, modifiziert.)

Abb. 10 und 11 zeigen Beispiele für die Intensitätsempfindlichkeit.

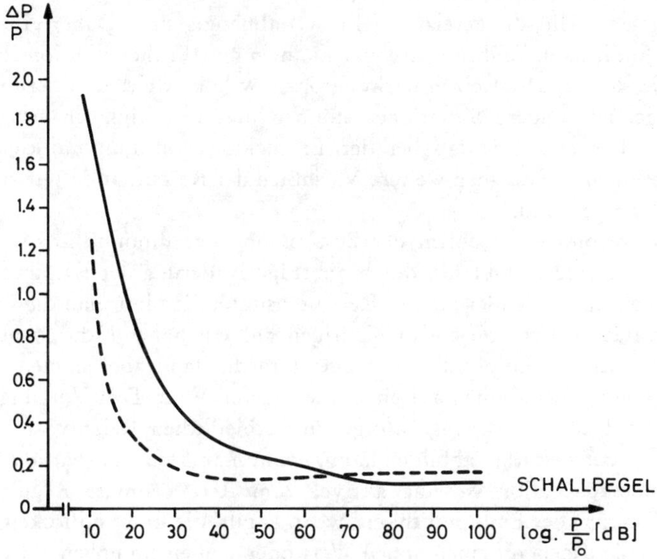

Abb. 11. Unterschiedsempfindlichkeit für Lautstärkeunterschiede als Funktion des Schallpegelwertes.

Abszisse: Schalldruckpegel in logarithmischen Einheiten (s. Teil I. 3.). Ordinate: das WEBERsche Verhältnis. Ausgezogene Linie zeigt das WEBERsche Verhältnis für Töne, die unterbrochene Linie für weißes Rauschen (umgerechnet und umgezeichnet aus ZWICKER, 1975). Für Lautstärken gilt oberhalb von 40 dB (das Hundertfache des Schwellenschalldruckes) mit guter Annäherung das WEBERsche Gesetz, insbesondere für Rauschen bzw. ein breites Gemisch von Tönen.

Geht es um die Beschreibung der Empfindlichkeit von Sinnessystemen, so wird man die Annahme der Allgemeingültigkeit der WEBERschen Beziehung aufgeben müssen. Geht es um praktische Aufgaben, so reicht meistens die Annäherung nach der WEBER-FECHNERschen Beziehung aus. Im ersteren Fall muß die Annäherungsfunktion, daß die Empfindlichkeit dem Bezugsreiz proportional ist, daß also $\Delta S/S_i$ eine Konstante ist, wohl aufgegeben werden, und es müßten bei Sinnessystemen die Empfindlichkeitsfunktionen experimentell über den gesamten Intensitätsbereich bestimmt werden. Für den zweiten, praktischen Fall reicht meist die dargestellte Empfindlichkeitsfunktion aus.

Das Problem der Bestimmung der Empfindlichkeitsfunktionen liegt hauptsächlich darin, daß die Empfindlichkeiten nicht nur vom Bezugsreiz allein, sondern von einer Reihe weiterer Bedingungen (wie Dauer des Unterschiedsreizes, bei Helligkeiten von der Flächengröße, von der retinalen Stelle, die gereizt wird usw.) abhängig sind. Daher gilt eine Empfindlichkeitsfunktion strenggenommen nur für die Situation (Feldgröße, Reizdauer, Reizeinwirkungsort usw.), in welcher sie ermittelt wurde. Für andere Situationen können die Abweichungen erheblich sein. Hieraus folgt, daß bei der Ermittlung von Empfindlichkeitsfunktionen in Systemen weitere Variablen der Reizsituation mit zu berücksichtigen sind.

Ein besonderes Problem der Bestimmung der Empfindlichkeit von Sinnessystemen ergibt sich durch die träge Änderung der Empfindlichkeit bei rapider Änderung der Reizintensitäten. Ändert man die Lichtintensität abrupt von einem niedrigen auf ein hohes Lichtniveau, so ändert sich die Empfindlichkeit zuerst rasch, dann aber immer langsamer von einem hohen auf einen niedrigeren Wert. Den Vorgang der Empfindlichkeitsänderung infolge unterschiedlichen Reizniveaus, den man an der Zeitachse abbilden kann, nennt man *Sinnesadaptation*.

Sinnesadaptation ist eine aktive, vom Reiz bedingte Regulation (= Kinetik) der Empfindlichkeit, wenn es gilt, die Empfindlichkeit von einem niedrigen auf einen hohen Wert oder von einem hohen auf einen niedrigen Wert zu verändern. Aus diesem Grund pflegt man von einer *stationären* Empfindlichkeit zu sprechen, wenn die Empfindlichkeit der gegebenen Reizsituation adäquat ist und sich nicht mehr (oder zumindest nicht bedeutsam) ändert. Demgegenüber spricht man von einer *nichtstationären*, oder manchmal auch von *dynamischer Empfindlichkeit*, wenn die Empfindlichkeit in Änderung begriffen ist. Die Adaptation ist eine allgemeine Eigenschaft beinahe aller Sinnessysteme, die Geschwindigkeiten der Empfindlichkeitsänderung sind jedoch von Sinnessystem zu Sinnessystem verschieden.

Allgemein scheint zu gelten: Je größer die differentielle Empfindlichkeit ist (je kleiner also die WEBERsche Konstante), desto länger dauert der Adaptationsvorgang. Beim Gesichtssinn dauert die sogenannte Dunkeladaptation meist Minuten, bei größeren Änderungen der Leuchtdichte sogar Stunden. Beim Geruchssinn und auch beim Druck und Geschmack ist der Adaptationsprozeß wesentlich kürzer.

b) Empfindlichkeitstypen „Qualität"

Das typische Beispiel für eine Empfindlichkeitsfunktion der Qualitätseigenschaft von Empfindungen ist die Empfindlichkeitsfunktion von Farbtönen. Die physikalische Dimension der Reize, durch welche eine Unterschiedsschwelle ermittelt wird, ist die Wellenlänge des Lichtes. Der sichtbare Bereich liegt zwischen den Wellenlängen 380 und 780 Nanometer der elektromagnetischen Strahlung. In diesem spektralen Bereich liegen die Farbtöne von Violett (380—400 Nanometer = nm), Blau (bei 470 nm), Grün (bei 530 nm), Gelb (bei 580 nm) bis Rot (oberhalb etwa 620 nm). Zwischen den Farbtönen sieht man, wenn man ein Spektrum betrachtet, keine scharfen Farbtonänderungen, die Farbtöne reihen sich „kontinuierlich" aneinander, zeigen fließende Übergänge von Violett ins Blau, von Blau ins Grün usw. ... Eine Aufgabe, die man für Experimente über Farbtöne stellen könnte, wäre z. B. festzustellen, welcher Wellenlängebereich der elektromagnetischen Strahlung „Grün" genannt, welche Wellenlänge gerade eben, welche noch eben als „Grün" bezeichnet wird. Diese Frage betrifft das Problem der *Zuordnung* zwischen Farbnamen und Empfindungsqualitäten.

Wir suchen jedoch nach dem Zusammenhang zwischen der *Unterscheidungsfähigkeit für Farbtöne* und Wellenlängedifferenzen. Die Frage ist, welche Wellenlängedifferenz $\Delta\lambda$ ist bei einer Bezugswellenlänge λ notwendig, um zwei Flächen nach ihrem Farbton ebenmerklich zu unterscheiden. Wir suchen also eine Funktion

$$\Delta\lambda\ (\Delta E) = F\ (\lambda_i),$$

wobei λ die Wellenlänge des Lichtes, ΔE den ebenmerklichen Farbtonunterschied und F die gesuchte Funktion bedeuten. Abb. 12 zeigt ein Beispiel für diese Funktion graphisch.

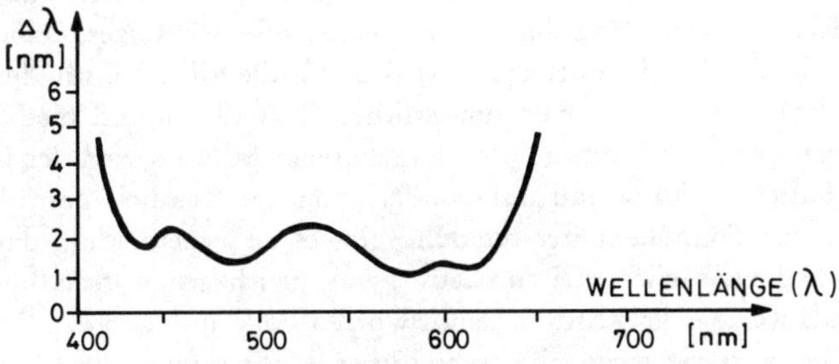

Abb. 12. Relative Qualitätsschwelle für Farbtöne.

Abszisse: Wellenlänge des Vergleichslichtes in nm (= 10^{-9} Meter). Ordinate: der mindestnotwendige Wellenlängeunterschied für einen ebenmerklichen Farbtonunterschied. An den Spektrumenden nimmt $\Delta\lambda$ deutlich zu, d. h., die Unterschiedsempfindlichkeit ist gering, im mittleren Bereich des Spektrums reichen Wellenlängeunterschiede von 2—4 nm zur Unterscheidung von Farbtönen bereits aus. (Nach LAURENS and HAMILTON, 1923, umgerechnet.)

Eine weitere physikalische Dimension, bei der die Empfindlichkeit für Qualität untersucht werden kann, ist die Frequenz des Schalles, welche als Tonhöhe erlebt wird. Es geht dabei nicht um die Frage nach der Tonskala, die die Grundlage unserer Musik ist. Die Intervalle zwischen Halbtönen sind hier normiert und nach der Formel

$$\sqrt[12]{2} \cdot f_1 = f_2$$

berechenbar, wobei f_2 der nächst höhere Halbton von f_1 ist. Vielmehr ist bei der Empfindlichkeitsfunktion nach der Beziehung

$$\Delta f\ (\Delta E) = F\ (f_i)$$

gefragt, also nach dem kleinsten noch unterscheidbaren Frequenzunterschied zwischen zwei Tönen als Funktion der Bezugsfrequenz.

Daß wir Töne zwischen den Halbtönen unserer Musikinstrumente unterscheiden können, zeigt sich darin, daß ein Klavier verstimmt sein oder ein Geigenspieler „falsch" greifen kann, und in der Tatsache, daß ein Lied für uns auch erkennbar wird, wenn man musikalische Skalen mit einem halben oder einem drittel Intervall der üblichen Tonskala verwendet (Mikromusik, Musik östlicher Länder). Den kleinsten Frequenzunterschied, der noch als ebenmerklich unterschiedliche Tonhöhe empfunden wird, zeigt Abb. 13.

Die Bestimmung der ebenmerklichen Qualitätsunterschiede für Farben und Töne stößt auf erhebliche Schwierigkeiten. Auch für diese Qualitätsschwellen gilt vollauf das für die Intensitätsschwellen Gesagte. Die Wellenlängedifferenz, die zu ebenmerklichem Farbtonunterschied führt, hängt nicht nur von der Wellenlänge, sondern auch von einer Reihe anderer Variablen ab wie Feldgröße des Reizes, Dauer des Reizes, Leuchtdichte des Reizes usw. Das gleiche gilt auch für die Frequenzdifferenz, welche zu ebenmerklichem Tonhöhenunterschied führt. Diese hängt vom Schallpegel des dargebotenen Schalles, von der Dauer der Schalleinwirkung und insbesondere von der Reinheit des Schalles ab. Bei der Tonhöhenunterscheidung gibt es außerdem schon dadurch methodische Schwierigkeiten, daß zwei gleichzeitige Schallquellen schon als Reize einer Mischung unterworfen sind, und man den Bezugsreiz vom Vergleichsreiz mit methodischen Maßnahmen, die wiederum das Ergebnis beeinflussen, auseinanderhalten muß. Es ist nicht überraschend, daß die Ergebnisse verschiedener Autoren, die man in der einschlägigen Literatur vorfindet, manchmal sogar sehr erheblich voneinander abweichen. Diese Abweichungen müssen nicht auf die unterschiedliche Sorgfalt und Gründlichkeit der Untersuchungen zurückgehen. Sie sind vielmehr Ausdruck der Auswahl von Variablen und

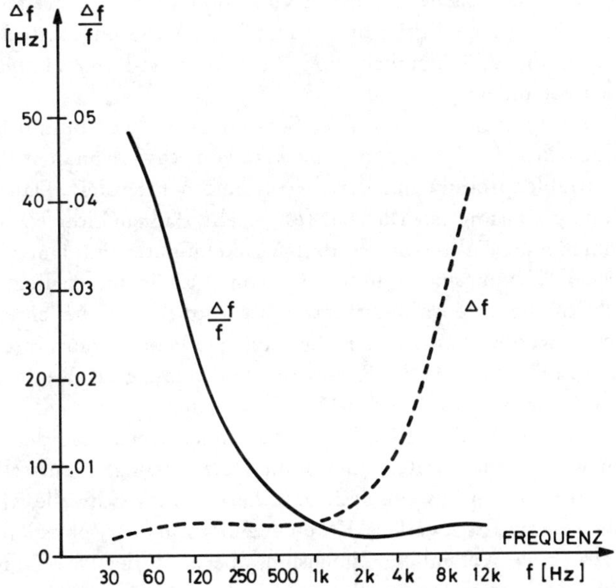

Abb. 13. Relative Qualitätsschwelle für Tonhöhen.

Abszisse: Frequenz des Grundtones (f) in logarithmischen Einheiten log f in Hz). Ordinate: links der Frequenzunterschied in Hz, der zur Wahrnehmung von Tonhöhenunterschieden notwendig ist. Man beachte hierzu die unterbrochene Linie. Die ausgezogene Linie beschreibt das Verhältnis des mindestnotwendigen Frequenzunterschiedes zur Grundfrequenz. Aus den beiden Kurvenzügen, die nach Shower und Bildulph, 1931, umgerechnet (s. Murch, 1978) dargestellt sind, zeigt sich, daß bis 1—1.5 kHz die Frequenzdifferenz annähernd konstant ist, oberhalb etwa 2 kHz ist das Verhältnis (Δf/f) konstant.

der Nichtberücksichtigung bzw. Verschiedenheit von relevanten und Einfluß ausübenden Parametern, die von Untersucher zu Untersucher variieren können.

c) Empfindlichkeitstypen „Extensität"

In früheren Untersuchungen, insbesondere im 19. Jahrhundert, sind Experimente durchgeführt worden, die zur Ermittlung von Schwellen für Längen, Flächen, Volumen, Winkel, Zeitintervalle usw. dienten. Von einigen Spezialfällen abgesehen, sucht man in neueren Darstellungen vergebens nach Empfindlichkeitsfunktionen oder nach Schwellenwerten, die die klassische Extensität von Empfindungen betreffen. Dagegen gehört es zu jeder gründlichen Darstellung von Empfindlichkeitsfunktionen, die Abhängigkeit von *Reizdauer* und *Flächenmaß* des Reizes zu behandeln.

Der Grund für eine multivariate Schwellen- bzw. Empfindlichkeitsdarstellung liegt in der *Austauschbarkeit* von schwellennahen Reizen, deren Variablenprodukt mit den Eigenschaften Intensität, Dauer und Ausdehnung konstant ist. Man hat festgestellt, daß ein Lichtreiz, dessen Flächenmaß unterhalb von ca. drei Winkelminuten im Durchmesser und dessen Wirkungsdauer unterhalb von 0.12 Sekunden liegt, nicht allein durch die Intensitätsdimension Leuchtdichte schwellenrelevant beschrieben werden kann. Vielmehr muß das Produkt aus Intensität, Dauer und Flächengröße des Reizes zur Beschreibung der Reizwirkung bzw. des Reizgewichtes Berücksichtigung finden.

Auch beim akustischen Reiz ist die Reizdauer neben der Schallintensität ein wesentliches Kriterium für die Reizwirkung. Man stellte im Bereich des visuellen Systems fest, daß die Intensitätsschwelle ΔI, aber auch die Qualitätsschwelle ΔE, eine Funktion der physikalischen Intensitäts- oder Wellenlängedimension, aber auch der Dauer und der Reizfläche ist. Dies gilt ganz allgemein, nicht nur bis zu den genannten Grenzwerten von drei Winkelminuten und der Dauer von 120 Millisekunden.

Es gelten also die Beziehungen:

$$\Delta I = F\{L(S), \tau(S), \omega(S)\}$$

und

$$\Delta E = F\{\lambda(S), \tau(S), \omega(S)\}$$

Dabei bedeuten:

ΔI — der ebenmerkliche Unterschied der Empfindungsintensität,
$L(S)$ — die Leuchtdichte des Lichtreizes,
$\tau(S)$ — die Dauer der Reizwirkung,
$\omega(S)$ — der Sehwinkel der Reizfläche,
ΔE — der ebenmerkliche Farbunterschied,
$\lambda(S)$ — die Wellenlänge des Lichtes,
$\tau(S)$ — die Dauer der Lichtwirkung,
$\omega(S)$ — der Sehwinkel der Reizfläche.

Ist die Dauer des Lichtreizes nicht länger als 120 Millisekunden und hat die Fläche keinen größeren Sehwinkel als 3 Winkelminuten, so kann ein Reizgewicht für den ebenmerklichen Unterschied der Hellempfindung einfach als Produkt von Intensität, Dauer und Fläche des

Reizes beschrieben werden. Demnach gilt mit guter Annäherung, daß das Reizgewicht G(S) das Produkt aus den drei Reizdimensionen, Leuchtdichte, Dauer und Fläche, ist:

$$\Delta G\,(S)\,[\Delta I] = L\,(S) \cdot \tau\,(S) \cdot \omega\,(S)$$

Die Symbole wurden bereits erläutert. ΔG(S) ist der Reizgewichtsunterschied, welcher zu einem ebenmerklichen Unterschied der Helligkeitsempfindung, ΔI, führt. Obige Formel findet man in der Literatur in der Regel als Kurzform — $I \cdot t \cdot F = k$ — zitiert (analog zur Darstellung des WEBERschen Gesetzes), und ihre Bedeutung ist: Für den ebenmerklichen Helligkeitsunterschied ist das Produkt aus den drei Dimensionen ausschlaggebend, und solange das Produkt konstant bleibt, kann die Größe der einzelnen Faktoren frei variiert werden. Daher gilt, daß eine Leuchtdichte von 100 Millilambert für 10 Millisekunden dargeboten, die gleiche Reizwirkung hat wie 10 Millilambert für 100 Millisekunden. Es gilt selbstverständlich als gleiches Reizgewicht, wenn man 50 Millilambert 20 mS lang oder 40 Millilambert 25 mS lang darbietet usw.

Das Teilgesetz aus obiger Funktion, bei welcher nur die Reizintensität L(S) und die Dauer der Reizeinwirkung τ (S) berücksichtigt wird, bezeichnet man als BLOCHsches Gesetz, das in Anlehnung an das BUNSEN-ROSCOEsche Gesetz aus der Physik, auch für das visuelle System für gültig befunden worden ist. Das zweite Teilgesetz aus obiger Funktion, bei welchem nur die Reizintensität L(S) und die Fläche ω(S) berücksichtigt wird, nennt man RICCOsches Gesetz. Für beide Gesetze, ähnlich dem WEBERschen, sind Einschränkungen und Modifikationen vorgeschlagen worden, deren Hauptinhalt die Bedingungen sind, unter welchen die Gesetze gelten (foveales Sehen und die genannten Grenzwerte), es gibt jedoch auch andere Gesetze, die auch für überschwellige Reizverhältnisse gelten sollen.

Die bisher besprochenen Empfindlichkeitsmerkmale betrafen die Frage, inwiefern Dauer und Ausdehnung der Reize Intensität bzw. Intensitätsunterschied und Qualität bzw. Qualitätsunterschied der Empfindungen beeinflussen. Man kann nun auch die Frage nach dem Auflösungsvermögen stellen. Wie groß muß die räumliche Distanz zwischen zwei Reizen (z. B. Licht- oder Hautreizen) mindestens sein, damit sie getrennt wahrgenommen werden können bzw. bei welcher Distanz verschmelzen die beiden Reize zu einem Sinneseindruck?

Die Ergebnisse von Experimenten mit dieser Fragestellung geben Auskunft über *Raumschwellen*. Analog lassen sich *Zeitschwellen* ermitteln. Man versucht, den minimalen zeitlichen Abstand aufzusuchen, bei welchem zwei hintereinander dargebotene Reize noch als getrennt wahrgenommen werden und ab welchem zeitlichen Abstand die beiden Reize zu einem Wahrnehmungseindruck verschmelzen.

Es ist ohne Schwierigkeit einzusehen, daß auch diese Schwellen unterschiedlich sind, je nach Intensität und Qualität von Empfindungen bzw. von entsprechenden Reizmerkmalen. In der Regel versucht man die beiden Schwellen mit gleichen Reizen, die entweder räumlich oder zeitlich (selten sowohl räumlich als auch zeitlich) getrennt sind, zu ermitteln. Erst in einem zweiten Schritt ermittelt man, wie diese Raum- und Zeitschwellen von Reizmerkmalen für Qualität und Intensität abhängig sind.

Fassen wir die Erfahrungen mit den drei bisher behandelten „Empfindlichkeitstypen", nämlich „Intensitäts"-, „Qualitäts"- und „Extensitätstyp" zusammen: Es zeigte sich, daß zum einen sowohl die Intensitätsempfindlichkeit als auch die Qualitätsempfindlichkeit von Extensitätsmerkmalen des Reizes, zum anderen die Extensitätsempfindlichkeit von Intensitäts- und Qualitätsmerkmalen des Reizes abhängig sind.

Ermittelt man den ebenmerklichen Unterschied der Empfindung hinsichtlich Intensität, so erhält man einen Kurvenzug, der die Daten beschreibt. Dieser Kurvenzug gilt für die konkrete Reizsituation und ist nur beschränkt auf andere Situationen übertragbar. Die Messungen können zwar voll den Kriterien der Wiederholbarkeit und der interindividuellen Nachprüfbarkeit genügen, die Ergebnisse sind jedoch von beschränkter Gültigkeit. Sobald bestimmte Variablenwerte, die bei der Schwellenbestimmung konstant (als Parameter) gehalten wurden, variiert werden, ändert sich die Funktion — bei manchen Sinnesleistungen sogar erheblich.

Wir müßten nun auf Grund der gesamten Erfahrungen unser am Anfang des Abschnittes definiertes System (V = F [X1, X2]) neu definieren, wenn die Ergebnisse für einen weiteren Bereich der Reize Gültigkeit (= Validität) haben sollen. Wir müssen unsere Variablen X1 und X2 mehrdimensional fassen, also X1 (t, ω) und X2 (t, ω), wobei t die Ordnung in der Zeit und ω eine Ordnung im Raum (Volumen, Fläche, Länge) bedeutet. Die Variablen X1 und X2 würden außer der Abbildung in der Zeit ein Verteilungsmerkmal haben, sie wären dann „verteilte Variablen". Oder aber wir müßten außer den Variablen X1(t) und X2(t) auch die zugehörigen Variablen R1(t) und R2(t) ins System aufnehmen, die die räumlichen Eigenschaften der Lichtreize repräsentieren. Das System hätte dann den Umfang X1(t), X2(t), R1(t), R2(t) und Y(t).

3. Schwellenprofile

Im vorigen Abschnitt konnten wir feststellen, daß die Empfindlichkeit für Intensitäten vom räumlich-zeitlichen Merkmal der Reize und die Empfindlichkeit für Extensitäten von der Intensität der Reize abhängig ist. Das gleiche stellten wir für Qualitäten bezüglich räumlich-zeitlicher Bedingungen der Reize fest. Es liegt nun nahe zu fragen, ob die Intensitätseigenschaft unabhängig von den Reizmerkmalen für Qualität ist, oder umgekehrt: ob die Qualitätseigenschaft unabhängig von den Intensitätsmerkmalen der Reize ist. Wir haben schon bemerken können, daß ein Zusammenhang zwischen diesen beiden Eigenschaften der Empfindungen besteht. Man kann den Zusammenhang der beiden Eigenschaften mit experimentellen Methoden prüfen, indem man z. B. untersucht, welches die absolute Empfindlichkeit $1/S_0$ für Helligkeit von Lichtreizen verschiedener Wellenlänge ist. Unter absoluter Empfindlichkeit versteht man den reziproken Wert derjenigen Reizgröße, die zu einer ebenmerklichen Empfindung führt (s. FECHNERS Definition im vorigen Abschnitt).

Die Art dieses Zusammenhangs muß etwas präzisiert werden. Auf der physikalischen Reizebene kann man z. B. die Wellenlänge des Lichtes (λ) und die Strahlungsdichte des Lichtes (Φ) voneinander (von technischen Problemen abgesehen) unabhängig variieren, d. h., man kann die Wellenlänge konstant halten und die Strahlungsdichte von Null aufwärts ansteigen lassen, ohne daß sich hierdurch die Wellenlänge des Lichtes verändern würde. Umgekehrt gilt es ebenso, daß man eine bestimmte Strahlungsdichte wählt und diese konstant hält, während man die Wellenlänge bei konstanter Strahlungsdichte verändert. Die letztere Variation ist technisch nicht einfach zu lösen. Man braucht hierzu eine Lichtquelle, welche in allen Wellenlängebereichen die gleiche spektrale Energie abstrahlt. Das Spektrum entspricht dann den geforderten Bedingungen. Oder man nimmt eine Lichtquelle und geeignete Abschwächungsfilter, die so eingesetzt werden, daß vom Spektrum der Lichtquelle in allen Spektralbereichen die gleiche Strahlungsdichte erreicht wird. Prinzipiell ist es möglich, physikalisch ein Licht mit einer Wellenlänge und variierter Strahlungsdichte bzw. einer Strahlungsdichte bei variierter Wellenlänge herzustellen. Hiermit soll nicht behauptet werden, daß in der physikalischen Ebene kein Zusammenhang zwischen Wellenlänge und Strahlungsdichte einer *Leuchte* gegeben ist oder zwischen Wellenlänge und *Leistung* des Lichtes kein Gesetz formuliert werden kann. Es soll lediglich betont werden, daß es prinzipiell möglich ist, Strahlung einer bestimmten Wellenlänge von

Null bis zu sehr hoher Strahlungsenergie herzustellen. Wir können nun zuerst qualitativ fragen, ob eine solche Möglichkeit auch für die Qualitäten Farbe und Helligkeit des Lichtes besteht.

Geht man dieser Frage nach, so wird man feststellen, daß wiederum in einem „mittleren“ — biologischen — Bereich der Farbton durch ein Licht konstanter Wellenlänge konstant gehalten werden kann (mit guter Annäherung), während die Strahlungsdichte variiert wird. Im unteren Bereich der Strahlungsdichte jedoch wird der Farbton allmählich verschwinden, und es wird eine unbunte Farbe (Grau) wahrgenommen. Ähnliches, wenn auch schwer demonstrierbar, ist bei sehr hohen Strahlungsdichten der Fall. Hält man die Strahlungsdichte des Lichtes konstant und variiert die Wellenlänge des Lichtes, so ändert sich nicht nur der Farbton, sondern auch die Helligkeit der Farbe.

Dies läßt sich in einer Formel zusammenfassen. Für den Farbton E (Farbe) gilt, daß er abhängig ist von der Wellenlänge λ, der Strahlungsdichte Φ, der Einwirkungsdauer des Reizes t und der Fläche des Reizes ω, also

$$E\,(\text{Farbe}) = F_{g1}\,(\lambda, \Phi, t, \omega),$$

oder mit Worten: der *wahrgenommene Farbton* ist eine Funktionsgruppe (F_{g1}) der Wellenlänge, Strahlungsdichte, Einwirkungsdauer und Flächengröße des Reizes. Analog kann ein zweiter Zusammenhang formuliert werden. *Die empfundene Helligkeit* eines Farbtones, I (Farbe), ist eine Funktionsgruppe (eine andere als vorher, daher F_{g2}) der Strahlungsdichte Φ, der Wellenlänge λ, der Einwirkungsdauer t und der Fläche ω des Reizes, also:

$$I\,(\text{Farbe}) = F_{g2}\,(\Phi, \lambda, t, \omega)$$

Obige Funktionen können in Systemdefinitionen überführt werden. Bei experimentellen Untersuchungen pflegt man die Fläche des Reizes im Bereich über 30 Winkelminuten, jedoch nicht über 1—2 Grad zu halten, weil oberhalb von 30 Winkelminuten bis zu 1—2 Grad der Einfluß des Sehwinkels vernachlässigbar ist, wenn man die Strahlungsdichte entsprechend erhöht (WALRAVEN, 1962, BEDFORD und WYSEKY, 1958, s. b. BOUMAN and WALRAVEN, 1972). In der Regel wird bei solchen Untersuchungen als Standardbedingung ein Sehwinkel von 2 Grad eingehalten, der dem fovealen Bereich des schärfsten Sehens mit der besten Unterscheidungsfähigkeit für Helligkeiten und Farben entspricht (2—3-Grad-Sehwinkel). Die angeführten Faktoren können als Variablen definiert werden: E_F (t) (Farbton), λ (t) und Φ (t) als Farbtonsystem, I_F (t) (Farbtonhelligkeit), λ (t) und Φ (t) als Farbhelligkeitssystem.

Besonders bedeutsam im Farbtonsystem ist die Teilstruktur, welche den Zusammenhang von Φ (t) und λ (t) für den ebenmerklichen Farbton E_{F0} (t) beschreibt, also die Funktion:

$$\Phi_0 (t) [E_{F0} (t)] = F^* [\lambda (t)].$$

Die Funktion kann dadurch ermittelt werden, daß man diejenige Strahlungsdichte bestimmt, die bei einer gegebenen Wellenlänge zu einem ebenmerklichen Farbton führt. Also die Strahlungsdichte für einen ebenmerklichen Farbton als Funktion der Wellenlänge des Lichtes. Man kann statt der Strahlungsdichte deren reziproken Wert als Empfindlichkeit V definieren und diese Empfindlichkeit als Funktion der Wellenlänge bestimmen. Diese Funktion wird in der Literatur allgemein als V (λ)-Funktion bezeichnet und stellt ein Empfindlichkeitsprofil dar: Das Empfindlichkeitsprofil der spektralen Hellempfindlichkeit hinsichtlich des Profilmerkmals „Wellenlänge“. Weil es den ebenmerklichen Farbton beschreibt, ist dieses ein Empfindlichkeitsprofil der absoluten Empfindlichkeit. Man kann an die Stelle des Empfindungskriteriums „ebenmerklicher Farbton“ nun die „ebenmerkliche Helligkeit“ setzen und die Empfindlichkeit des Sehsystems für Helligkeit in Abhängigkeit von der Wellenlänge des Lichtes bestimmen. Man ermittelt also, bei welcher Strahlungsdichte Φ einer bestimmten Wellenlänge eben eine Helligkeitsempfindung eintritt. Die Funktion, die diese Abhängigkeiten beschreibt, nennt man V′ (λ)-Funktion (Spektrale Hellempfindlichkeitsfunktion für besonders niedrige Strahlungsdichten).

Analog zur Formulierung der V (λ)-Funktion besteht folgender Variablenzusammenhang bei der V′ (λ)-Funktion:

$$\Phi_0 (t) [I_0 (t)] = F_2^* [\lambda (t)].$$

Der einzige Unterschied zur V (λ)-Funktion besteht in dem linken Klammerausdruck. Hier steht als psychophysisches Kriterium nicht der ebenmerkliche Farbton (E_{F0}), sondern die ebenmerkliche Helligkeit (I_0). Abb. 14 zeigt die beiden Funktionen.

In Abb. 14a sind an der Ordinate nicht die Strahlungsdichten, sondern die *relativen Empfindlichkeiten* V_{rel} aufgetragen. Trägt man an der Ordinate die Strahlungsdichten auf, so entstehen Schwellenkurven, die ein Minimum an der Stelle haben, wo die Empfindlichkeitsfunktionen ihre Maximastellen haben (Abb. 14b). Die relativen Empfindlichkeiten gewinnt man dadurch, daß man jeweils das Verhältnis

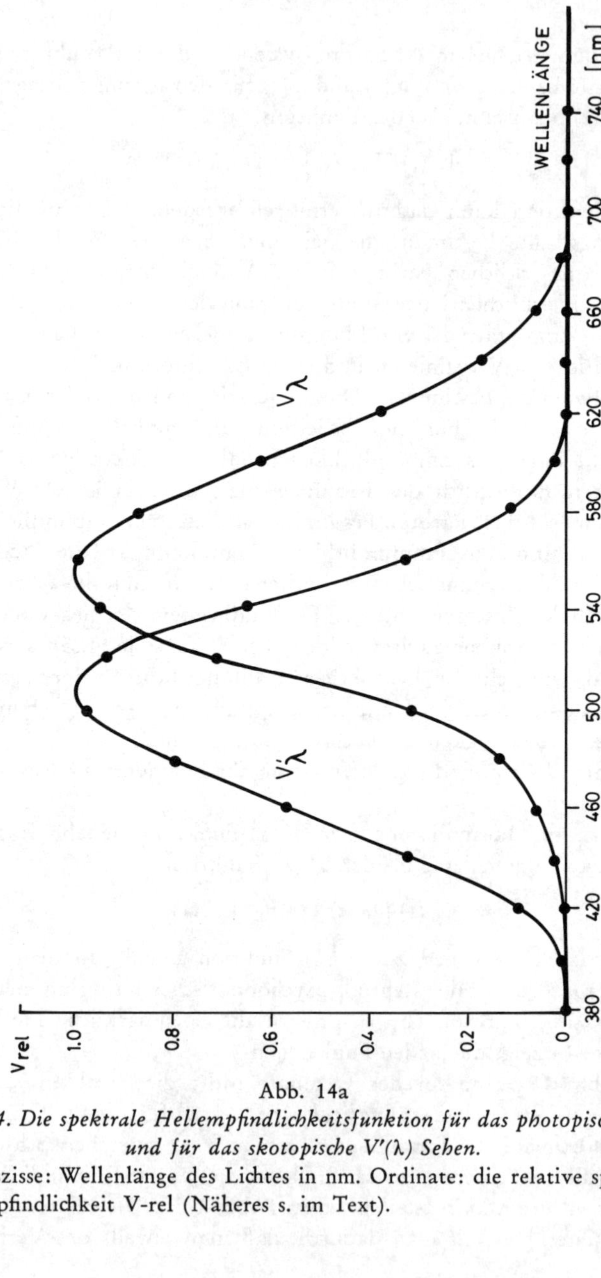

Abb. 14a

Abb. 14. Die spektrale Hellempfindlichkeitsfunktion für das photopische V(λ) und für das skotopische V'(λ) Sehen.

a) Abszisse: Wellenlänge des Lichtes in nm. Ordinate: die relative spektrale Empfindlichkeit V-rel (Näheres s. im Text).

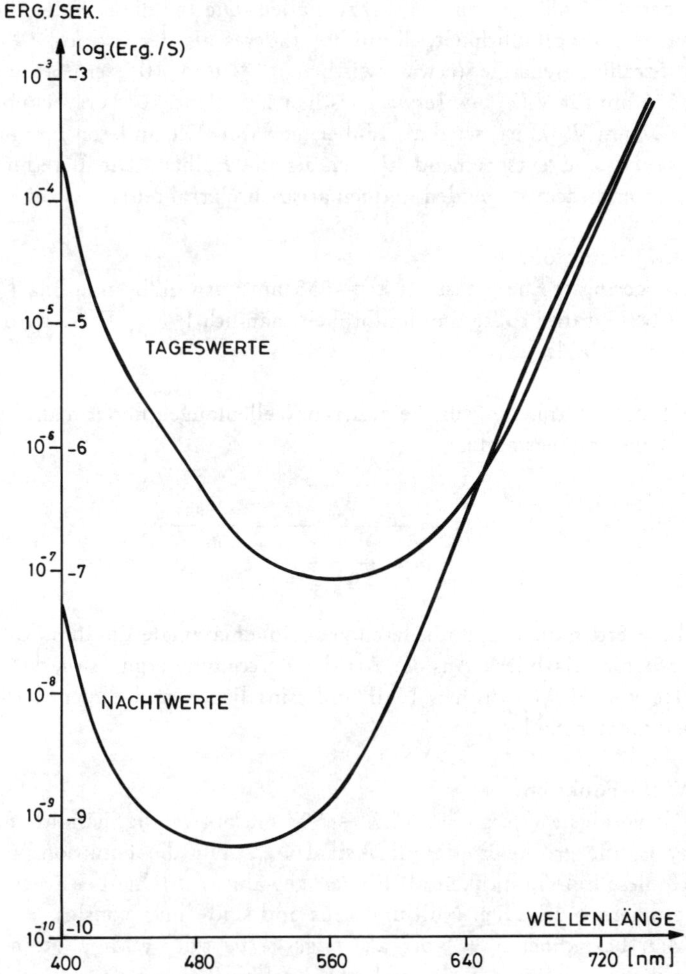

Abb. 14b

b) Wie Abb. 14a, jedoch die Ordinate in Erg/Sekunde in logarithmischem Maßstab.

zur maximalen Empfindlichkeit bestimmt, d. h. die maximale Empfindlichkeit wird als Einheit gewählt. Diese Stelle ist bei der V (λ)-Funktion bei der Wellenlänge von 555 nm zu finden. Die für diese Wellenlänge ermittelte Empfindlichkeit, die nichts anderes als der reziproke Wert der Strahlungsenergie (etwa zwischen 10^{-8} und 10^{-7} erg/Sekunde) bei 555 nm für V (λ) und (etwa zwischen 10^{-10} und 10^{-9} erg/Sekunde) bei 507 nm V′ (λ) ist, wird als Einheit gewählt. Die anderen Empfindlichkeiten sind entsprechend kleiner als die Einheit. Die Berechnung erfolgt nach dem folgenden mathematischen Verfahren:

V (λ)-Funktion:

Die geringste Energie ist bei $\lambda = 555$ nm notwendig, nämlich Φ_{555}; Hier besteht die größte Empfindlichkeit, nämlich $1/\Phi_{555}$. Diese wird als Einheit gewählt.

Die Empfindlichkeiten für die anderen Wellenlängen findet man durch den Umrechnungsmodus:

$$V(\lambda_i) = \frac{\dfrac{1}{\Phi_{\lambda i}}}{\dfrac{1}{\Phi_{555}}} = \frac{\Phi_{555}}{\Phi_{\lambda i}}$$

Dabei werden die Empfindlichkeiten auf die maximale Empfindlichkeit bei 555 nm relativiert. Aus der Art der Berechnung ergibt sich, daß die Werte von V (λ) zwischen Null und Eins liegen und dimensionslose Koeffizienten sind.

V′ (λ)-Funktion:

Die geringste Energie ist bei $\lambda = 507$ nm notwendig, nämlich Φ_{507}. Hier ist die größte Empfindlichkeit $1/\Phi_{507}$. Für die Funktion V′ (λ) wird diese Empfindlichkeit als Einheit gewählt. Auch hierbei liegen die Koeffizienten zwischen Null und Eins und sind dimensionslos.

Man bezeichnet V (λ) oft als *Tageskurve* oder auch photopische Kurve, weil sie für das Tagessehen bei relativ hoher Beleuchtung gilt. Die V′ (λ)-Funktion heißt entsprechend Nacht- oder *Dämmerungskurve*, auch skotopische Kurve. Oft spricht man von „Tageswerten" und „Nachtwerten" und meint die Koeffizienten der V (λ)- und V′ (λ)-Funktion.

Insbesondere die V (λ)-Funktion war Gegenstand umfangreicher Experimente. Die Ergebnisse dieser Experimente führten schließlich zu einer Konvention, indem eine bestimmte Form der Funktion (vgl. Abb. 14), die auf vielen tausend Messungen mit mehreren hundert

Versuchspersonen beruht, als Standardfunktion der Internationalen Beleuchtungskommission (IBK oder, als Abkürzung von Comission Internationale de l'Eclairage, CIE) festgesetzt wurde. Diese Funktion bildet die Grundlage der Lichtmessung für den sichtbaren Bereich (Photometrie).

Die Bedeutung der Funktion besteht im wesentlichen darin, daß sie angibt, wie eine elektromagnetische Strahlung (Lichtenergie) vom visuellen System *bewertet* wird. Nimmt man zwei Strahlungen, eine mit der Wellenlänge um 555 nm und eine mit der Wellenlänge von 610 oder 510 nm, so wird das visuelle System eine unterschiedliche Bewertung der Strahlungen vornehmen. Die relative Empfindlichkeit für die Strahlung mit der Wellenlänge 555 nm ist Eins, für die beiden anderen etwa halb so hoch, der Koeffizient beträgt 0.503 für 510 nm und 610 nm. Wenn alle drei Strahlungen zur gleichen Zeit auf der gleichen Fläche wirksam sind, beträgt der Bewertungsfaktor 2.006 und nicht drei. (1.000 + 0.503 + 0.503 = 2.006.)

Unter der Voraussetzung, daß die Strahlungsdichte (Strahlungsstärke pro Quadratmeter) der drei spektralen Komponenten gleich ist (also die Strahlungsdichte der drei Komponenten die dreifache der einzelnen Strahlungsdichten ist), wird nur 2/3 der Gesamt-Strahlungsdichte im visuellen System wirksam werden.

Hierbei haben wir stillschweigend das sog. ABNEYsche Gesetz vorausgesetzt, das besagt, daß die bewerteten Strahlungsdichten der Komponenten durch Addition zu einer bewerteten Gesamtstrahlungsdichte zusammengefaßt werden. Die Bewertung der Strahlungsdichten der Komponente erhalten wir durch die V(λ)-Funktion, indem wir die Strahlungsdichte einer spektralen Komponente mit dem zugehörigen Koeffizienten multiplizieren:

$$L_\lambda = \Phi_\lambda \cdot V_\lambda;$$

dabei bedeuten Φ_λ die physikalisch gemessene Strahlungsdichte der spektralen Komponente, V_λ den zur Komponente gehörenden Koeffizienten der spektralen Hellempfindlichkeitsfunktion V (λ) und L_λ die bewertete Strahlungsdichte, die man *Leuchtdichte* nennt. Das ABNEYsche Gesetz besagt, daß die Leuchtdichten der Komponenten zu einer Gesamtleuchtdichte der Strahlung summiert werden können, also

$$L_{ges} = L_{380} + L_{390} + L_{400} \ldots + L_{780} = \sum_{i=380}^{780} \Phi_i \cdot V_i.$$

Den Index i wählt man von 380 nm bis 780 nm, bei genauerem Vorgehen mit 5 nm Intervallen, und erhält so die Gesamtleuchtdichte der spektralen Leuchtdichtekomponenten. Praktische Meßgeräte bilden statt der Summe mit dem Wellenlängeintervall von 5 nm das Integral bei beliebig kleinen Intervallen dλ, integrieren also über das Produkt der beiden Funktionen V (λ) und Φ (λ):

$$L = k_m \int_{380}^{780} \Phi_\lambda \cdot V_\lambda \cdot d\lambda.$$

In dieser Formel ist die Konstante k_m ungeklärt. Sie heißt „photometrisches Strahlungsäquivalent" und ist eine historisch bedingte Konstante. Früher hat man als Maßeinheit die Kerze verwendet (Candela als Lichtstärkemaßeinheit). Aus diesem Standard leitete man die Beleuchtungsstärke einer Fläche ab. Zunächst stellte man den Lichtstrom einer Kerze fest und nannte ihn Lumen. Eine Kerze strahlt (theoretisch) die Lichtstärke 1 Candela in alle Raumrichtungen ab. Dabei „fließt" ein Lichtstrom von $4 \cdot \pi$ Lumen. Den Lichtstrom, der durch eine Fläche von einem Quadratmeter aufgefangen wird, nannte man Beleuchtungsstärke, die Einheit dafür ist Lumen/Quadratmeter = Lux. Dieses Maß ist selbstverständlich abhängig davon, wie weit die Fläche von der Lichtquelle (Kerze) entfernt ist. Die Beleuchtungsstärke nimmt mit der Zunahme der Entfernung zwischen Lichtquelle und Fläche quadratisch ab. Daher benutzt man die Leuchtdichte (Einheit: Nit), die unabhängig von der Entfernung ist, weil sie von der Lichtstärke pro Fläche (Candela/Quadratmeter) ausgeht. Nun kann man den Strahlungsstrom in Watt und den Lichtstrom in Lumen zur Wellenlänge von 555 nm (Empfindlichkeit = 1) in Beziehung setzen.

Dabei ergibt sich, daß 1 Watt 685 Lumen entspricht, und k_m ist die Konstante 685 Lumen/Watt. Hat man die Strahlungsdichte Φ in Watt/Quadratmeter gemessen und diese mit der Empfindlichkeit für die spektrale Komponente multipliziert und aufaddiert, so muß die Summe noch mit 685 multipliziert werden, um die Leuchtdichte in Nit (Candela/Quadratmeter) zu erhalten. Ein gebräuchlicheres Maß als Nit ist *Millilambert* (mL, s. die bisherigen Abbildungen; ein mL entspricht 3.183 Nit, also 1 Candela/Quadratmeter ist gleich 3.183 mL).

Die photometrischen Maße sind die metrische Grundlage von Lichtmessungen und Lichtberechnungen und werden für die Beschreibung der Reizsituationen in psychologischen Experimenten ebenfalls verwendet. (Zur ausführlicheren Darstellung s. TRENDELENBURG, 1961, S. 143 ff.; GRAHAM, 1965, S. 6 ff.; SCHOBER, 1960, S. 150 ff.)

Im Grunde sind die photometrischen Maße physikalische Maße, bei denen die Empfängerempfindlichkeit (die V[λ]-Funktion des visuellen Systems) mitberücksichtigt ist. Sie stellen Zwischenmaße bzw. „Kompromisse" zwischen physikalischen und psychologischen Skalen und Maßeinheiten dar. Es ist also falsch zu sagen, daß 10 mL doppelt so hell ist wie 5 mL. Vielmehr muß hierzu die Transformation der Leuchtdichte in Helligkeit (z. B. als Annäherung durch Logarithmierung der Leuchtdichte) berücksichtigt werden.

Zusammenfassung:
Die Ermittlung des Schwellenprofils für ebenmerkliche Farbtonempfindung führt durch Umrechnung zu einer Empfindlichkeitsfunktion, zur V(λ)-Funktion. Diese Funktion gibt an, wie Strahlung verschiedener Wellenlänge vom visuellen System bewertet wird (Bewertungsfunktion). Mit Hilfe dieser Funktion können *psychophysische Maße* aus den radiometrischen Maßen (physikalische Maße für elektromagnetische Strahlung) bestimmt werden, bei welchen die Empfängerempfindlichkeit (visuelles System) berücksichtigt ist. Diese Maße gestatten die Messung des sichtbaren Lichtes, also des Teiles der Strahlung, für den das visuelle System empfindlich ist. Die psychophysischen Maße sind Grundlagen für die Photometrie, die Lichttechnik, welche mit Berechnung, Planung und Gestaltung der Beleuchtung beschäftigt ist. Zugleich dienen sie als Beschreibungsdimensionen für Reize in psychologischen Experimenten und, wie wir sehen werden, bei der Prüfung von Sinnesleistungen.

Wir wollen uns einem zweiten, nicht minder wichtigen Schwellenprofil aus dem Bereich des akustischen Systems (Hören) zuwenden. Wiederum können wir die Frage nach einem Zusammenhang der Schwellen, diesmal für Tonhöhe (Qualität) und Lautstärke (Intensität) von Tönen stellen. Wie verläuft die Intensitätsschwelle (Schalldruck für ebenhörbare Töne) bei verschiedenen Tonhöhen (unterschiedliche Schallfrequenz)?

Aus den möglichen akustischen Reizen wählen wir die sog. „reinen" oder „sinusförmigen" Schallschwingungen aus. Diese Schallschwingungen sind wellenförmige Änderungen eines Mediums. Wir wollen als Medium die Luft betrachten. Wenn ein Gegenstand in Schwingung (periodische Hin- und Herbewegung des Körpers) gerät, so überträgt sich die Schwingung als Schallschwingung auf die den Gegenstand umgebende Luft und breitet sich in allen Richtungen des Raumes aus (ähnlich wie Wasserwellen an der Oberfläche eines Teiches, in dessen Mitte man einen Stein geworfen hat). Schallschwingungen sind sog. Longitudinalwellen und bestehen aus sich schnell (mit 344 Meter/Sekunde) fortpflanzenden Druckunterschieden der Luft. Die Form der

Schallschwingungen hängt zum einen von der Art der Bewegung des Gegenstandes ab, der den Schall erzeugt (Schallquelle), zum anderen von der Elastizitätseigenschaft der Luft (bzw. des Mediums), in dem sich der Schall ausbreitet. Schwingt die Schallquelle sinusförmig hin und her, so werden auch die Druckschwankungen sinusförmig sein. Trägt man die Hin- und Herbewegung, also die momentane Geschwindigkeit eines Luftteilchens, auf die Ordinate auf und wählt man als Abszisse die Zeit, so erhält man für die Geschwindigkeit (cm/Sek) des Teilchens eine Sinusfunktion (Abb. 15).

Die Amplitude ist charakteristisch für den Schalldruck. Als Maßeinheit für Schalldruck ist der auf eine Einheitsfläche bezogene Druck gebräuchlich: dyn/cm^2. Dyn ist derjenige Druck, welcher ein Gramm Masse in einer Sekunde einen Zentimeter bewegen kann. Schalldruck ist also diejenige Kraft, welche auf einem Quadratzentimeter wirksam wird. Die Schallintensität P (Schall-Leistung pro Fläche, Watt/cm^2) ist dem Quadrat des Schalldruckes proportional.

Das zweite wichtige Merkmal des Schalles ist die Frequenz. Sie bezeichnet die Anzahl der Schwingungen in der Sekunde, die Maßeinheit ist Hertz (ein Hertz, Hz, ist eine Schwingung pro Sekunde). Frequenz ist der reziproke Wert der Periodendauer T. T ist die Zeit einer vollen Schwingung eines Teilchens, also die Zeit, die notwendig ist, bis das Teilchen wieder an seinen Ursprungsort zurückgekehrt ist. Das Teilchen führt die Bewegungen in vier Teilperioden aus: ausschwingen aus der Nullage, zurückschwingen, in die Gegenseite ausschwingen und wieder zurückschwingen in die Nullage. Der Grund für die Auswahl der sog. „reinen“ oder harmonischen (sinusförmigen) Schwingungen ist die Kenntnis, daß alle Schallarten auf diese harmonischen Schwingungen zurückführbar sind. Mit Hilfe der sog. FOURIER-Transformation können beliebige Formen von Schall aus der Summe von harmonischen Schwingungen beschrieben werden.

Unsere Ausgangsfrage können wir nun präzisieren. Wir fragen nach der minimalen Schalleistung für eine ebenmerkliche Tonempfindung als Funktion der Frequenz:

$$P(t)\,[I_0(t)] = F(f_i, t),$$

wobei P die Schallintensität, I_0 die absolute Schwelle für die Frequenz f ist. Wenn man den Schall eine drittel bis halbe Sekunde darbietet, so findet bei weiterer Darbietung keine zeitliche Summation des Schalles im akustischen System statt, so daß die Zeit bei Reizdarbietungen über eine halbe Sekunde vernachlässigt werden kann. Dann kann obige Funktion folgendermaßen formuliert werden: die mini-

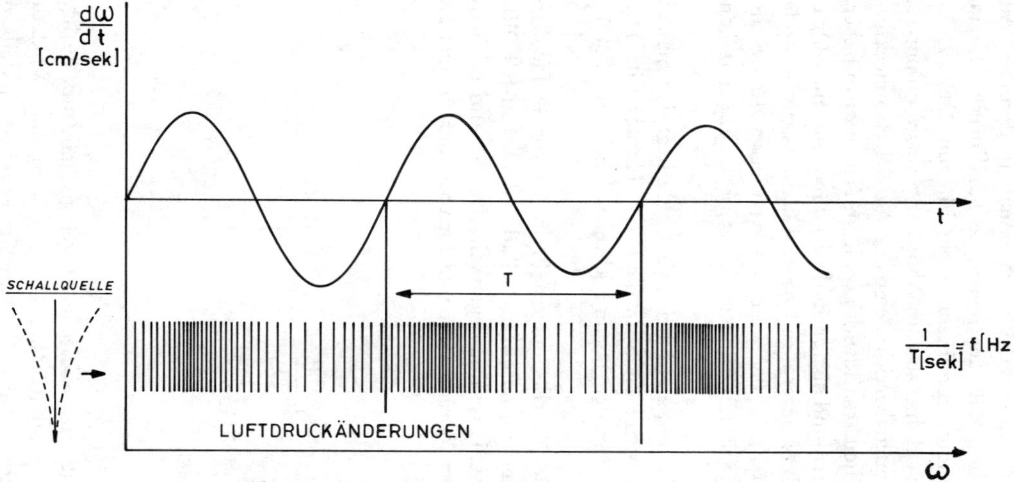

Abb. 15. Schematische Darstellung von Schallschwingungen.

Die schwingende Schallquelle (links unten) erzeugt Druckunterschiede (Luftdruckänderungen), die sich im Raum mit einer Geschwindigkeit von rund 340 m/sek. fortpflanzen. Dabei führt ein Luftteilchen eine der Schallquellenbewegung analoge Hin- und Herbewegung aus. (Man denke dabei an eine lange Spiralfeder, an deren einem Ende eine solche Bewegung wirksam wird.) In der Abbildung ist eine Augenblick-Situation dargestellt; Abszisse ist ein willkürliches Raummaß (ω). Die Luftdruckunterschiede sind durch die Strichabstände symbolisiert. Die momentane Geschwindigkeit ($d\omega/dt$) eines Luftteilchens in einem Raumpunkt ω_i kann man an der Zeitachse (oben) abbilden und erhält dann eine sinusförmige Funktion.

male Schallintensität P als Funktion der Frequenz für eine ebenmerkliche Tonempfindung (absolute Schwelle).

In Abb. 16 ist diese Funktion als unterste gestrichelte Linie zu sehen. Hierzu betrachten wir zunächst das Ordinatenmaß in dyn/cm². Aus der Funktion ist ersichtlich, daß der niedrigste Schalldruck für eine ebenmerkliche Tonempfindung im Frequenzbereich von 2 bis 5 tausend Hz erforderlich ist (vgl. hierzu auch Abb. 13). Sowohl im unteren wie auch im oberen Frequenzbereich steigt der für die ebenmerkliche Tonempfindung notwendige Schalldruck rapide an. Theoretisch nähern sich die Kurven am unteren und oberen Ende der Frequenz einer Ordinatenparallele an (absolute untere und obere Qualitätsschwelle oder Tonhöhenschwelle). Unterhalb der Frequenz von etwa 16 Hz und oberhalb der Frequenz 18 kHz (Kilohertz = tausend Hz) sind Töne nicht mehr hörbar.

Obwohl der empfindlichste Bereich bei etwa 4 kHz liegt, hat man als Bezugspunkt eines Maßsystems die Schwelle bei 1 kHz gewählt. Hier beträgt der Schalldruck für den ebenmerklichen Ton von 1000 Hz $2 \cdot 10^{-4}$ dyn/cm².

Dieser Schalldruck eines Schalles mit der Frequenz von 1 kHz wird als Bezugspunkt für eine logarithmische Skala, der Dezi-Bel-(dB)-Skala gewählt. Die dB-Skala ist eine Pegelskala. Der Schalldruck wird jeweils auf den Pegelwert P_0 relativiert und logarithmiert. Dabei gilt für die Schallintensität P:

$$P_i = k \cdot p_i^2$$
$$P_0 = k \cdot p_0^2$$

$$L_{dB} = 10 \cdot \log \frac{P_i}{P_0} = 10 \cdot \log \frac{k \cdot p_i^2}{k \cdot p_0^2}$$
$$= 20 \log \frac{p_i}{p_0}$$

P_0 = Schwellenschallintensität
P_i = eine i-te Schallintensität
L = Schallpegel in dB.

Aus der Berechnung ergibt sich, daß der Schwellenschalldruck $2 \cdot 10^{-4}$ dyn/cm² dem Pegelwert null dB (log 1 = 0) zukommt. Wird der Schalldruck um das 10fache erhöht, so nimmt der Pegelwert jeweils um 20 dB zu, also von 10 auf 100, von 100 auf 1000 usw. Ein Schallpegel von 80 dB bedeutet den 10 000fachen Schalldruck über dem Pegelwert, also

$$10\,000 \cdot 2 \cdot 10^{-4} \text{ dyn/cm}^2 = 2 \cdot 10^0 \text{ dyn/cm}^2$$
$$= 2 \text{ dyn/cm}^2$$

Eine Verdoppelung des Schalldruckes entspricht etwa 6 dB Pegelzunahme; hieraus ergibt sich, daß ein dyn/cm² dem Schallpegel von 74 dB (80—6) zukommt.

Mit Hilfe von Methoden der Herstellung gleich lauter Töne von verschiedener Tonhöhe lassen sich verschiedene Töne nach ihrer Lautstärke vergleichen. Wählt man einen Tausend-Hertz-Schall von 20 dB Schallpegel, so lassen sich Schallpegel anderer Frequenzen suchen, die der Beobachter gleich laut hört. Ebenso kann man bei anderen Schallpegelwerten des Bezugsreizes (1000 Hz) verfahren. In Abb. 16 sind die Schallpegelwerte für die Frequenzen im Bereich von 20 bis 16 kHz und Pegelwerten von 4 dB bis 140 dB nach der DIN-Norm, DIN 45 630, eingetragen.

Zur Bestimmung der Lautstärke bedient man sich der Phon-Skala. Als Normschall werden dabei Schallpegelwerte (in dB) bei 1000 Hz zugrunde gelegt. Die Lautstärke eines 1000-Hz-Tones von z. B. 50 dB ist gleich 50 Phon. Es kann aber — wie Abb. 16 zeigt — nicht geschlossen werden, daß ein 4000-Hz-Ton von 50 dB ebenso laut gehört wird und damit auch den Wert 50 Phon erhält; vielmehr muß man für den Phon-Wert eines 4000-Hz-Tones denjenigen Schallpegel aufsuchen, bei dem dieser Ton gleich laut gehört wird wie ein 1000-Hz-Ton. Man fährt hierzu entlang der 50-Phon-Linie und findet dort einen Wert von rund 42 dB. Ein 4-kHz-Ton von 42 dB hat also ebenfalls eine Lautstärke von 50 Phon. Nach dieser Prozedur können die „Gleich-Phone“ von jeder Frequenz durch die „Gleich-Phon-Kurven“ (Isophon-Linien) aufgesucht werden.

Das Verfahren läßt sich umgekehrt ebenfalls verwenden, und in dieser Verfahrensart liegt die Bedeutung der Phonskala und damit auch die der DIN 45 630. Die Schalldruckwerte eines gemischten Schalles (Geräusch mit vielen Frequenzen) können physikalisch getrennt und für die einzelnen Frequenzen (bzw. für schmale Frequenzbereiche) als Schalldruck gemessen werden. Hierzu bedient man sich entweder Filter, die ein schmales Band ausfiltern, oder man bestimmt das Schallspektrum (Schalldruckamplituden als Funktion der Frequenz). Diese Schalldruckwerte kann man in dB-Werte umrechnen und mit Hilfe der Isophonlinien in Phon transformieren. Man erhält so die Lautstärke des Schallgemisches (wiederum nimmt man Additivität der Schallpegelwerte und damit auch der Lautstärkewerte an. Siehe jedoch DIN 45 631 und andere Normen.). Das beschriebene Verfahren mutet sehr umständlich an, und das ist es auch. Wenn man beim TÜV oder in anderen Situationen, wo die Lautstärke in Phon gemessen wird, den Meßvorgang beobachtet hat, so hat man die Erfahrung gemacht, daß

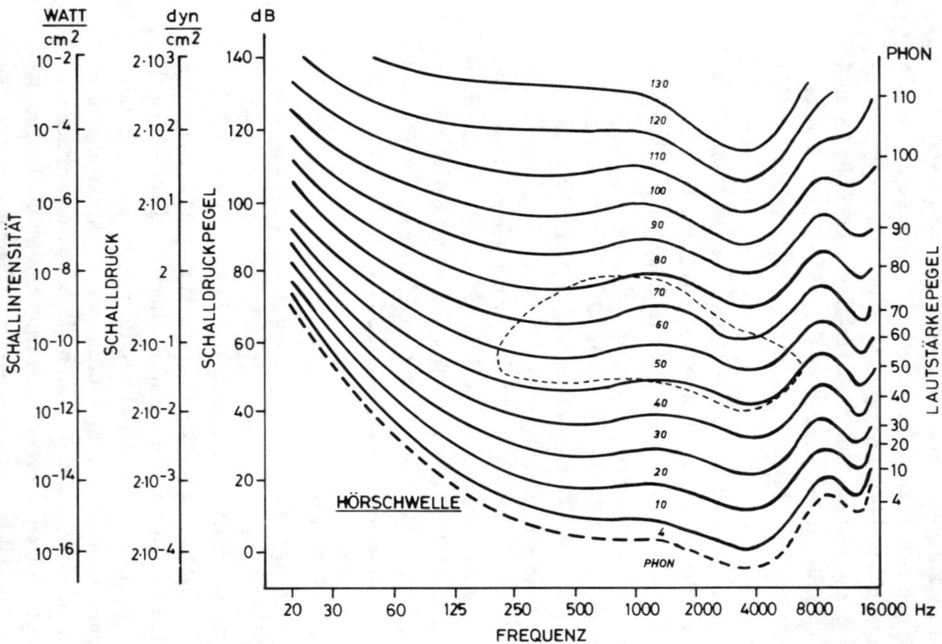

Abb. 16. Darstellung der Hörfläche nach DIN 45 630.

Abszisse: Frequenz des Schalles (Hz) in logarithmischem Maßstab. Ordinatenmaße:

a) Schallintensität: auf die Fläche bezogene Schalleistung in Watt (W/cm^2).
b) Schalldruck in dyn/cm^2, wobei der Wert $2 \cdot 10^{-4}$ dyn/cm^2 der definierte (empirisch ermittelte) Schwellenschalldruck bei 1000 Hz ist.
c) Schalldruckpegel in dB, welcher bei 1000 Hz mit der Phonskala identisch ist (ebenfalls etwa bei 6 kHz).
d) Lautstärkepegel (Lautstärkeskala in Phon) an der rechten Seite der Abbildung. Die eingezeichneten Linien sind Isophonlinien, die gleiche Lautstärken bei verschiedenen Frequenzen beschreiben.

die Bestimmung der Lautstärke lediglich im Ablesen eines Instrumentes bestand. Der Grund ist, daß es Schallpegel-Instrumente gibt, die den Schall durch eine dem akustischen System entsprechende Empfindlichkeit messen und den nach der im Gerät eingebauten Bewertungs-Empfindlichkeit bewerteten Schall in logarithmischer Skala anzeigen. Dieser Skalenwert ist eine für die Praxis ausreichende Annäherung des Phon-Wertes. Je besser die Bewertungsempfindlichkeit des Meßgerätes an die Empfindlichkeit des akustischen Systems angenähert ist, desto genauer wird die Messung. Man unterscheidet hierzu verschiedene Filter, die in bestimmten Bereichen die Empfindlichkeit des akustischen Systems nachbilden. Ein solcher Filter ist der A-Filter, welcher sog. dB(A)-Werte liefert.

Für die Phonskala, als Lautstärkeskala, gilt mit guter Annäherung, daß die gehörte Lautstärke eines Tones von 40 Phon halb so groß wie die eines 50-Phon-Tones, die eines 60-Phon-Tones doppelt so laut wie die eines 50-Phon-Tones usw. ist. Im mittleren Bereich der Lautstärkeskala (Phon-Skala) gilt mit guter Annäherung, daß die *Lautheit* in 10-Phon-Schritten verdoppelt wird. Abweichungen von dieser für die Praxis ausreichenden Beziehung wies STEVENS (1957, 1959) nach und schlug die Sone-Skala (auf Grund der Ermittlung der Lautheit durch verschiedene Skalierungsmethoden) vor. Für den Zusammenhang zwischen Phon-Skala, die auf der FECHNERschen Maßformel basiert, und Sone-Skala, die auf der Potenzfunktion nach STEVENS aufbaut, sei deren Umrechnungsformel angeführt:

$$1 \text{ Sone} = 2^{(\text{Phon}-40)/10}.$$

Die Abweichungen der beiden Skalen voneinander sind im mittleren Bereich geringfügig und für den praktischen Gebrauch unbedeutend. Beide Skalen versagen jedoch bei einer Reihe von Meßaufgaben, wenn es sich um Frequenzgemische aus bestimmten kritischen Frequenzbereichen handelt oder wenn die Schalldauer variiert wird (z. B. Impulsschall usw.).

Heute taucht der Phonwert in der Regel im Zusammenhang mit der Lärmproblematik auf. Der Ausdruck „Lärm“ ist jedoch nicht vollständig durch die Phonskala erfaßbar. Im „Lärm“ ist der belästigende Charakter des Geräusches, des Knalls usw. mit enthalten. Man wird bei Musikinstrumenten, z. B. bei einer elektronischen Orgel, nicht prinzipiell von Lärmquellen sprechen (höchstens Nachbarn, die etwas anderes hören wollen). Durch die Phonskala ist jedoch ein Aspekt des Lärms — der nicht der einzige ist —, nämlich die Lautstärke, erfaßt. Bezüglich der Lautstärke eines Schalles (ob „Lärm“ oder nicht, ist hierbei unwesentlich) gilt, daß sie in Abhängigkeit vom Schalldruck und der Einwirkungsdauer Belästigung, Störung und psychische Beeinträchtigungen nach sich zieht. Bei höheren Lautstärkewerten kommt es zu vegetativen Störungen, die bei weiterer Erhöhung der Lautstärke zu Hörschäden und zu mechanischen Schäden führen. KLEEMANN (1969) stellte eine Beziehung zwischen Schallwirkungen sowie Einwirkungsdauer und Lautstärke der Geräuschbelastung her, die in Abb. 17 zur Übersicht auszugsweise wiedergegeben wird.

Natürlich sind Individuen unterschiedlich empfindlich für Lärm (insbesondere die Lärmgeschädigten, die u. U. kaum ein als normal zu bezeichnendes Hörvermögen haben). Es gilt nach KLEEMANN (1969), daß bei 110 Phon (entspricht der Lautstärke in einer Diskothek mittlerer Größenordnung) 98 % der Menschen geschädigt werden. Bei einer 5stündigen Einwirkung von 105 Phon immer noch 78 %, und bei 100 Phon (eine etwa voll aufgedrehte Heimanlage von 40-Watt-Stereo) sind es immer noch 43 % der Menschen, die Hörschäden erleiden. Das akustische System (genauer das Ohr) kann von einer Lärmeinwirkung von 90 Phon geschädigt werden, wenn diese täglich 8 Stunden andauert (Arbeitsplatzproblem). Bei 100 Phon kann eine Schädigung schon nach 25minütiger Einwirkung entstehen. Bei 115 Phon genügen schon 20 bis 30 Sekunden, um eine Schädigung des Ohres zu bewirken. Der Straßenlärm kann an einem Verkehrsknotenpunkt in der 1. Etage einer Wohnung bei offenem Fenster zu Stoßzeiten durchaus Werte bis zu 70—80 Phon und darüber erreichen, die zu vegetativen Störungen führen können, abgesehen von der psychischen Beeinträchtigung natürlich.

Zusammenfassung:

Durch die Beschreibung der absoluten Schwelle für die Intensität von Tönen als Funktion der Frequenz der Töne sowie die Annahme einer logarithmischen Schallbewertung für die Schallintensität und den Vergleich der Schallintensitäten verschiedener Frequenzen wurde eine psychophysische Skala für die Lautstärke (und in Abänderung für Lautheit) abgeleitet. Die Skala gestattet in praktischen Fällen die gehörrichtige Bestimmung der Laustärke (Lautheit) von physikalischem Schall und dient der psychophysischen Messung von Lärmintensität usw.

Selbstverständlich besteht die Möglichkeit, weitere psychophysische Maße zu konstruieren und zu normieren, nicht nur im Bereich des Sehens und Hörens, sondern auch in anderen Sinnesleistungsbereichen. Analog zu „Phon“ in der Akustik kann im Bereich der Vibrationsempfindungen das „Vibron“ betrachtet werden.

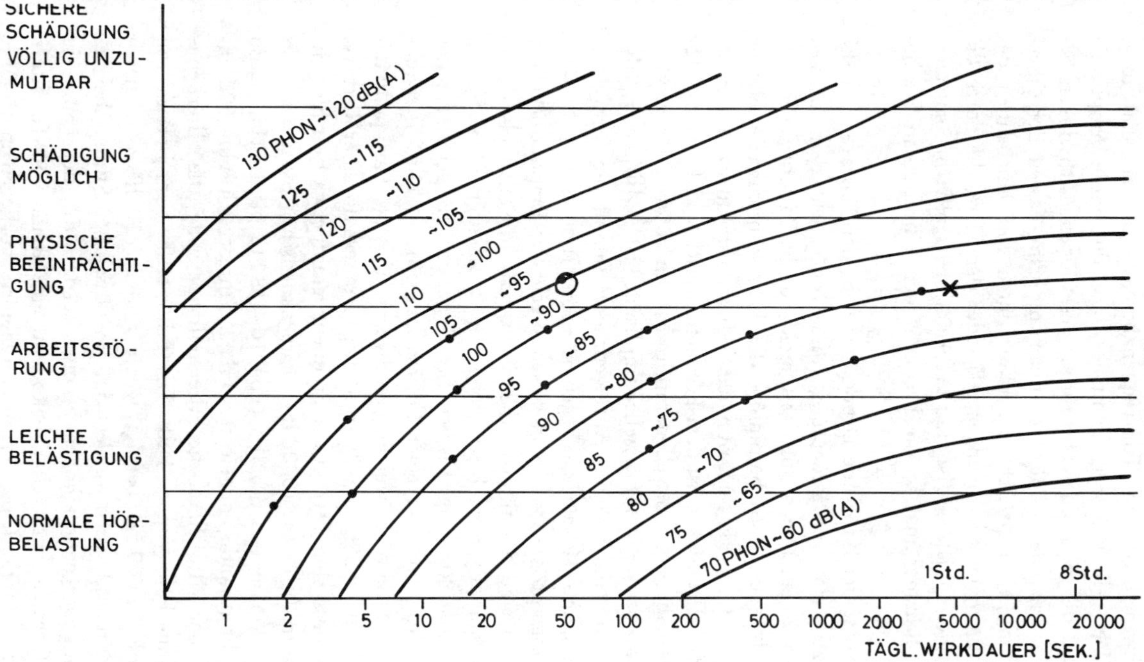

Abb. 17. Abhängigkeit der Beeinträchtigung des Individuums durch Schall verschiedener Lautstärke und Einwirkungsdauer.

Abszisse: Tägliche Wirkdauer des Schalles in Sekunden in logarithmischem Maßstab. Ordinate: Qualitative Einflußbereiche von normaler Hörbelastung bis zur Schädigung. (Gezeichnet nach Kleemann, 1969.) Die einzelnen Kurven stellen Schall verschiedener Lautstärke dar. Diese können z. B. interpretiert werden: eine Lautstärke von 90 Phon bedeutet bei einer Stunde Einwirkungsdauer (s. Marke x) eine physische Beeinträchtigung, die mit einem Schall von 105 Phon Lautstärke (s. Marke o) schon bei 40—50 Sekunden Einwirkungsdauer erreicht ist. (Kleemann, 1969.)

Diese Sinnesleistung ist wichtig bei der Beurteilung der Oberflächenbeschaffenheit von getasteten Objekten und für die Wahrnehmung tieferer Schwingungen im Tonfrequenzbereich (bis zu 800 bzw. 1000 Hz). Der Vibrationsreiz kann ebenfalls durch die Amplitude (senkrecht auf die Haut oder tangential) des Vibrationsschwingers beschrieben werden. Die Amplitude entspricht beim Tasten der Oberfläche der Strecke, für welche die Haut durch eine Unebenheit des Objektes mitgezogen wird (tangential), oder der Tiefe, die durch die Unebenheit des Objektes als Hautdeformation (senkrecht) entsteht. Als zweites Reizmerkmal ist die Frequenz der Vibration in Hz bedeutsam.

Schließlich ist der dauernde Druck, mit dem der Vibrator auf die Haut gesetzt wird, von Bedeutung (dieser entspricht dem aktiven Druck, den z. B. ein Finger auf das Objekt ausübt. HUGONY (hier zitiert nach HENSEL, 1966) bestimmte die Vibrationsschwelle für die Vibrationsamplitude als Funktion der Vibrationsfrequenz bei unterschiedlichem Auflagedruck. In dem Frequenzbereich von 15 bis 500 Hz fand er die niedrigsten Schwellenamplituden um 200 Hz, bei großem Auflagedruck betrug die Schwellenamplitude 10^{-4} Millimeter, also 1 Mikron. Mit Abnahme des Auflagedruckes nimmt die Schwellenamplitude zu. Abb. 18 zeigt die Ergebnisse von HUGONY.

Die Schwellenprofile, bzw. von diesen abgeleitete Empfindlichkeitsprofile, zeigen eine charakteristische Eigenschaft, die man als *Filterprinzip* der Sinnessysteme beschreiben kann. Beim visuellen System wird von den elektromagnetischen Schwingungen ein sehr schmaler Frequenzbereich von etwa einer Oktave ausgefiltert. Die Filtersteilheit ist relativ groß, die zwei Filterendwerte (absolute Farbqualitätsschwellen bei etwa 380 und 780 nm) liegen innerhalb einer Oktave. Beim Vibrationssystem beträgt der Frequenzbereich etwa fünf bis sechs Oktaven (von 20 bis ca. 1000 Hz). Beim akustischen System sind es rund zehn Oktaven des Schalles (von 16—18 Hz bis 18 kHz), also ein relativ breitbandig angelegter Filter. Im Bereich von 500 bis 5000 Hz ist der Filter flach, die Filtersteilheit gering, die Filterkennlinie liegt innerhalb von ± 5 dB. Die Filtersteilheit im Bereich von etwa 150 bis 12 000 Hz beträgt weniger als ± 10 dB. Aus diesen Angaben kann geschlossen werden, daß im akustischen System, bei Berücksichtigung der enorm hohen Frequenzselektivität, der kaum ein technisches Gerät an Echtzeit nahekommt, eine Reihe von Teilfiltern und ein guter Vergleich der Teilfilterergebnisse vorliegen muß. (Wie die Neurophysiologie zeigt, ist dies tatsächlich der Fall.) Beim visuellen System hingegen genügen im Prinzip drei steile, für eine halbe Ok-

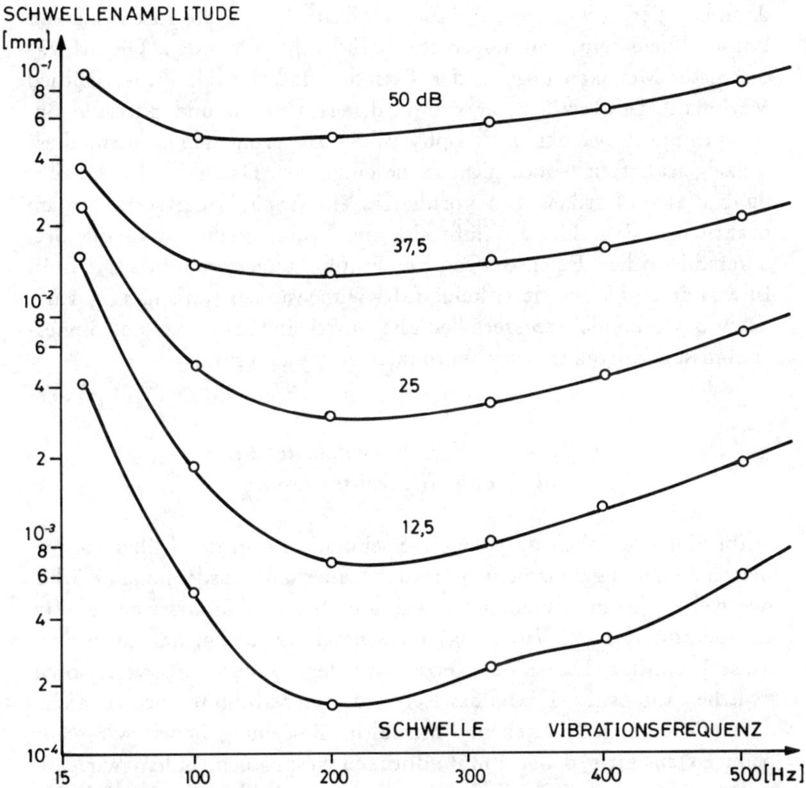

Abb. 18. Schwellenamplitude eines Vibrationsreizes als Funktion der Vibrationsfrequenz (Abszisse) bei verschiedenem Auflagedruckpegel (Parameter in dB).

Ein Vergleich mit Abb. 16 zeigt eindeutig, daß auch für Vibrationsempfindungen eine psychophysische Metrik (analog zur Phonskala eine Vibron-Skala) konstruiert werden kann.

Prinzipiell wären solche Metriken für alle Sinnesbereiche möglich. (Abbildung nach HUGONY, zitiert nach HENSEL, 1966.)

tave angelegte Filter. (Untersuchungen belehren uns, daß es offensichtlich mindestens drei, aber wahrscheinlich sogar mehr sind, s. die neurophysiologischen Ergebnisse von DE VALOIS, 1973, wenn die Filter miteinander gut verkoppelt sind.)

Eine weitere Bemerkung verdient die Tatsache, daß eine Metrik für Qualität allein oder Intensität allein kaum eine Chance in der Entwicklung der Wahrnehmungsforschung hatte. Metriken konnten sich dann etablieren, wenn *sowohl* die Qualität *als auch* die Intensität von Empfindungen eines Sinnesgebietes berücksichtigt wurden. Die Schwäche dieser Metriken liegt in der Tatsache, daß die räumlich-zeitlichen Merkmale des Reizes zwar standardisiert wurden und partielle Berücksichtigung bei den psychophysischen Experimenten fanden, diese Reizeigenschaften jedoch nicht in sie eingingen. Daher ist die Anwendung dieser Metriken von vornherein ein Annäherungsverfahren im praktischen Fall. Hieraus läßt sich der Schluß ziehen, daß die drei unterschiedlichen Eigenschaften der Empfindungen, nämlich Qualität, Intensität und Extensität, keinesfalls Dimensionen (unabhängig variierende Merkmale), sondern lediglich Erscheinungsweisen des Sinneserlebnisses (Korrelate *einer* neuronalen Aktivität) sind.

4. Raum-zeitliche Merkmale des Reizes als Empfindlichkeitskriterium

Im Sinne der eben dargelegten Spekulation und der früher formulierten Beziehung zwischen Intensität, Dauer und Ausdehnung (Fläche) des Reizes (beim visuellen System und bei den Sinnessystemen für Temperatur, Druck, Vibration) müssen wir erwarten, daß auch zwischen Intensität, Dauer des Reizes und der absoluten Schwelle sowie zwischen Intensität, Fläche des Reizes und der absoluten Schwelle einfache Beziehungen bestehen. Eine solche Beziehung haben wir schon beim Extensitätstyp der Empfindlichkeit besprochen, indem wir feststellen konnten, daß für die Intensitätsempfindlichkeit das Produkt aus Reizintensität, Dauer des Reizes und Reizfläche das Reizgewicht festlegt (s. die Teilgesetze, BLOCHsches Gesetz und RICCOsches Gesetz).

Nun soll es hier nicht um die Intensitätseigenschaft der Empfindung gehen, sondern um das Auflösungsvermögen, also um Raumschwellen und Zeitschwellen als Funktion der Intensität. Hierzu wollen wir exemplarisch zwei Beispiele zitieren, die beide praktische Bedeutung haben. Schließlich könnte man die Frage nach Raum- und Zeitschwellen hinsichtlich Qualität der Empfindungen stellen. Auf diese Frage gehen wir nur kurz ein.

a) Das räumliche Auflösungsvermögen des visuellen Systems

Eine für den Anwendungsbereich relevante Fragestellung lautet: Wie groß ist der räumliche Abstand zweier kleiner Lichtpunkte voneinander, der bei einer gegebenen Entfernung der Punkte vom Beobachter noch eben zu einer getrennten Wahrnehmung der Lichtpunkte führt? Um die Beschreibung der Reizsituation einfacher zu halten, bestimmt man nicht den Abstand der Reizpunkte und die Entfernung zum Beobachter, sondern den Sehwinkel, der aus dem Abstand der Reizpunkte und der Entfernung der Reizpunkte zum Beobachter berechnet werden kann. Der Sehwinkel ist eine trigonometrische *Relation* und als solche allgemeiner als die beiden Strecken. Es läßt sich zu jeder Entfernung ein Abstand der Punkte finden, bei welchem der Sehwinkel konstant bleibt. Will man also die Entfernung variieren, so muß man dafür sorgen, daß der Abstand der beiden Punkte im Sinne des Strahlensatzes (Abstand muß proportional mit der Entfernung zu- oder abnehmen) mitvariiert wird.

Im Falle einer Relation R von zwei Größen A und B spricht man von *Kovarianz*, wenn es eine dritte, von A und B abhängige Größe U gibt, deren Wert konstant bleibt, und eine Funktion F zwischen A und B definierbar ist, welche bei beliebiger Variation der Größen A und B den Wert von U vorherzusagen gestattet. Die Funktion F ist dann die Explikation (Beschreibung) von R. In einem solchen Fall sagt man, daß A und B *kovariieren*. Ist die Kovarianz so beschaffen, daß A und B stets den gleichen Wert U vorhersagen, dann sagt man, U ist *invariant* gegenüber den singulären Werten (einzelne Werte) von A und B. Ein Beispiel wäre Länge und Breite eines Tisches und die Maßeinheiten Zentimeter, Millimeter, Zoll oder irgendeine beliebige Längeneinheit. Mißt man die Länge und Breite des Tisches (A und B) in Zentimetern, so erhält man z. B. 120 und 80 cm. Bildet man das Verhältnis Länge/Breite, so erhält man den Koeffizienten 120 cm/80 cm = 1,5. Die Maßeinheit cm kürzt sich beim Bruch, daher wird das Verhältnis dimensionslos. Das gleiche ergibt sich, wenn wir die Länge und Breite in Meter, 1,2 m/0,8 m = 1,5 oder in Millimeter oder Zoll messen. Das Verhältnis von Länge und Breite eines Tisches ist invariant gegenüber der Maßeinheit.

Die Eigenschaften A und B, mit beliebiger Maßeinheit gemessen, ergeben kovariierende Maßzahlen. F entspricht einer Division und U der Konstanten 1,5.

In diesem Sinne läßt sich formulieren, daß der Sehwinkel α invariant bleibt, wenn man bei Variation der Entfernung zwischen den Punkten und dem Beobachter das Verhältnis zwischen dem Abstand der Punkte und der Entfernung des Beobachters konstant hält. Die Bedingung hierfür ist, daß Abstand und Entfernung kovariieren. Diese Beschreibung sieht etwas kompliziert aus und für das Beispiel auch etwas übertrieben. Die beiden Begriffe Invarianz und Kovarianz werden wir jedoch in den nächsten Kapiteln immer wieder brauchen, und die beste Einführung der beiden Begriffe ist ein einfaches Beispiel (die Bedeutung der beiden Ausdrücke sollte nicht mit „Abhängigkeit" und „Unabhängigkeit" verwechselt werden): Wird die Entfernung E variiert und verändert sich proportional zu E der Abstand d der Lichtpunkte, so bleibt zum einen der Winkel α konstant, zum anderen auch die Netzhautprojektion des Abstandes d, also d'.

Die Frage lautet nun, welches ist der wahrgenommene Abstand δ der beiden Punkte? Nimmt man einen Gegenstand, z. B. einen Bleistift, hält ihn 30 cm vor die Augen und merkt sich die Größe des Bleistiftes, entfernt ihn dann auf 60 cm, so wird sich die gesehene Größe des Bleistiftes nicht merklich ändern. Der Sehwinkel ist kleiner geworden, die Netzhautprojektion d' des Abstandes ist bei 60 cm halb so groß wie bei 30 cm. Also d blieb konstant, d' nahm ab und δ blieb ebenfalls konstant. Die gesehene Größe kovariiert bei Variation von E mit d und nicht mit d', δ erweist sich als invariant gegenüber d', solange d konstant bleibt und E variiert.

Variiert jedoch d bei konstantem E (Veränderung der Objektgröße), so kovariiert d' mit d, ebenso variiert δ mit d. Aus den beiden Beispielen läßt sich die Invarianz von δ gegenüber E ableiten (s. später bei der sog. Größenkonstanz). Wir merken uns aus diesen Beispielen zunächst, daß bei konstantem α und variiertem E und d die Strecke d' konstant bleibt, nicht aber δ.

Untersuchen wir also das räumliche Auflösungsvermögen des visuellen Systems, so wird dies kaum Hinweise auf den gesehenen Abstand δ gestatten, sondern nur auf die kritische Größe d' (und damit auch auf α), die zu einer ebenmerklichen „Zweiheit" der Punkte führt. Oder mit anderen Worten, aus dem ermittelten Auflösungsvermögen kann man nicht direkt Schlüsse auf die gesehene Größe ableiten: diese bedarf einer zusätzlichen Untersuchung. (Vgl. hierzu die Annahme FECHNERS, 1860, daß der ebenmerkliche Empfindungsunterschied die Einheit des *Psychischen* ist.)

Das Auflösungsvermögen ist desto besser, je kleinere Details des visuellen Feldes unterschieden werden können, also je kleiner d' bzw. α ist. Hieraus ergibt sich, daß α und das Auflösungsvermögen reziprok sind. Aus diesem Grunde, und auch aus dem theoretischen Konzept der Empfindlichkeit, bezieht man die metrische Eigenschaft des Auflösungsvermögens nicht auf α, sondern auf deren Reziproke $1/\alpha$. Wird der Winkel, der die Unterscheidungsschwelle beschreibt, α, in Winkelminuten ($^1/_{60}$ Grad) angegeben, so heißt diese Angabe Visuswert (Dimension 1/Winkelminuten).

Das Auflösungsvermögen läßt sich nicht nur mit zwei Lichtpunkten, sondern mit verschiedenen Zeichen (Buchstaben, Ziffern, bestimmten Formkonfigurationen usw., die ein kritisches bzw. variables Formdetail enthalten) prüfen. Gehören die verschiedenen Zeichen zu den international normierten Sehzeichen (Optotypen), so spricht man bei Prüfung des Auflösungsvermögens von Sehschärfe und gibt den Wert in Visus an. Genaugenommen handelt es sich bei diesen Zeichen um eine kombinierte Prüfung der sog. Punktsehschärfe (Auflösung zweier Punkte nebeneinander) und der Erkennungsschwelle für die verschiedenen Optotypen (s. hierzu Benda, 1968). Die Punktsehschärfe bezeichnet man auch als „minimum separabile“, im Unterschied zur Noniussehschärfe (die etwa sechsmal feiner ist als die Punktsehschärfe), die mit Linien, die eine geringe Unterbrechung haben, geprüft wird. (Entdeckung der Diskontinuität bzw. „Bruchstelle“ einer geraden Kontur.)

Wir wollen nun die Beziehung zwischen der Sehschärfe (in Visus) und der Leuchtdichte (in mL) betrachten. Abb. 19 stellt die Ergebnisse der Untersuchungen von König (wiedergegeben nach Hecht, 1934) dar.

Nach Abb. 19 zeigt sich, daß die Sehschärfe bei niedrigen Beleuchtungen (bis zu einer Leuchtdichte von 0,01 mL) sehr langsam ansteigt, dann bei weiterer Erhöhung der Leuchtdichte rasch zunimmt (bis zu 30—40 mL), um dann wieder, bei weiterer Erhöhung der Leuchtdichte, nur unwesentlich zuzunehmen. Erhöht man die Leuchtdichte über 10 000 mL, so nimmt die Sehschärfe sogar deutlich ab (Blendung). Die Sehschärfe ist eindeutig von der Leuchtdichte abhängig, ebenso auch von der Darbietungszeit des Zeichens (s. bei Benda, 1968; Riggs, 1965) und von der Art der Zeichen.

In dem Bereich von 1 bis 30 mL kann man das Leuchtdichte-Flächen-Produkt ($\alpha \cdot L$) als Funktion der Leuchtdichte auftragen und erhält bei linearer Abszisse und Ordinate eine lineare Beziehung. Die Sehschärfe in Abhängigkeit von den gewählten Optotypen hat unterschiedliche Maximalwerte. Die maximale Punktsehschärfe liegt bei dem Visuswert 1,7, werden Optotypen verwendet, so kann ein Visuswert von 2,2—2,3 erreicht werden (etwa 25 Winkelsekunden).

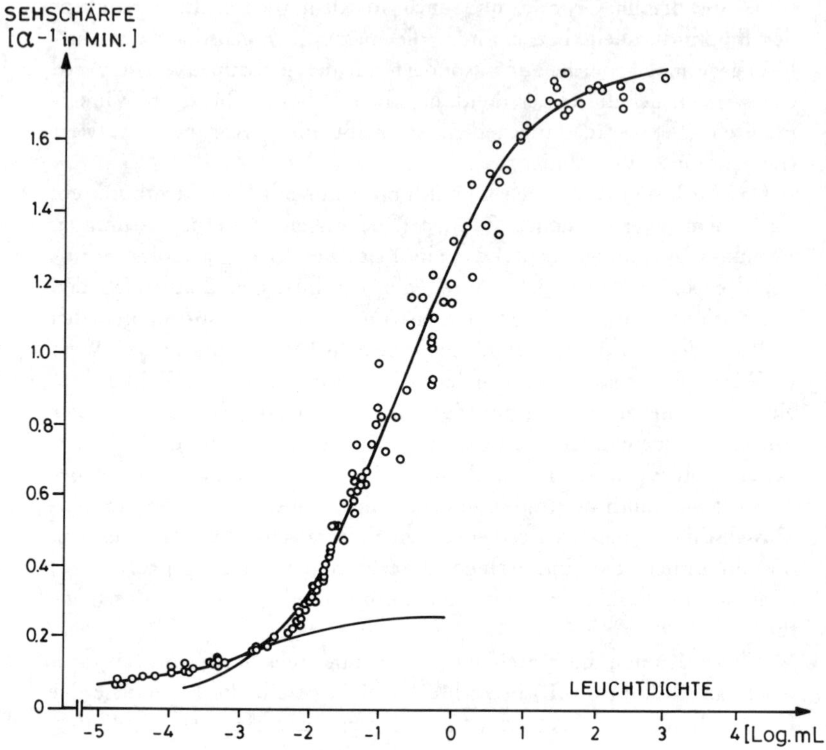

Abb. 19. Abhängigkeit der Sehschärfe von der Leuchtdichte des Zeichenfeldes (HECHT, 1934).

Abszisse: Logarithmen der Leuchtdichte (mL) des Zeichenfeldes. Ordinate: Visusmaß, Reziproke des kritischen Winkels (in Winkelminuten). Aus der Abbildung ist ersichtlich, daß bei einer Leuchtdichte von 1 mL (Log 1 = 0) die Sehschärfe den Normwert von Visus = 1 erreicht. Nach zwei Leuchtdichte-Dekaden, bei 100 mL, erreicht die Sehschärfe ein Maximum (Visus um 1.7—1.9); verschiedene Sehzeichen ergeben verschiedene Maximalwerte, die bis zu 2.2 und darüber liegen können (nach HECHT, 1934, aus RIGGS, 1965).

b) Das zeitliche Auflösungsvermögen des visuellen Systems

Analog zum räumlichen Auflösungsvermögen läßt sich auch ein zeitliches Auflösungsvermögen definieren. Wenn man dem Beobachter einen Lichtreiz bietet, der aus einer raschen Folge von Perioden mit

Licht und Dunkel besteht, so läßt sich eine kritische Frequenz der Licht-Dunkel-Perioden aufsuchen, bei der der Lichtwechsel gerade unbemerkt bleibt. Diese kritische Frequenz, bei welcher also alternierendes Licht zu einer einheitlichen Helligkeitswahrnehmung führt, nennt man Flimmer-Verschmelzungs-Frequenz (FVF). Unterhalb der FVF wird eine periodische Änderung der Helligkeit wahrgenommen, oberhalb der FVF entsteht die Wahrnehmung einer kontinuierlichen Helligkeit. Die FVF hängt ab von einer Reihe von Reizbedingungen wie z. B. der Reizflächengröße, Art des Lichtwechsels (ob ein abrupter, rechteckförmiger oder gleitender, sinusförmiger Übergang zwischen Licht und Dunkel besteht), der Dauer der Hell- und Dunkelphase einer Periode und schließlich von der Leuchtdichte des Reizes. Abb. 20 zeigt die Beziehung zwischen FVF und retinaler Beleuchtungsstärke in Troland. Ein Troland ist die retinale Beleuchtungsstärke bei einer Pupillenfläche von einem mm^2 und einem Nit Leuchtdichte. (Es handelt sich um ein psychophysisches Maß, das die Empfindlichkeitsfunktion für spektrale Komponenten mit berücksichtigt. Die retinale Beleuchtungsstärke in Troland erhält man, wenn man $^1/_{10}$ der Leuchtdichte in mL mit r^2 multipliziert, wobei r den „aktuellen Pupillenradius" bildet.)

In Abb. 20 ist die FVF für drei verschiedene retinale Positionen: Fovea, 5 und 15 Grad von der Fovea entfernt, dargestellt. Die unterschiedlichen retinalen Stellen trifft man dadurch, daß der Vp eine Fixationsmarke vorgegeben wird und der Lichtreiz um diese Marke herum (= foveal) oder neben der Marke dargeboten wird. Aus der Entfernung des Beobachters vom Lichtreiz und dem seitlichen Abstand zwischen Lichtreiz und Marke läßt sich der Winkel zwischen der sog. Fixationslinie (Gerade zwischen Fixationsmarke und Foveamitte) und der Darbietungslinie des Reizes bestimmen. Es zeigt sich deutlich, daß die beste zeitliche Auflösung bei hohen retinalen Beleuchtungsstärken und fovealer Reizung gegeben ist (sie liegt bei etwa 46—47 Hz). Je peripherer (seitliche Abweichung der retinalen Abbildung des Reizes) der Lichtreiz gegeben wird, um so geringer ist die Auflösung. Die gleiche Beziehung gilt auch für Leuchtdichte. Je niedriger die Leuchtdichte ist, desto niedriger ist auch die FVF, d. h. desto geringer ist das zeitliche Auflösungsvermögen.

Aus der Abbildung läßt sich entnehmen, daß die FVF bei einer Leuchtdichte von 20—30 mL (100 Troland) ihren höchsten Wert stets erreicht. Dieser Wert entspricht der mittleren künstlichen Beleuchtung eines Raumes (auch die Sehschärfe erreicht dort ihr Maximum). Vergleicht man die zitierten Ergebnisse mit der Erfahrung, daß ein Fernsehgerät („Flimmerkiste") bei dieser Beleuchtung gelegentlich flimmert, so scheint ein Widerspruch zwischen den Ergebnissen und der Erfahrung zu bestehen. Nun wiesen wir schon darauf hin, daß die FVF auch von der Flächengröße des Reizes abhängig ist. Je größer die Fläche, desto höher die FVF, und bei einer Fläche von 4 bis 5 Grad erreicht sie Werte über 50 Hz, insbesondere dann, wenn die Leuchtdichte der Flimmerfläche der Leuchtdichte des Umfeldes entspricht. (Bei Abb. 20 beträgt das Testfeld 2 Grad Sehwinkel.) Am niedrigsten ist die FVF, wenn die Umgebung der Flimmerfläche dunkel ist (zwei Dekaden niedrigere Leuchtdichte als die der Fläche ist ein guter Richtwert). Man kann also das Anwachsen der FVF bei großen Flächen dadurch wettmachen, daß man die Umgebung abdunkelt oder aber wesentlich (auf das Vier- bis Fünffache) erhöht. Letzteres scheidet z. B. bei Kino und Fernsehen aus, sonst wäre die Kontrastempfindlichkeit gering, daher muß die Umgebung im Kino (der ganze Raum) abgedunkelt werden, was auch für eine sachgemäße Installation eines Fernsehgerätes gilt. Beim Fernsehgerät muß man einen Kompromiß für die Umgebungsleuchtdichte finden. Ganz abgedunkelte Umgebung evoziert ständige Adaptationsunruhe durch die andauernd dynamisch sich verändernde Bildhelligkeit. Man muß also durch die Umgebungsleuchtdichte (etwa die Hälfte bis ein Viertel der Bildleuchtdichte) für Adaptationsruhe sorgen. Hierfür sucht man eine Gesamtraumhelligkeit, die nur unwesentlich durch die dauernd wechselnde Bildhelligkeit verändert wird. Dabei gilt, je kleiner der Fernsehschirm ist und je größer die Entfernung vom Betrachter, desto größer kann die Raumbeleuchtung sein. (Es ist die Wissenschaft, die sagt, daß die Optimalsituation ein unendlich kleiner Schirm in unendlich großer Entfernung ist, der sicher kein Flimmern hervorruft und bei der auch der Raum beliebig hell sein kann.)

Die FVF ist von einer Reihe von *Subjektvariablen* abhängig. Mit höherem Alter sinkt die FVF („die Kiste flimmert nicht mehr“). Die FVF ist abhängig von der Tageszeit, der körperlichen Verfassung (nach einem arbeitsreichen Tag flimmert es nicht). Bei Entspannung ist die FVF niedriger als bei Konzentration, unter Pharmakawirkung ändert sich die FVF usw.

Eine besondere Bedeutung erwarb die FVF für die Farbmessung dadurch, daß für verschiedene Wellenlängen bei gleicher Leuchtdichte (= Farbhelligkeit und nicht Lichtenergie) die FVF konstant ist. Die Aussage läßt sich umkehren und für Farbmessung benutzen: Wenn die FVF von zwei monochromatischen Lichtreizen (oberhalb einer retinalen Beleuchtungsstärke von 1—2 Troland) gleich ist, dann gilt für die spektrale Lichtenergie, daß sie gleiche Leuchtdichte haben: eine Möglichkeit der Überprüfung der V(λ)-Funktion (s. hierzu auch

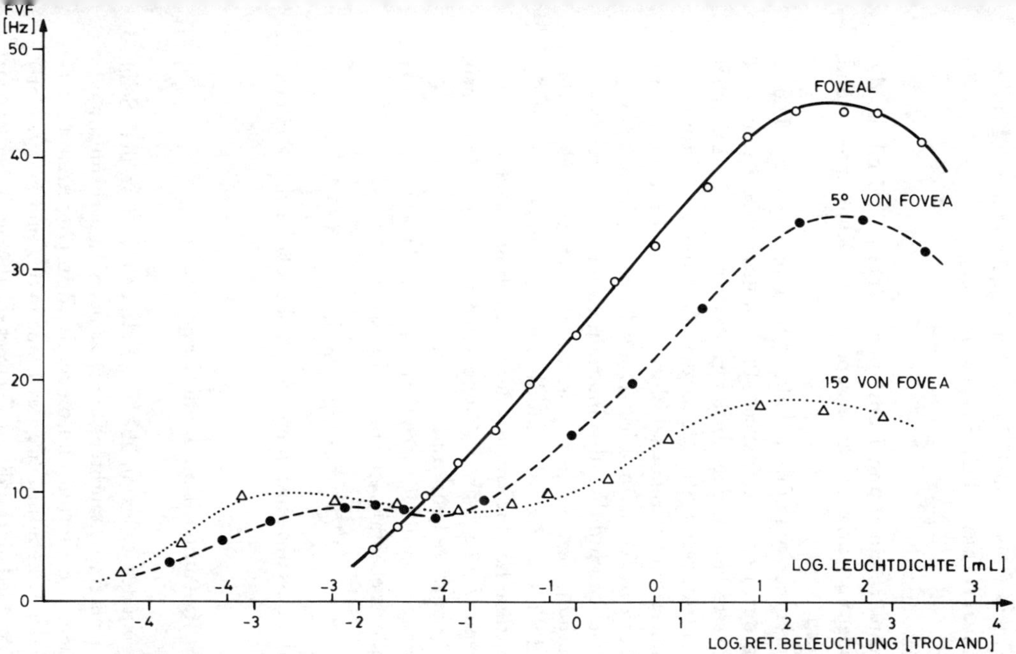

Abb. 20. Abhängigkeit der Flimmerverschmelzungs-Frequenz (FVF) von der Leuchtdichte (bzw. von der retinalen Beleuchtungsstärke) der Testfläche bei verschiedenen retinalen Positionen.

Abszisse: Leuchtdichte der Testmarke (mL) und retinale Beleuchtungsstärke (Troland) in logarithmischen Maßeinheiten.

Ordinate: FVF in Hz, linear. Als Parameter ist die retinale Position (foveal, 5 und 15 Grad von der Fovea entfernt) gewählt. Vergleiche den Verlauf der FVF-Kurve bei fovaler Darbietung mit der Sehschärfefunktion nach Abbildung 19. Beide Kurventypen und einige andere werden oft als Beleg dafür interpretiert, daß unterhalb etwa 0.05 mL nur das Stäbchen-Sehen, darüber jedoch auch das Zapfensehen intakt ist (= Duplizitätstheorie). Vergleiche hierzu auch Abb. 21 und die Tages- bzw. Dämmerungskurve der spektralen Hellempfindlichkeit. (Abbildung nach HECHT und VERRIJP, 1933, aus BROWN, 1965.)

Flimmerphotometrie). Abb. 21 zeigt die Ergebnisse von Untersuchungen zur FVF mit monochromatischem Licht gleicher retinaler Beleuchtungsstärke.

Die FVF ist, im Sinne des sog. FERRY-PORTERschen Gesetzes (im mittleren Bereich zwischen 1 bis 100 mL) dem Logarithmus der Leuchtdichte proportional (FERRY, 1892; PORTER, 1902):

$$\mathrm{FVF} = a \cdot \log L + b$$

L ist Leuchtdichte, a und b sind Konstanten. Unterhalb 1 mL ist die Beziehung wiederum gültig, es müssen aber andere Konstanten a und b gewählt werden.

Wir sprachen vorher von „Bildhelligkeit“ bei Fernsehgeräten. Dieser Ausdruck kann durch das sog. TALBOT-PLATEAUsche Gesetz präzisiert werden. Das Gesetz besagt, daß ein intermittierender Lichtreiz einem Dauerlichtreiz gleichwertig ist, wenn die über die Zeit gemittelte Leuchtdichte des intermittierenden Lichtreizes gleich der Leuchtdichte der Dauerlichtreize ist. Wenn die Licht-Dunkel-Phasen gleich lang sind, so entspricht die Leuchtdichte des intermittierenden Lichtreizes der Hälfte der Leuchtdichte der Lichtphase. Ist das Verhältnis der Licht/Dunkel-Phase 1 : 2 (eine Zeiteinheit Licht, zwei Zeiteinheiten Dunkel), dann ist die mittlere Leuchtdichte $^1/_3$ der Leuchtdichte des Lichtes. Bei 1 : 5 entsprechend $^1/_6$, 2 : 1, zwei Zeiteinheiten Licht, eine Zeiteinheit Dunkel ergibt $^2/_3$ mittlere Leuchtdichte usw.

Die Abhängigkeit der FVF (nach GRANIT und HARPER, 1930) von der Flächengröße ist ebenfalls eine logarithmische:

$$\mathrm{FVF} = c \cdot \log A + d,$$

wobei c und d Maßstabskonstanten und A die Fläche des Flimmerreizes ist.

II. Komposition der Sinnesqualitäten

Schon zu Beginn der Reflexion über die Welt, den Kosmos, über Sein, Schein und Ursprung usw. tauchten Probleme der Sinneserkenntnis auf: Wie sie entstehen, was sie sind und ob sie die Realität getreu wiedergeben usw. In der Erkenntnislehre des Empedokles (um 500 v. Chr.) steht als zentraler Gedanke, daß wir Gleiches durch Gleiches erkennen: „Mit unserem Erdstoff erblicken wir die Erde, mit unserem Wasser das Wasser, mit unserer Luft die göttliche Luft, mit unserem Feuer das vernichtende Feuer, mit unserer Liebe die Liebe der Welt und ihren Haß mit unserem traurigen Haß“ (Frg. 109, zitiert nach HIRSCHBER-

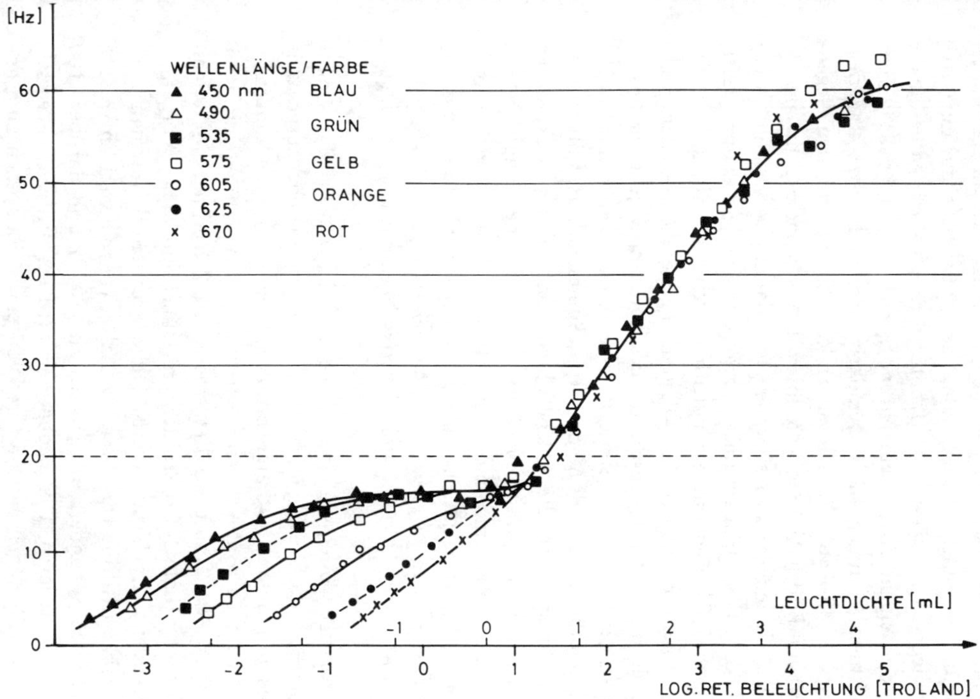

Abb. 21. Die FVF bei Licht verschiedener Wellenlänge (FVF bei Farben gleicher Helligkeit, oberhalb 1—2 mL) als Funktion der Leuchtdichte.

Abszisse und Ordinate wie Abb. 20. Oberhalb von einigen Millilambert ist die FVF für alle Farben gleicher Helligkeit gleich. Unterhalb dieser Leuchtdichten ergeben sich Unterschiede der FVF. Vergleiche hierzu die Unterschiede der beiden Funktionen der spektralen Hellempfindlichkeit und Abb. 10. (Abbildung nach HECHT und SHLAER, 1936, aus BROWN, 1965.)

GER, 1965, Bd. I, S. 4). Durchforscht man die vorsokratische Philosophie nach den Meinungen, wie Sinneserkenntnisse entstehen, wie sie sind, so trifft man naive Meinungen an, deren Elemente in den heutigen Auffassungen über die Wahrnehmung wiederzufinden sind. Demokrit (um 460—370 v. Chr.) ist der Meinung, daß unsere Sinneswahrnehmungen subjektiv sind, d. h., sie geben nicht die objektive Realität wieder, sie gehen auf das Konto unserer Sinnesorgane, die die Natur in eine eigene Art, in eine *eigene Sprache* übertragen. Die Sinneserkenntnisse kommen nach Demokrit (zit. nach HIRSCHBERGER, 1965, Bd. I, S. 45—46) dadurch zustande, daß „sich von den Gegenständen kleine Bildchen (Eidola) ablösen, in die Sinnesorgane einströmen, so den Seelen-Atomen begegnen und damit die Erkenntnis bewerkstelligen". Die damals primäre Frage, ob wir Gleiches durch Gleiches oder aber Gleiches durch Ungleiches erkennen, läßt sich in der modernen erkenntnistheoretischen Terminologie etwa so stellen: Geht man von physikalischen Eigenschaften des Äußeren, Objektiven aus, so läßt sich fragen, ob unsere Sinnessysteme physikalisch homomorphe (gleichförmige) Ereignisse als homomorphe Sinnesqualitäten übertragen oder nicht. Entsprechen die Erlebnisdimensionen den physikalischen Dimensionen der Ereignisse? Die Antwort ist ein eindeutiges „Nein". Qualitätsdimensionen sind anders strukturiert als die physikalischen Dimensionen. Hierfür gibt es eine Reihe Beispiele. Unsere Sinnessysteme schaffen aus *physikalisch Gleichem ein psychologisch Verschiedenes und aus physikalisch Verschiedenem ein psychologisch Gleiches.*

Für das erstere wollen wir ein einfaches Beispiel wählen. Man nimmt zwei Lämpchen, die die Eigenschaft haben, rasch ein- und ausgeschaltet werden zu können (Nachglühen soll minimal sein). Nun kann man die beiden Lämpchen abwechselnd ein- und ausschalten: Wenn Nr. 1 leuchtet, wird Nr. 2 ausgeschaltet, wenn Nr. 2 leuchtet, löscht man Nr. 1. Die physikalisch kontrollierbare Dimension dieses Vorganges ist die Frequenz des Lichtwechsels. Diese Frequenz kann man z. B. von 200 mHz (Millihertz: $^1/_{1000}$ Hz), also von einem Lichtwechsel in jeder fünften Sekunde, aufwärts bis zu 100 Hz und darüber (100 Wechsel/Sek.) variieren. Der Beobachter wird bei niedrigen Wechselfrequenzen ein Springen *eines Lichtes* von einem Lämpchen zum anderen und zurück wahrnehmen, er nimmt also eine Bewegung eines Lichtes wahr. Bei etwas höheren Frequenzen wird man *zwei* Lämpchen wahrnehmen, die aber flackern. Das Flackern ist nicht synchron, d. h., man nimmt die zeitlichen Unterschiede des An- und Ausgehens der beiden Lämpchen wahr. Bei noch höheren Frequenzen geht das

Flackern in ein Flimmern über (wobei man das zeitlich unterschiedliche An- und Ausgehen der Lämpchen nicht mehr wahrnehmen kann). Oberhalb der FVF, also z. B. bei 60—70 Hz, je nach Lichtbedingungen, werden zwei ständig brennende Lämpchen wahrgenommen. Aus dem gleichen physikalischen Vorgang resultieren *qualitativ verschiedene Wahrnehmungen*: Bewegungswahrnehmung, Flackern, Flimmern und dauerndes Leuchten. Der physikalische Vorgang ist der gleiche, lediglich die *Geschwindigkeit des Vorganges* wird variiert. Ähnliche Beispiele findet man auch für andere physikalische Vorgänge. Wir nehmen einen schmalen Ausschnitt der elektromagnetischen Strahlung als *Licht* (Helle, Farbe) wahr. Ist die Wellenlänge größer als 1000 nm (Infrarot, Wärmestrahlen), so nehmen wir die Strahlung als *Wärme* wahr, bei hohen Intensitäten als Schmerz.

Neben den Situationen, in denen aus gleichen physikalischen Prozessen unterschiedliche Wahrnehmungen entstehen, gibt es Beispiele für den Fall, daß aus *verschiedenen physikalischen Ereignissen die gleichen Wahrnehmungen resultieren.* Ein breites Feld von Beispielen dieser Art findet man ganz allgemein im Bereich der Sinnesqualitäten vor. Einer der typischsten und bis zur Metrik entwickelten Bereiche ist die Farbwahrnehmung, die etwas ausführlicher besprochen werden soll.

1. Farbmischung, Ordnung der Farben, Farbmischungsgesetze und Metrik

In der Alltagssprache versteht man unter Farbe entweder das Gesehene (meist als Adjektiv gebraucht: rote Rose, blauer Himmel, gelbe Zitrone usw.) oder Materialien (Farbstoff, Malerfarbe, Wasserfarbe, Ölfarbe usw.). Mit Farbmischung meint man im Alltagsbereich meist oder beinahe ausschließlich die Mischung von (meist flüssigen oder staubförmigen) Farbstoffen. In der Wahrnehmungspsychologie hat der Ausdruck „Farbmischung“ andere Bedeutungen.

Man unterscheidet die sog. *subtraktive Farbmischung* von der *additiven Farbmischung.* Im Grunde mischt man nicht Farben, also nicht Farbempfindungen, sondern meist deren Reizgrundlage, nämlich die spektralen Komponenten des Lichtes. Die Methoden der Mischung können *physikalisch* oder *physiologisch* akzentuiert sein, die physiologische Mischung kann durch *räumliche und zeitliche Trägheit* des visuellen Systems erfolgen. Bei ihr werden nicht die Reize gemischt, die Mischung entsteht in der Erregungsebene.

Subtraktive Farbmischung:

Im eigentlichen Sinne ist dies keine Farbmischung, sondern (rein physikalisch) eine Wellenlänge-Filterung. Ein typischer Fall subtraktiver Farbmischung ist gegeben, wenn ein weißes Licht (Licht mit allen spektralen Komponenten) durch einen wellenlängeselektiven Filter geschickt wird. Der Filter soll den kurzwelligen wie auch den langwelligen Bereich der Strahlung absorbieren (verschlucken, in Wärme umwandeln). Er läßt nur in den Wellenlängenbereichen von 440 nm bis 590 nm durch. Das Licht besteht nach Passieren des Filters aus Wellenlängen, die zwischen den eben genannten Bereichen liegen. Ein solches Licht erscheint uns blau bis grünlich. Genauer kann die Farbe erst dann bestimmt werden, wenn man weiß, welche Anteile des Lichtes der Filter in dem Bereich von 440 bis 590 nm durchläßt. Es kann sein, daß er im Bereich 440 nm viel durchläßt (nahe 100 %), im Bereich 550 bis 590 nm jedoch nur 50 % oder noch weniger. In diesem Fall wäre die Farbe etwa „blau". Nimmt man nun einen zweiten Filter, welcher im Bereich von 560 nm bis 620 nm durchlässig ist, und setzt ihn anstelle des vorigen, so läßt dieser zweite einen Wellenlängenbereich durch, der uns als „gelb", „gelborange" erscheint.

Man kann nun das Licht beide Filter passieren lassen, wenn man sie im Strahlungsweg hintereinander anordnet. Das Licht kann in den Wellenlängebereichen von 560 nm und 590 nm durch beide Filter durchgehen, es gilt das „Gesetz der inneren Grenzen", d. h., es können nur diejenigen Wellenlängen beide Filter passieren, für die eine Durchlässigkeit bei *beiden* Filtern besteht.

In Abb. 22 ist ein Beispiel für die subtraktive Farbmischung wiedergegeben.

Die Abbildung zeigt zuerst schematisch das „Gesetz der inneren Grenzen" für Idealfilter (kaum realisierbar). Für die einzelnen Wellenlängen gilt eine logische „UND"-Verbindung: Wenn für eine Wellenlänge sowohl bei Filter 1 als auch bei Filter 2 eine Durchlässigkeit (τ = Transmission) besteht („Sowohl als auch"), dann erscheint diese Wellenlänge in der subtraktiven Mischung. Man kann das „Sowohl als auch" als Multiplikation der Durchlässigkeit der beiden Filter definieren: ein von Null verschiedenes Produkt gibt es dann, wenn *beide* Durchlässigkeiten *nicht Null* sind. Wenn die Filter nicht „Idealfilter" sind, wie es bei der unteren Darstellung in Abb. 24 gezeigt wird, wird man die subtraktive *Reizmischung* durch Multiplikation der beiden Durchlässigkeitsfunktionen

$$\tau_1(\lambda) \cdot \tau_2(\lambda) = \tau_{ges}(\lambda),$$

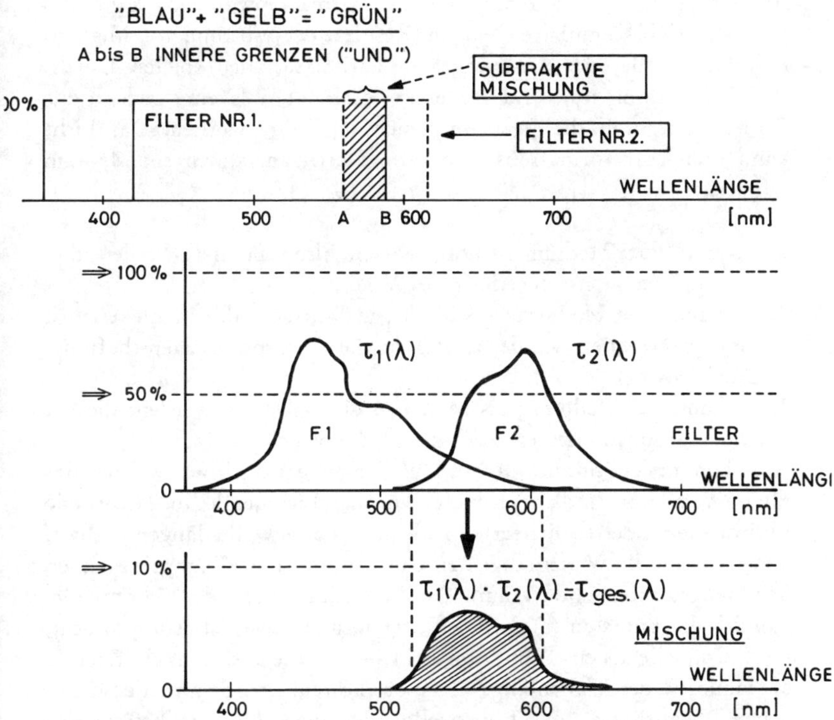

Abb. 22. Demonstration zur subtraktiven (multiplikativen) Reizmischung. Oben ist der Mischungsvorgang bei Idealfiltern dargestellt. Die Wellenlängemischung setzt sich nur aus den Lichtanteilen zusammen, die innerhalb der Grenzen A und B von beiden Filtern durchgelassen werden. Unten ist die Mischung mit Filtern dargestellt, die einen unregelmäßigen Durchlässigkeitsverlauf haben. (Näheres siehe im Text.)

also als Produkt der gemeinsamen Durchlässigkeiten erhalten. Daher nennt man die subtraktive Mischung auch multiplikative Mischung. Der Ausdruck „Farbmischung" ist hierbei fehl am Platze, es werden nicht Farben im psychologischen Sinne, sondern Filterdurchlässigkeiten oder aber Farbmaterialien (bei Pigmentfarben, daher der Name „Farbmischung") gemischt.

Bei Filtern müssen die Durchlässigkeiten für die subtraktive Mischung berücksichtigt werden. Die Durchlässigkeit ist jedoch nur ein Merkmal von Medien, das wellenlängenselektiv wirken kann. Auch die Reflexion (ϱ) (= Zurückwerfen, Spiegeln, Wiedergeben) und die

Absorption (α) (= Verschlucken, in Wärme umwandeln) kann das physikalisch bestimmbare Gemisch (Resultat der Wirkung von Medien) beeinflussen. Bei der Mischung von Farbmaterialien spielen Durchlässigkeit, Absorption und Reflexion des Materials eine bedeutsame Rolle. Daher soll die Beziehung hier angeführt werden. Das Licht kann drei Transformationsarten beim Durchgang durch ein Medium erfahren:

1. es kann vom Medium zurückgeworfen, also reflektiert werden; dies ist die Reflexionseigenschaft des Mediums (ϱ),
2. es kann vom Medium verschluckt, in Wärme (oder in Elektrizität usw. verwandelt werden); dies ist die Absorptionseigenschaft des Mediums (α),
3. es kann das Medium passieren, also durchgelassen werden; dies ist die Transmissionseigenschaft des Mediums (τ).

Es kommt jedoch auch auf das Wellenlängegemisch an, welches das Medium erreicht, und dieses hängt von der Lichtquelle ab. Nicht jede Lichtquelle sendet (emittiert) ein Licht, das alle Wellenlängen enthält, und wenn es alle Wellenlängen enthält, so nicht unbedingt mit gleichen Strahlungsdichten. Man muß also die Eigenschaft der Lichtquelle, nämlich die Emission (ε), berücksichtigen, und daher ist es angebracht, die Lichtquelle als eine Funktion $\varepsilon(\lambda)$ — also die ausgesendete Energie als Funktion der Wellenlänge — zu betrachten. Zwischen den beschriebenen Eigenschaften der Lichtquelle und einem Medium besteht das Gesetz:

$$\varepsilon(\lambda) = \varrho(\lambda) \cdot \varepsilon(\lambda) + \alpha(\lambda) \cdot \varepsilon(\lambda) + \tau(\lambda) \cdot \varepsilon(\lambda),$$

wobei $\varepsilon(\lambda)$ die spektrale Emission der Lichtquelle, $\varrho(\lambda)$ die spektrale Reflexion des Mediums, $\alpha(\lambda)$ die Absorption und $\tau(\lambda)$ die Transmission des Mediums bedeuten. Dividiert man die Gleichung durch $\varepsilon(\lambda)$, bezieht also die resultierende spektrale Verteilung auf die spektrale Emission der Lichtquelle, so erhält man eine Beziehung der dimensionslosen und wellenlängespezifischen Koeffizienten:

$$1 = \varrho(\lambda) + \alpha(\lambda) + \tau(\lambda).$$

Die subtraktive Mischung läßt sich dann darstellen:

$$\tau_1(\lambda) \cdot \tau_2(\lambda) \cdot \varepsilon(\lambda) = \mu(\lambda).$$

$\tau_1(\lambda)$ ist die Durchlässigkeit des ersten, $\tau_2(\lambda)$ die des zweiten Filters, $\varepsilon(\lambda)$ die Emission der Lichtquelle und $\mu(\lambda)$ die Wellenlängemischung. Bei Pigmentfarben ist die Beziehung dadurch etwas komplizierter, daß neben der Durchlässigkeit die Absorption und Reflexion der Pigmentfarben mit berücksichtigt werden muß, im wesentlichen kann aber auch die Mischung von Pigmentfarben als multiplikative Mischung angesehen werden. Das Charakteristikum einer solchen Mischung ist, daß gelbe und blaue „Farbe" grüne „Farbe" ergibt, im Gegensatz zu der additiven Farbenmischung, bei der aus Gelb und Blau etwa Grau entsteht.

Additive Farbmischung:

Im Gegensatz zu der subtraktiven oder auch als multiplikativ bezeichneten (Reiz-)Mischung spricht man bei additiver Mischung von der physiologischen oder psychologischen Farbmischung. Der Ausdruck *Farbmischung ist auch hierbei irreführend*, aber dennoch tolerierbar. Es handelt sich nicht um die Mischung von Farbempfindungen, sondern von Farbreizen oder deren Derivaten (z. B. Erregungen). Entscheidend ist jedoch, daß aus den physikalischen Bedingungen nicht erklärbar und nicht verstehbar ist, wieso diese oder jene Farbe gesehen wird.

Die Physik ist durchaus in der Lage, die Reizmischung aus allen Wellenlängen bei der additiven Mischung zu beschreiben, z. B. von 450 und 570 nm oder von 610 und 490 nm, wie auch von 650 und 530 nm. Es ist aber nicht möglich, aus der Physik zu begründen, wieso bei den ersten beiden Mischungen *„Unbunt"* (Weiß oder Grau), im dritten Fall jedoch *„Gelborange"* gesehen wird. Die Physik ist durchaus in der Lage, die Wellenlängen, die uns grün und rot erscheinen, genauso als Mischung (als spektrale Verteilung) zu beschreiben, wie auch die Mischung von spektralen Verteilungen von Wellenlängen, die wir als gelb und rot sehen. Sie kann aber nicht erklären, wieso im ersteren Fall nicht ein Rötlichgrün (diese Farbe gibt es nicht), sondern ein Grau oder Weiß und im letzteren Fall Orange, also eine bunte Farbe, gesehen wird. Dieses sind die Gründe, warum bei additiver Mischung von Wellenlängen von physiologischer oder psychologischer Mischung bzw. Farbenmischung gesprochen wird.

Diese Bemerkung gilt natürlich auch für das Ergebnis der multiplikativen Mischung. Auch dort wird man aus der spektralen Verteilung nicht begründen können, warum im einen Fall diese und im anderen Fall eine andere Farbe gesehen wird oder umgekehrt: warum bei *zwei verschiedenen spektralen Verteilungen einer multiplikativen Mischung die gleiche Farbe gesehen wird.* Der Grund, daß man in den beiden Fällen dennoch eine *sprachliche* Unterscheidung macht, ist die Art der Mischoperation (wie die Mischung durchgeführt wird). Die additive Mischung läßt sich nicht nur durch eine Reizmischung, sondern auch über physiologische Gegebenheiten erreichen.

Die einfachste Art der additiven Farbmischung besteht darin, zwei Lichter auf eine gemeinsame reflektierende Fläche strahlen zu lassen. (Man addiert physikalisch die Lichter.) Zwei Projektoren mit Farbfiltern gestatten eine einfache Anordnung. Die Fläche, die von beiden Projektoren bestrahlt wird, reflektiert eine *additive Reizmischung*. Früher hat man die Mischung mit sog. spektralen Farbmischapparaten in analoger Weise erreicht.

Beim *Maxwellschen Farbenkreisel* werden farbige Sektoren einer kreisrunden Scheibe in Rotation gebracht. Bei einer genügend hohen Rotationsgeschwindigkeit (s. bei der FVF) verschmelzen die unterschiedlich reflektierenden Sektoren der Scheibe additiv zu einer Fläche. Hier wird die *additive Mischung durch die zeitliche Trägheit* des visuellen Systems erreicht. Infolge zeitlicher Trägheit werden die rasch zeitlich aufeinanderfolgenden Lichtanteile der Sektoren zu einer *einheitlichen Erregung für das träge Sinnessystem (zeitliche Erregungsmischung).*

Beim Farbfernsehgerät befolgt man ein anderes Prinzip der physiologischen Farbmischung, die auch von der pointillistischen Malerei angewendet wurde. Man bringt die einzelnen spektralen Komponenten (kleine punktförmige Reize als ein sehr feines Mosaik) räumlich so eng und klein zueinander, daß das Auflösungsvermögen des visuellen Systems überfordert wird. In diesem Fall verschmelzen die räumlich nahe beieinander liegenden Reizpunkte zu einem Reizfeld. Es ist eine *additive Mischung infolge geringen Sehwinkels der spektralen Komponenten (= räumliche Erregungsmischung).*

Kritisch sei zum Problem der Farbmischungstheorien bemerkt, daß sie, wie der größte Teil der sog. Farblehre, auf eine Grundannahme zurückgeht: Man nimmt an, daß die Reizgrundlage der Farben das physikalisch herstellbare Spektrum ist, daß eine Entsprechung (Korrespondenz) zwischen den Farben und der Wellenlänge der im Spektrum vertretenen Strahlung gegeben ist. In gewissem Sinne stimmt eine solche Annahme: Wenn man die Wellenlänge des Lichtes kennt, so läßt sich normalerweise die Farbe, die gesehen wird, vorhersagen. Nicht aber umgekehrt: *Wenn man die Farbe kennt, kann man durch das Farberleben aus der gesehenen Farbe, nicht die Wellenlänge oder Wellenlängen, ganz allgemein die physikalische Reizgrundlage erschließen.*

Es gibt unzählig viele physikalische Reizgrundlagen für das gleiche Farberlebnis (Farbempfindung). Dasselbe gilt auch für unbuntes Weiß oder Grau (Nicht-Umkehrbarkeit von Farbgleichungen). Dies ist der Grund dafür, daß *die Ordnung der Farben nicht aus der Ordnung der*

Reize, sondern aus der Ordnung der Farbempfindungen abgeleitet werden muß. Im Prinzip ist diese Tatsache nichts Besonderes, wenn man bedenkt, daß aus einer gesehenen Helligkeit einer Fläche ja auch nicht bestimmt werden kann, aus welcher Menge von Strahlungen die Reizgrundlage zusammengesetzt ist (z. B. wie viele Leuchten die Fläche beleuchten). Bei diesen Beispielen muß unserem Sinnessystem genau das zugestanden werden, was v. HELMHOLTZ (1909) als „unbewußte Schlüsse" bezeichnete, was nichts anderes bedeutet als die Tatsache, daß unsere Sinnessysteme schon für die einfachsten Sinnesqualitäten über eine Abstraktionsfähigkeit (Verallgemeinerung und Absehen von „unwichtigen" Details) verfügen bzw. verfügen müssen, wenn aus der physikalischen Vielfalt der Reize eine für das *Orientiertsein*, für das *Informiertsein* und auch für das *Verhalten relevante Informationsgrundlage entstehen* soll. Nicht erst das Denken beginnt zu abstrahieren, sondern bereits die einzelne Sinneszelle in der Netzhaut. Auch deren Funktion ist Reizen gegenüber selektiv, zusammenfassend, also abstrahierend. In unserer physikalischen Umgebung gibt es keine Farben und dies mindestens im doppelten Sinne:

1. Wir stellen mit physikalischen und chemischen Mitteln nur Strahlungen verschiedener Wellenlänge fest (physikalische, sog. „objektive" Ebene), niemals „Farben";
2. es gibt keine Farberlebnisse, sondern nur Wahrnehmungserlebnisse, also Wahrnehmungsobjekte mit Eigenschaften (Attributen) der Qualität Farbe.

Daraus folgt, daß die Farbe eine vom visuellen Sinnessystem durch *Abstraktion gewonnene selektive Merkmalsklasse von Wahrnehmungsobjekten und keinesfalls die Anzeige der von den Objekten reflektierten Wellenlängen ist.* Diese Einstellung läßt die Farbmischungsgesetze, eine Zuordnung physikalischer Beziehungen zur Anzeigefunktion Farbe, als sinnvoll erscheinen.

Dabei muß man NEWTONS geniale Entdeckung des Spektrums im Bereich der Farbwahrnehmung heute mit gemischten Gefühlen würdigen. Die Entdeckung des *Spaltspektrums* wirkte so prägend auf die nachfolgende Farbforschung, daß auch ein GOETHE es nicht vermochte, den quantitativen Rausch der Metrik auf der spaltspektralen Grundlage aufzuhalten.

Es muß heute festgestellt werden, daß GOETHE die bessere Methode und Ausgangsbasis zur Farbmetrik hatte als NEWTON. Der entscheidende Unterschied der beiden großen Geister war:

1. NEWTON *ließ* das Licht durch einen *schmalen Spalt* eines Prismas passieren. Das Prisma zerlegte das Licht in die einzelnen Wellen-

längenbereiche, welche auf einem Schirm abgebildet wurden (= Spaltspektrum). Der Forscher NEWTON stand als Beobachter („Examinator“ = Prüfer) bei diesem physikalischen Vorgang (als Physiker) dabei.

2. GOETHE setzte das Prisma vor *sein Auge* und sah sich in der Welt um. Er ließ das Licht durch das Prisma in sein Auge fallen und beschrieb *seine Erlebnisse*. GOETHE selbst war die „physikalische“ Experimentalsituation, und dies ist die der Psychophysik adäquate Einstellung. Er entdeckte das Flächen- bzw. zweidimensionale Spektrum, das leider in der Farbmetrik, von ganz wenigen Ausnahmefällen abgesehen (s. BOUMA, 1951), unberücksichtigt blieb. GOETHE war dabei der „Examinandus“ (= der Geprüfte).

Sieht man sich im Bereich der Farben um, so lassen sich drei Eigenschaften von Farben gut unterscheiden:

1. Die Farbqualität, die man als *Farbton* bezeichnet, ist die Dimension rot-orange-gelb-grün-türkis-blau-violett-purpur, also die Dimension der Änderung der Farbe im engeren Sinne.
2. Die Reinheit der Farbe, *die Sättigung*, bezeichnet die Lebhaftigkeit der Farbe, von Weiß, über Pastellfarben bis zur „knalligen“, lebhaftesten Farbe eines Farbtones.
3. Die *Helligkeit*, die hier einfach als Intensitätsdimension beschrieben werden kann. Man kann eine Farbe eines bestimmten Farbtons, etwa Türkis einer geringen Sättigung, z. B. als Pastellfarbe, mit großer Helligkeit oder als dunkles Stahlblau erleben.

Schon zu Beginn der Entwicklung der Farbenlehre bemerkte man, daß man den Farbton kontinuierlich durch Änderung der Reizgrundlage verändern kann, z. B. von Rot, beginnend über die Farben Orange, Gelb, Grün, Blaugrün, Blau, Violett (nicht mit Purpur zu verwechseln; Violett ist die Farbe, die man am äußersten Bereich des Spektrums mit den niedrigsten Wellenlängen beobachten kann) über Purpur bis Rot, d. h., *der Farbton bildet einen kontinuierlich geschlossenen Kreis der möglichen Änderungen. Kein Anfang und kein Ende,* wenn man die Physik des Spektrums vergißt. Man könnte den Kreis also auch bei Grün „beginnen“ lassen, etwa nach dem Kriterium: Welcher Farbton (gleicher Intensität) erscheint uns am hellsten? Aus diesem Grunde suchte man sich ein geometrisches Gebilde, an dem man die Ordnung (zunächst topologisch, also ohne einen Maßstab, nur nach dem Kriterium des Nacheinanderfolgens) der Farben abbilden konnte. Das einfachste geometrische Gebilde war der schon benannte *Kreis* (Farbkreis). Erst später suchte man sich andere Abbildungen, nachdem die topologische Ordnung unzureichend wurde, weil *Distanzmaße* konstruiert wurden. Dann hat man zunächst Ellipsen, später noch kompliziertere Gebilde (s. die Form des Farbtonzugs in der Farbmetrik) als Abbildungsgrundlage gewählt.

Im Rahmen der additiven Mischung von Wellenlängen lassen sich, mit Ausnahme des Grünbereiches, je zwei Wellenlängen auffinden, die gemischt Unbunt (Weiß, Grau) ergeben. Die Farben, die diesen Wellenlängen entsprechen, bezeichnet man als *Komplementärfarben,* die entsprechenden Wellenlängen als *komplementäre Wellenlängen.* Komplementäre Wellenlängen müssen, um ein Unbunt zu ergeben, in einem bestimmten Mischungsverhältnis stehen. Geht man von einer konstanten Leuchtdichte einer der Wellenlängen aus, so läßt sich die komplementäre Wellenlänge mit einer Leuchtdichte von Null aufwärts beimischen. Zunächst ist der Farbton der Mischung gleich dem Farbton der konstanten Wellenlänge und er ist von maximaler Sättigung. Mischt man die komplementäre Wellenlänge mit zunehmender Leuchtdichte bei, so bleibt zwar der Farbton konstant, die Sättigung nimmt aber immer mehr ab. Bei einem bestimmten Mischungsverhältnis ist die Sättigung ein Minimum, d. h., es entsteht ein Unbunt (Weiß oder Grau). Reduziert man nun die Leuchtdichte des bisher konstanten Lichtes, so schlägt der Farbton für die Mischung um, und man sieht einen Farbton, der für das zweite Licht (mit der bisher variierten und jetzt konstanten Leuchtdichte) typisch ist. Reduziert man die Leuchtdichte des ersten Lichtes, so nimmt die Sättigung zu und erreicht ein Maximum, wenn die Leuchtdichte des ersten Lichtes Null ist. *Bei Mischung von komplementären Wellenlängen verschiedener Leuchtdichte lassen sich alle Sättigungsstufen der beiden zugehörigen Farben einschließlich Unbunt (Sättigung Null) herstellen (Sättigungsgesetz).*

Für den mittleren Bereich des Spektrums, von etwa 490 bis 565 nm, findet man *keine komplementäre Wellenlänge, wohl aber komplementäre Farben.* Dies sind die Purpurtöne, die als Farbe von einzelnen Spektrallichtern nicht zu sehen sind. Vielmehr müssen für die Purpurtöne die Wellenlängen für Violett und Rot miteinander gemischt werden. Hiernach wird z. B. die Farbe von 520 nm mit der Farbe einer Mischung aus 680 und 400 nm in bestimmtem Mischungsverhältnis komplementär.

Bei der Mischung der Wellenlängen von etwa 700 nm und etwa 400 nm nimmt die Sättigung nicht ab, wie bei Komplementärfarben, sondern es ändert sich der Farbton. Die Sättigung solcher Purpurmischungen nimmt ab, wenn man hierzu Wellenlängen aus dem mittleren Bereich des Spektrums (490 bis 565 nm) beimischt. Mischt man also Lichter, die uns grün und purpur erscheinen, miteinander, so kann man bei geeigneter Wahl der Lichter ebenfalls Unbunt erhalten, und es gilt das oben formulierte *Sättigungsgesetz.*

Die Gültigkeit des Sättigungsgesetzes gestattet es, die Farben an einem Kreis nach dem Kriterium der Komplementärfarben anzuordnen. Farben, die an einer Linie liegen, welche zugleich durch den Kreismittelpunkt verläuft, sind miteinander komplementär. Bei einer solchen Anordnung entsteht im engeren Sinne der Farbkreis (OSWALDscher Farbkreis). Der Kreismittelpunkt ist das Unbunt, das aus beliebig vielen Komplementär-Lichterpaaren zusammengemischt werden kann. Der *Farbkreis* stellt eine Anordnung der Farbton- und Sättigungsbeziehung der Farben dar. Purpur entsteht als Mischung aus Strahlung von den beiden Enden des Spektrums und ist Komplementärfarbe zu Grün.

Was ergibt eine Mischung von Wellenlängen, die miteinander nicht komplementär sind? Die Antwort haben wir schon für die Purpurtöne formuliert: Wählt man zwei Farben des Farbkreises aus, die nicht an gegenüberliegenden Punkten des Kreises liegen (also nicht komplementär sind), so werden beim Mischen der zugehörigen Wellenlängen (bzw. Lichter, wenn auch Purpur mit einbezogen wird) alle Farbtöne, die zwischen den beiden gewählten Farben liegen, herstellbar. Die Sättigung der Farben ist etwas geringer als die Sättigung der entsprechenden Spektrallichter. Man kann sich die Verhältnisse durch einen Kreis veranschaulichen, an dessen Außenrand (Umfang) die Farben maximal gesättigt sind. Die Sättigung nimmt in Richtung zum Kreismittelpunkt ab. Die Linie zwischen den beiden gewählten Farben schneidet den Kreis als Sehne. Der Farbton der Mischung entspricht dem Kreisradius, der die Sehne in P schneidet (vgl. Abb. 23). Die Sättigung der Mischung entspricht derjenigen Sättigung, die bei Mischung der Komplementärlichter entsteht, wenn die Leuchtdichten so gewählt sind, daß sich der Punkt (P) als Mischungsverhältnis der beiden Komplementärlichter ergibt. Kurz: Die Darstellung in diesem einfachen Fall entspricht der Form eines Polarkoordinatensystems. Der *Polarwinkel gibt den Farbton, der Polarvektor die Sättigung an.*

Die Farbeigenschaften sind, wie oben erwähnt, Farbton, Sättigung und Helligkeit. Der Farbkreis stellt jedoch nur zwei dieser Eigenschaften dar, nämlich den Farbton und die Sättigung. Will man auch die Helligkeit darstellen, so muß ein Körper als Darstellungshilfe gewählt werden. Hierdurch entstanden verschiedene Farbkörper, z. B. Doppelpyramiden mit den vier „Hautfarben" Rot, Grün, Gelb und Blau an den diagonalen Ecken; in Anlehnung an den Farbkreis die

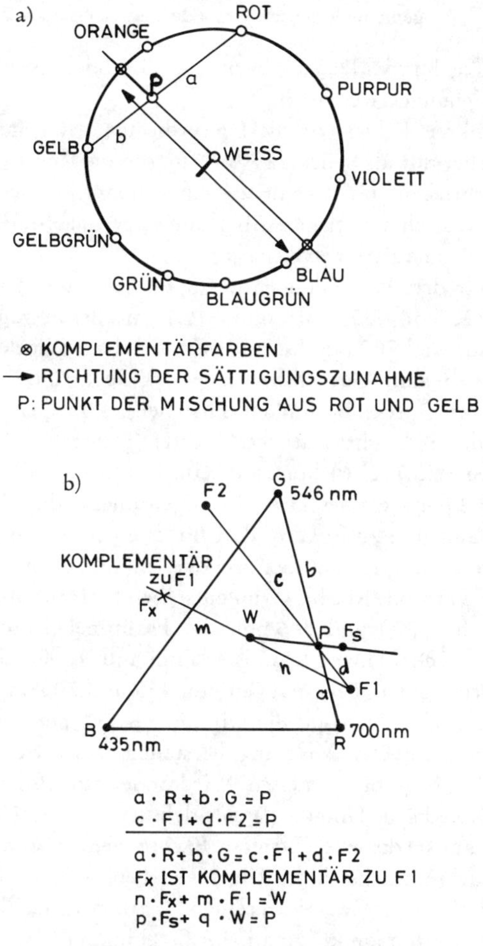

Abb. 23. a) Farbkreis und die additive Mischung. b) Drei Eichreize und Möglichkeiten der additiven Mischung.

W ist der Weißpunkt. Mischt man R und G im Leuchtdichteverhältnis a/b, so entsteht die Mischung P. Dies läßt sich mit den 'Gewichten' a und b als Farbgleichung formulieren. Die zwei Spektralfarben F1 und F2 können im Verhältnis d/c so gemischt werden, daß die Mischung P entsteht. Dabei bedeuten a, b, c und d „Farbgewichte", die als proportionale Strecken dargestellt werden. Auch eine Mischung aus F1 und F2 zu P läßt sich als Farbgleichung darstellen. Weil beide Mischungen den gleichen Farbpunkt P ergeben, sind die Mischungen „gleich" (beide Mischungen „sehen gleich aus"). W läßt sich z. B. aus F1 und deren komplementärer Wellenlänge im Verhältnis von n/m mischen. Schließlich läßt sich P auch aus W und Fs im Verhältnis q/p mischen. (Vergleiche hierzu die Gleichungen u. s. Text.)

Farbdoppelkegel usw. Der Einbezug der Farbhelligkeit kompliziert aber die Beziehungen wesentlich.

Beim Farbkreis haben wir die Leuchtdichten der gemischten Komponenten bisher nur als beliebige Abstufung (ohne Rücksicht auf Quantitäten) beschrieben. Geht man zu einer quantitativen Darstellung über, so entsteht eine metrische Abbildung der Farbbeziehung auf die Farbreize, also eine Farbmetrik.

Wählen wir drei Wellenlängen des Spektrums aus: Die Wellenlängen sollen 700 nm, 435,8 nm und 546,1 nm (leicht reproduzierbare Wellenlängen, weil 700 nm das Ende des sichtbaren Spektrums ist, die beiden anderen sind Quecksilberlinien des Spektrums, also Wellenlängen, die bei Quecksilberfunken entstehen). Die spektralen Leuchtdichten der drei monochromatischen Lichter (Lichter mit sehr schmalem Wellenlängebereich) sollen konstant sein. Denkt man die drei Wellenlängen als Eckpunkte eines Dreiecks angeordnet (Abb. 23), so ist aus dem bisher Gesagten zu folgern, daß für alle denkbaren Farbtöne aus dem Farbkreis die Reize aus den drei Wellenlängen hergestellt werden können. Die Farbtöne Rot bis Grün entstehen als Mischung der Wellenlängen zwischen 700 und 546 nm, die Farbtöne Grün bis Blau als Mischung der Wellenlängen 546 bis 435 nm und Violett sowie Purpurtöne als Mischung der Wellenlängen von 435 und 700 nm. Wir können durch die drei Wellenlängen, die wir *„Eichreize"* nennen wollen, alle Farbtöne bei geeigneter Mischung herstellen, auch wenn diese nicht eine optimale Sättigung aufweisen. Wir können schließlich den Schwerpunkt des Dreiecks als Unbunt (Weiß) definieren. Wir können nun fragen, wo die am stärksten gesättigten Farben relativ zu den Eichreizen liegen. Da die am stärksten gesättigten Farben, wie aus den bisherigen Betrachtungen hervorgeht, die „reinen" Farben sind, also diejenigen Farben, die durch monochromatische Strahlung entstehen, kann die Frage formuliert werden, wo die Farben der Spektrallichter relativ zu den Eichreizen liegen. Mit Ausnahme der drei Eichreize selbst, die zugleich Punkte der am stärksten gesättigten Farben für diese Wellenlängen darstellen, müssen die Farben der Spektrallichter (= Spektralfarben) *außerhalb des Dreiecks* liegen, da sie alle gesättigter sind als die Mischungen.

Bei der Festsetzung des Ortes der Spektrallichter, des sog. spektralen Farbenzuges, müssen folgende Kriterien der Darstellung erfüllt werden:

1. Die Komplementärlichter müssen an einer Linie liegen, die zugleich den Weißpunkt W schneidet (s. die Linie λ_{d1}, λ_{d2} in Abb. 24).
2. Die Mischung zweier beliebiger Lichter ergibt einen Punkt P: z. B. aus G und B oder aus F1 und F2, bei welchen die Strecken (vom

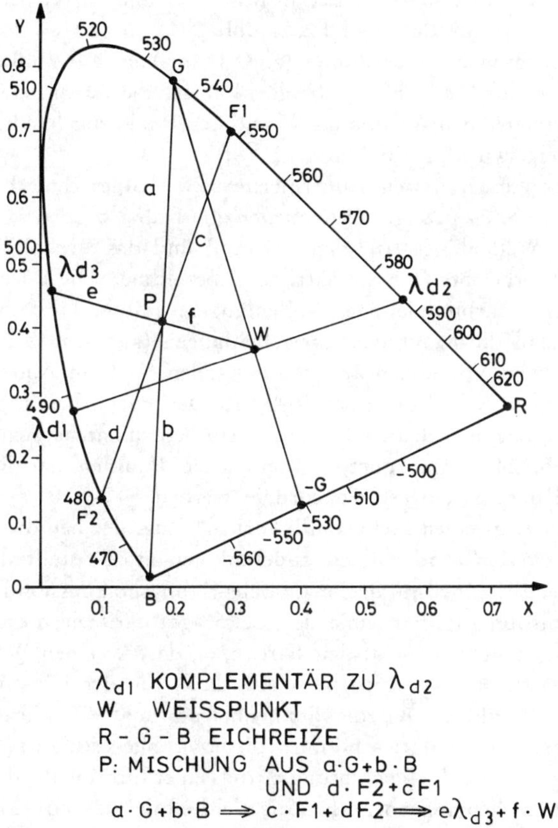

Abb. 24. Spektraler Farbenzug des IBK-Farbsystems mit Möglichkeiten der additiven Mischung.

W ist der Weißpunkt. a, b, c, d, e und f sind Farbgewichte, die dem Gewicht proportionale Lichtanteile und Leuchtdichten der Bezugsfarbe (G, B. F1, F2, λ_{d3} und W) repräsentieren. — G ist eine Purpurmischung (aus B und R), der als Komplementärwellenlänge G (= 546 nm) zugeordnet ist. Das negative Vorzeichen läßt sich verstehen, wenn man annimmt, daß durch Abnahme der Farbvalenz von G die Purpurvalenz entsteht. Jeder Punkt der Fläche innerhalb des Farbenzuges und der Purpurlinie stellt eine Farbvalenz (= einen Farbpunkt für Farbton, Farbsättigung und Farbhelligkeit) dar. (Näheres siehe im Text.)

Licht zum Punkt) proportional der Leuchtdichten der Lichter sind. a/b ist proportional der Leuchtdichten G und B, c/d ist proportional zur Leuchtdichte F1/F2, s. Abb. 24).

3. Der Farbton einer Mischung (z. B. P in Abb. 24) muß mit dem Farbton der Wellenlänge übereinstimmen, die durch eine Gerade, welche durch den Weißpunkt W und den Punkt der Mischung geht, angezeigt wird. (λ_{d3} in Abb. 24.)

Ein nach diesen Kriterien konstruierter bzw. aufgesuchter Farbenzug ist der in Abb. 24 gezeigte *IBK-Farbenzug*. Dabei werden λ_d als farbtongleiche Wellenlänge (für den Farbton) und das Verhältnis e/f als spektrale Farbdichte (für die Sättigung) bezeichnet. Die Purpurfarben haben keine farbtongleichen Wellenlängen. Hierbei hilft man sich dadurch, daß die Komplementärwellenlängen (aus dem Grünbereich) mit negativem Vorzeichen angegeben werden (— G in Abb. 24). Um nicht mit negativem Vorzeichen (— λ_d für den Purpurbereich) arbeiten zu müssen, hat man den Farbenzug in ein Koordinatensystem (X und Y in Abb. 24) eingeordnet, in dem allen Punkten der Farbfläche positive Koordinatenwerte zugeordnet werden.

Abb. 24 zeigt einen spektralen „Farben"-Zug, der den oben formulierten Kriterien (und einigen anderen) genügt. Er stellt das Farbschema der IBK (= Internationale Beleuchtungskommission bzw. CIE = Commission Internationale de l'Eclairage) dar. Die dick ausgezogene Linie stellt den spektralen Farbenzug dar, W einen Weißpunkt. Man unterscheidet verschiedene Weißlichter, die der künstlichen Beleuchtung (Weißlicht A), die Sonnenbeleuchtung (Weißlicht B), die Beleuchtung bei bewölktem Himmel, die etwas blaustichig ist (Weißlicht C), und schließlich die Beleuchtung mittels einer Lichtquelle, die in allen sichtbaren Wellenlängenbereichen die gleiche Energie (nicht Helligkeit) abstrahlt: Beleuchtung „E". Für das Farbschema der IBK bestehen genaue *Rechenvorschriften*, die bei Kenntnis der Emission der Lichtquelle und der Reflexion einer Fläche die Farbreizart zu bestimmen gestatten.

„Farbreizart" ist ein Punkt aus der Fläche des IBK-Farbschemas, der aus Emission und Reflexion (bzw. Transmission bei Filtern usw.) berechnet werden kann. Die Farbreizart zeigt an, welche *farbtongleiche Wellenlänge* (also welchen Farbton) und welche Sättigung (Entfernung vom Weißunkt) die Mischung haben wird. Das Farbschema der IBK bezeichnet man als „niedere Farbmetrik". Sie gilt bei Flächen vom einen Gesichtswinkel von etwa 10 Winkelgraden, beim Normalbeobachter (ohne Farbsinnstörung) und neutraler Stimmung des Auges (ohne massive Farbreize in der Umgebung des betrachteten Farbreizes) mit guter Annäherung. Die Leuchtdichte muß so hoch sein, daß ein volles photopisches Sehen vorliegt, sie darf aber nicht allzu hoch sein (Blendung).

Kritisch soll zur Farbmetrik der IBK bemerkt werden, daß die Berechnung von Farbvalenzen ohne maschinelle Hilfe umfangreiche Rechenarbeit bedeutet. Auch mit guten Meßgeräten und mit einer technischen Apparatur einschließlich Computer würde man viel Zeit benötigen, bis die Farbvalenzen einer Umgebung berechnet und bestimmt werden können, die wir mit den Augen in einem „Augenblick" überblicken und dann auch wahrnehmen. Dabei müßte noch festgestellt werden, daß das visuelle System wesentlich präzisere Arbeit leistet als die gesamte Metrik und Apparatur. Mit dieser Aussage soll nicht das Verdienst der Farbforschung geschmälert, sondern die Güte und Überlegenheit des visuellen Systems betont werden. Die Farbmessung bietet eine metrische, wenn auch primitive Abstraktionsebene für die Erfassung von Farbqualitäten. Zur weiteren Darstellung der Farbmetrik vgl. z. B. BOUMA, 1951; GRAHAM, 1965.

2. *Qualität als „Sprache" der Sinnessysteme*

Die Übersetzung der spektralen Information, oder vom Spektrum etwas unabhängiger formuliert: die chromatische Information erfolgt im visuellen System in der Sprache der Farbqualitäten. Die Farbmischungsgesetze und die in der Farbmetrik beschriebenen komplexen Zuordnungsbeziehungen zwischen physikalischen Strahlungen und Farbqualitäten zeigen eindeutig die *Eigengesetzlichkeit,* mit welcher unser visuelles System die *Inhalte der Außenweltereignisse* in der erlebten Form zusammenfaßt. Wenn wir als Beispiel einen „Farbwert" aus dem Farbschema der IBK herausgreifen, so können wir mit Hilfe dieser Darstellung unzählige „Kompositionen" von Strahlungen zusammenstellen, durch welche immer die gleiche gesehene Farbe entsteht. Der in Abb. 24 mit P bezeichnete Punkt z. B. läßt sich aus den Spektrallichtern F 1 und F 2, aber auch durch eine Reihe anderer paarweise angeordneter Spektrallichter mischen, z. B. aus B und G. Man kann P auch zusammenmischen, indem man ganze Bereiche von Spektrallichtern, z. B. von F 1 bis G sowie von F 2 bis B, mischt und diese beiden Mischungen zusammensetzt. Ebenso kann eine Mischung der Spektrallichter von B bis F 1 und weiter darüber hinaus die Farbvalenz von P ergeben. Die Vielzahl der Möglichkeiten chromatischer Mischung, mit deren Hilfe Weiß, also der W-Punkt des Farbschemas zu erhalten ist, ist unaufzählbar. Man kann je zwei komplementäre

Spektrallichter mischen (davon gibt es unzählige), man kann drei Spektrallichter, etwa R, B und G, mischen, oder aber man kann *alle* Spektrallichter, oder eine beliebige Zahl, mischen, um W zu erhalten.

Die Möglichkeiten, W zu erhalten, sind jedoch nicht beliebig. Man muß die Spektrallichter in einem bestimmten *Verhältn*is miteinander mischen. Das Mischungsverhältnis läßt sich jeweils mit Hilfe der Farbmetrik bestimmen. *Die Farbqualität informiert uns nicht über die spektrale Eigenschaft eines Objektes.* Wenn ein Beobachter eine Farbe, z. B. die, welche mit P bezeichnet ist, sieht, kann er unmöglich eine spektrale Eigenschaft, die die Grundlage seines Farberlebnisses ist, angeben. Mit Hilfe der Farbmetrik kann man eine *Klasse* von spektralen *Reizen und Reizkompositionen* angeben, die alle das gleiche Farberlebnis ergeben. Das Farberlebnis ist die *Invariante* für diese Klasse von Reizen und Reizkompositionen.

Die Reize müssen bestimmten Bedingungen genügen, damit sie als eine bestimmte Farbe, z. B. als ein mittelmäßig gesättigtes Blau (Punkt P etwa in Abb. 24), wahrgenommen werden können. Dabei können die verschiedensten Wellenlängen gemischt sein, es kann sogar vorkommen, daß alle möglichen spektralen Komponenten in der Mischung enthalten sind, nur nicht die Wellenlänge oder der Wellenlängebereich, die wir beim Spektrum als blau wahrnehmen. Wir können das Bezeichnende der *Farbinvariante* in Analogie verdeutlichen. Wir sprachen schon von *Invarianz* gegenüber Maßeinheiten, wenn nicht Längen allein, sondern Längenverhältnisse miteinander messend verglichen werden. Nehmen wir als Analogie zur Farbe „Blau" des Punktes P die begriffliche Invariante „Rechteck". Wann sprechen wir von einem Rechteck? Das Rechteck ist eine Subklasse von Vierecken. Es sind alle Vierecke, die nur rechte Winkel haben. (Analogie: alle Reize, die den Punkt P als Mischung ergeben.)

Wenn die Bedingungen rechte Winkel und gerade Seiten erfüllt sind, können alle anderen Merkmale beliebig variieren, wie Flächengröße, Seitenverhältnis, Figurlage usw. Diese Merkmale (zu welchen als Analogie bei Farben die spektralen Komponenten betrachtet werden können), sind für den *Begriff* Rechteck irrelevant, so auch die konkrete spektrale Eigenschaft eines Objektes, wenn deren additive Mischung den Punkt P im Farbschema ergibt.

Als zweites Beispiel kann auch ein Begriff wie 'Tisch' gewählt werden. Bei einem Tisch kann das Material, die Form, die Anzahl der Beine, die Größe, die Höhe (in weitem Bereich, doch nicht beliebig) usw. variieren, wenn der *Zweck* klar erkennbar ist. Damit meint man eine *Klasse von Verhaltensweisen*, bei welchem der Tisch als Gegenstand in der Regel notwendig ist.

Das erste Beispiel ('Rechteck') zeigt, daß Inhalte eines Begriffes zur Klassenbildung der Objekte führen. Das zweite Beispiel ('Tisch') zeigt, daß der „Zweck" von Objekten (bzw. eine Klasse von Verhaltensweisen) zu einer Klassenbildung von Objekten führen kann.

Wenn solche Analogien betrachtet werden, so wird klar, was damit gemeint ist, wenn man für die Qualität Farbe feststellt, daß sie *invariant* gegenüber singulären spektralen Eigenschaften von Objekten ist, also in gewissem Sinne eine *Sinnesabstraktion* darstellt. Die Merkmale, die zu Farbunterschieden führen, sind durch Eigenschaften bzw. die Struktur des Sinnessystems mitdefiniert und als solche nicht nur an der Physik der Reize orientiert, sondern z. T. *eigengesetzlich*. In gewissem Sinne kann man von *autonomen Anzeigefunktionen* sprechen. Wie das sprachliche und schriftliche Zeichen (Signal) für 'Rechteck' oder 'Tisch' nichts Gemeinsames mit den Objekten und auch keine Ähnlichkeit mit dem Bezeichneten haben, so braucht die Farbe „Blau" auch keine Ähnlichkeit mit der physikalischen Grundlage (spektrale Mischungen) zu haben.

Die autonome Anzeigefunktion der Farbqualitäten ist nach *Verhältnissen* in der Reizebene und nach Verhaltensklassen organisiert, also nach funktionellen Beziehungen und nicht nach spektralen Einzelheiten.

Offensichtlich sind die von der Physik der Reize beschriebenen funktionellen Beziehungen für die Sinnessysteme nicht alleinige Grundlage: sie werden, bevor sie in der Wahrnehmung zur Anzeige gebracht werden, umstrukturiert. Die Frage nach dem Kriterium der Umstrukturierung ist vollauf berechtigt. Was könnte die Veranlassung für die Sinnessysteme sein, die physikalische Zusammensetzung der Wellenlängen gerade in dieser und nicht in anderer Art von Invarianzen (abstrahierten Inhalten) zur Anzeige zu bringen? Die Antwort, daß die Eigengesetzlichkeit durch anatomisch-physiologische Tatsachen, also letztlich durch strukturelle Merkmale der Sinnessysteme, festgelegt ist, ist nur eine *scheinbare* Begründung für diese Art sensorischer Abstraktion. Sie *gilt* zwar kausal, *erklärt* aber nicht, warum es gerade diese Art der Invarianzen gibt. Wenn man den entwicklungsgeschichtlichen (evolutionären) Aspekt in die Diskussion einbringt, könnte man zunächst unbefangen denken, daß durchaus verschiedene, andere Arten von Sinnesstrukturen hätten entstehen können. Gerade jedoch eine evolutionäre Überlegung kann Aspekte für das „So-Sein" der Sinnesstrukturen liefern.

Es ist eine allgemein akzeptierte Tatsache, daß die Gründe für das „So-Sein" eines Systems niemals allein aus der Systemstruktur begründet werden können. Die Struktur eines Uhrwerkes enthält nicht dessen Zweck, nämlich ein mechanisches Wunderwerk für die objektive Quantelung einer subjektiven (nach KANT „apriori") Dimension zu sein. Den Zweck erhält man nicht aus dem „So-Sein" selbst, sondern nur aus dem „Für-Etwas-Sein", das außerhalb des Systems liegt.

Wenn wir diesen Aspekt auf die Wahrnehmungssysteme übertragen, so müssen wir folgern, daß das „So-Sein" durch deren äußeren Zweck begründet ist. Was ist der äußere Zweck für die Strukturen der Sinnessysteme?

Um den wichtigsten Mitspieler, nämlich das Verhalten, für die Wahrnehmung im richtigen Lichte ins Feld führen zu können, müssen wir uns die grundsätzlichen Annahmen und Feststellungen des einführenden Teiles ins Gedächtnis rufen. Gegenstand der Wahrnehmungsforschung sind die Sinneserlebnisse, deren Existenz wir annehmen, deren Gesetzlichkeiten zu entdecken und durch Abbildungen am Reiz, an der Erregung, zu beschreiben, als Aufgabe der Wahrnehmungsforschung gilt. Der Zweck der Sinneserlebnisse ist jedoch ein anderer, nämlich über die Umwelt informiert zu sein, um in dieser Umwelt agieren und reagieren zu können und Erfolge und Mißerfolge des Agierens und Reagierens feststellen (konstatieren) zu können, um Reaktionen, Aktionen, Handlungen, ganz allgemein: in komplexen Situationen *das Verhalten optimalisieren zu können*. Bei der Informationsgewinnung müssen die Sinneserlebnisse effizient zustande kommen, d. h., die Wahrnehmung muß so gestaltet sein, daß Verhalten erfolgreich bleibt bzw. wird. Optimalisieren heißt eine Struktur so zu verändern, daß sie für alle Variablenwerte, die möglich sind

1. Lösungen erstellt, die innerhalb der Grenzen des Geltungsbereichs der Transformationsregeln liegen,
2. Lösungen meidet, die zwar innerhalb der Grenzen des Geltungsbereichs der Transformationsregeln liegen, aber zu erneuter Aktivität des Systems führen.

Optimalisieren heißt also, die Struktur eines Systems so an seine Umwelt (= alle anderen, z. T. übergeordneten Systeme, von denen das System abhängig ist) anpassen, daß im Gesamtsystem (= System und übergeordnetes System) system-adäquate Transformationen der Variablenwerte und Stabilität (= Erfüllung der Bedingung 2 des Optimalisierens) gegeben sind.

Bei biologischen Systemen (= Systeme, deren Variablen gemessene Eigenschaften der biologischen Objektbereiche sind) bedeutet optimalisieren: die Lösungen (= Ausgangsvariable des Systems) so zu erstellen, daß sie bei Kommunikation mit der Umwelt zu Eingangsvariablen des Systems führen, die innerhalb „biologischer Grenzen" liegen, und daß im System Stabilität herrscht, also keine erneute Aktivität notwendig ist. Unruhe in einem biologischen System bedeutet Aufwand. Der Aufwand ist durch Mißerfolge des Systems, aus Mangel an Optimalisierung (s. Punkt 2. der obigen Forderung), bedingt, die es durch Änderung der Struktur zu vermeiden gilt.

Wir können mit gutem Grund annehmen, daß das übergeordnete System, die vom Erleben „unabhängig" gegebene objektive Realität, gegeben war, bevor sie erlebt wurde. Der Geist, der den Plan besaß, kann zwar zuerst die Existenz erlangt haben (oder war von Ewigkeit her schon gegeben), aber die Realisation muß nach der Reihenfolge *gedacht* werden: zuerst das Wahrzunehmende und dann das Wahrgenommene.

Die letztere Überlegung kann man auch so formulieren: Die objektiven Bedingungen waren schon gegeben, bevor Organismen begannen, davon Informationen für ein optimalisiertes Verhalten zu gewinnen. Das Wahrnehmen als ein für den Informationsgewinn optimalisierter Prozeß ist dabei weniger an der objektiven Beschaffenheit der Außenwelt als vielmehr *an der Selektion erfolgreichen Verhaltens* orientiert. Hieraus folgt, daß unsere Wahrnehmungen nicht das objektiv „Wahre", sondern das für das Verhalten „Richtige" anzeigen, welches eine aktionalistische „Wahrheit", die *„Sinneswahrheit"* darstellt. Daher ist es keinesfalls verwunderlich, daß die Struktur für Farbqualitäten nicht der physikalischen Dimension der Wellenlängen eines Spektrums, sondern dem Unterscheidungskriterium zwischen Objektklassen mit unterschiedlicher Verhaltensrelevanz folgt. Soweit das verhaltensrelevante Unterscheidungsmerkmal für Objektklassen mit spektralen Eigenschaften der Objekte korreliert, korreliert auch das Farberlebnis mit.

Eine gängige — phänomenologische — Einteilung der Farben folgt den Temperaturbedingungen. Man unterscheidet zwischen *den sog. „kalten" und „warmen" Farben.* Der Grund ist weniger der Farbton Rot-Orange für Warm und Blaugrün-Blau für Kalt, sondern mehr die Tatsache, daß Flächen mit breitbandiger spektraler Reflexion (weißliche = pastellartige Farben) die Emissionsart von Lichtquellen wiedergeben. Bei Glühlicht, also bei Temperaturstrahlen mit niedriger bis mittlerer Brenntemperatur (bis zu etwa 4000 Kelvin), oder bei Feuer ist der Rot-Orangeteil des Emissionsspektrums relativ hoch und mit solchem Licht beleuchtete Flächen erscheinen orangerötlich, also „warm" (Licht von Feuer und Sonne). Die kalten Farben, die von gleichen Oberflächen vermittelt werden können, entstehen bei Filterung des Glühlichtes durch Medien, wie Wolken und Nebel, die zur kalten Jahreszeit („Winterfarben") vorherrschen. Daß es hierbei keinesfalls um die Temperatur des Strahlers geht, erkennt man schon daran, daß mit steigender Temperatur des Strahlers (physikalische Temperatur der Lichtquelle) der spektrale Anteil von kurzwelligem Licht (den wir als „Blau" und „Violett" sehen) zunimmt. Bei dieser Art von Zuordnungen zeigt sich, daß die Kategorisierung der Farben eher verhaltensrelevant als physikalischen Beziehungen gemäß erfolgt.

„Kalte" und „warme" Farben sind Signale für die herrschenden Temperaturen, die es gestatten, die „Feuergefahr" wahrzunehmen, ohne sich die Finger verbrennen zu müssen. Die Zoologie weiß von Gründen für die Buntheit von Insekten, Vögeln und Fischen zu berichten. Die Farbe ist ein besonders wichtiges Signalsystem, wie auch der Duft und akustische Signale es sind, um die (perzeptive) Kommunikation zwischen den Individuen im Dienste eines bestimmten Verhaltens zu ermöglichen. Nicht die objektive (physikalische) Reflexionseigenschaft von Gefieder usw. ist wichtig, sondern die Selektion von Farbsignalen für ein erfolgreiches Verhalten. Die Optimalisierung des Wahrnehmungsprozesses besteht nicht darin, die objektive „Wahrheit", die physikalische „Realität", wiederzugeben, sondern darin, eine „Sinneswahrheit" zu erzeugen, welche eine Klasse von erfolgreichen Verhaltensweisen vorwegnimmt.

Seit den Untersuchungen über die Farbunterscheidung von Insekten, insbesondere von Bienen (K. von Frisch, 1949), stellt man bei Pflanzen ein erstaunliches spektrales Reizangebot in Form von „Hinweisschildern" fest. Man muß davon ausgehen, daß die Optimalisierung des Wahrnehmungsprozesses *nur eine Seite eines Kreisprozesses der evolutionären Entwicklung ist.* Nicht nur das Verhalten eines Individuums wird den Umweltbedingungen durch Selektion verhaltensrelevanter Signale angepaßt, sondern auch in der Umwelt, bisher als „übergeordnetes System" betrachtet, erfolgen Änderungen in Form von Wechselwirkungen: die Blumen und Früchte wurden erst „bunt", weil sie nach diesem Signalangebot in der Fortpflanzung ausgewählt (selegiert) wurden. Denkt man diese Gedanken durch, so muß man als Konsequenz anerkennen, daß für die Wahrnehmung das erfolgreiche Verhalten ein wichtigerer „Partner" ist als der physikalisch beschreibbare Reiz, wenigstens aber müssen beide, Reiz und Verhalten, beachtet werden, wenn man die Rolle und Funktionsweise der Wahrnehmungen beschreiben möchte.

III. Dynamik der Empfindlichkeit — die Adaptationen und die Wahrnehmungskonstanz

Bei den bisherigen Betrachtungen — von einigen wenigen Zwischenbemerkungen abgesehen (s. Abschnitt I. 2. dieses Kapitels) — setzten wir stillschweigend voraus, daß die Empfindlichkeit der Sinnessysteme durch eine Kennlinie darstellbar ist. Eine Kennlinie beschreibt den Zusammenhang zwischen den Eingangs- und Ausgangsvariablen eines Systems, also eine allgemeine Transformationsregel zwischen dem Eingang und Ausgang des Systems.

Die einfachste Art einer Kennlinie beschreibt eine Proportionalität zwischen Eingangs- und Ausgangsvariablenwerten, in diesem Fall handelt es sich um eine *lineare Kennlinie*. Stellt man an der Abszisse eines Koordinatensystems die Eingangsvariablenwerte, an der Ordinate die Ausgangsvariablenwerte dar, so läßt sich die Kennlinie bei Proportionalität zwischen den Variablen als eine Gerade ins Koordinatensystem einzeichnen. Die Gerade geht durch den Nullpunkt des Koordinatensystems und ihre Steigung ist der Proportionalitätsfaktor, welcher die Eingangs- und Ausgangsvariablenwerte einander zuordnet. Eine geringe Steigung der Kennlinie weist auf einen kleinen Proportionalitätsfaktor hin, eine große Steigung besagt, daß bei relativ geringem Zuwachs des Eingangswertes ein großer Zuwachs am Ausgangswert entsteht. Die Gerade, und damit auch die Systemstruktur, ist in diesem einfachen Fall für ein System X(t) und Y(t), (X als Eingang, Y als Ausgang); durch eine Gleichung

$$Y(t) = Kp \cdot X(t)$$

beschreibbar, wobei Kp die Proportionalitätskonstante (Steigung der Kennlinie) ist.

Nun finden wir bei den Sinnessystemen allgemein keine Geraden als Kennlinie vor. Der erste approximative Ansatz, der von FECHNER vorgeschlagen wurde, besagt, daß es sich bei den Sinnessystemen um eine *logarithmische Kennlinie* handelt. Die Intensität der Empfindung (Y[t]) ist dem Logarithmus des Reizes (X[t]) proportional. Bei obiger Gleichung stellt die Proportionalitätskonstante Kp die Empfindlichkeit des Systems dar, und die Konstante besagt, daß die Empfindlichkeit für alle Eingangsgrößen konstant ist. Wie ist nun die Empfindlichkeit bei einer logarithmischen Kennlinie? Bei einer logarithmischen Kennlinie ist die Empfindlichkeit nicht konstant, vielmehr ist sie um so geringer, je größer der Wert der Eingangsvariablen ist. Dies besagt, daß die Steigung der Kennlinie desto geringer wird, je größer der Wert der

Eingangsvariablen ist (s. hierzu Abb. 9 a, sie stellt die Steigung der Kennlinie als Funktion des Reizes dar); genauer: die Steigung der Kennlinie ist dem reziproken Wert des Reizes proportional.

Wie eine Reihe von Beobachtungen und auch experimentelle Ergebnisse zeigen, gilt die Approximation der Empfindlichkeit durch eine logarithmische Kennlinie nur unter bestimmten Bedingungen, das gleiche gilt auch für eine Approximation durch einen anderen Kennlinientyp (z. B. nach der STEVENSschen Potenzfunktion usw.). Hierbei geht es nicht um die Güte der Approximation, also inwiefern der mathematische Funktionstyp (logarithmische, doppeltlogarithmische usw.) die Ergebnisse beschreibt oder nicht, sondern um die Bedingungen, die man bei der Feststellung der Empfindlichkeiten berücksichtigen muß. Wenn man einem Beobachter einen Lichtreiz von 100 mL bietet, so hängt die wahrgenommene Helligkeit nicht nur von der *momentanen Leuchtdichte*, sondern auch von der *Leuchtdichteänderung* ab. Also ob vor der Darbietung des Reizes von 100 mL im Raum eine Leuchtdichte von 1 mL oder 10 mL vorhanden war und wie lange sich der Beobachter in dem Raum mit 1 bzw. 10 mL-Leuchtdichte aufgehalten hat. War sogar der Raum vorher mit 1000 mL beleuchtet, und wird die Beleuchtung auf eine durchschnittliche Leuchtdichte von 100 mL *gesenkt*, so wird der Beobachter zunächst eine Verdunkelung wahrnehmen. Wird hingegen die Raumleuchtdichte von 10 mL auf 100 mL *erhöht*, so wird der Beobachter zunächst eine Aufhellung wahrnehmen. Für die Bewertung eines gegebenen Reizes (100 mL) ist entscheidend, für welche Reizgrößen (1, 10, 1000 mL) die Empfindlichkeit eingestellt ist. Ist die Empfindlichkeit für ein niedriges Reizniveau eingestellt, so wird der Reiz „überbewertet", ist hingegen die Empfindlichkeit auf ein höheres Reizniveau eingestellt, so wird der Reiz „unterbewertet". Dieser Tatsache haben wir bei der Formulierung des Ausdrucks „Bezugsreizgröße" Rechnung getragen.

Eine logarithmische oder ähnlich monotone Art von Kennlinie (s. Potenz-Gesetz) erhält man, wenn die Empfindlichkeit auf einen Bezugsreiz eingestellt ist, und nicht mehr in einer Änderung von einem alten Reizniveau zu einem neuen Reizniveau begriffen ist. Diese Art von Empfindlichkeit nannten wir *statische Empfindlichkeit*, die entsprechende Kennlinie des Systems heißt analog *statische Kennlinie*.

Sinnessysteme zeichnen sich jedoch mehr durch die dynamische Empfindlichkeit aus. *Mit dynamischer Empfindlichkeit* ist eine automatische Änderung der Empfindlichkeit gemeint, bei der die Empfindlichkeit den *Änderungen der durchschnittlichen Reizintensitäten*, wenn auch mit Zeitverzögerungen, folgt.

Eines der bekanntesten dieser Phänomene ist die Hell- und Dunkeladaptation des visuellen Systems. Aus Erfahrung weiß man, daß nach längerem Aufenthalt im hellen Tageslicht bei Betreten eines abgedunkelten Raumes zunächst kaum etwas gesehen wird. Es vergehen Minuten, bis die Sichtbedingungen im dunklen Raum besser werden. In dieser Zeit erscheint der Raum immer heller, und es können allmählich Helligkeitsunterschiede wahrgenommen werden. Dieser Prozeß zeigt, daß das visuelle System die Empfindlichkeit während der Zeit des Dunkelaufenthaltes erhöht; dieser Prozeß wird als *Dunkeladaptation* bezeichnet.

Nach längerem Aufenthalt in einem abgedunkelten Raum hat sich die Empfindlichkeit an das vorhandene Lichtniveau angepaßt. Tritt man nun ans helle Tageslicht, so erscheint es hier zu hell, man wird — je nach Leuchtdichteunterschied — zunächst geblendet, und es dauert eine Zeit, bis die Empfindlichkeit des visuellen Systems herabgesetzt wird, so daß die Helligkeit nicht mehr blendend wirkt und eine Unterscheidungsmöglichkeit zwischen Helligkeiten erneut besteht. Dieser Vorgang ist die *Helladaptation*.

Beide Prozesse, sowohl die Dunkel- als auch die Helladaptation, können durch geeignete Methoden quantitativ beschrieben werden. Das Grundschema dieser Methoden besteht darin, über längere Zeit durch ein hohes Lichtniveau für Dunkeladaptation oder durch ein niedriges Lichtniveau für Helladaptation für eine Ausgangssituation zu sorgen. Dann ändert man das Lichtniveau sprungförmig von Hell ins Dunkel, bei der Untersuchung der Dunkeladaptation, oder umgekehrt, bei Helladaptation, vom Dunkeln ins Helle. Nach der Änderung des Lichtniveaus kann man mit Hilfe eines Maßkriteriums die Empfindlichkeit des visuellen Systems bestimmen.

Als Kriterium kann die Unterschiedsempfindlichkeit V ($1/\Delta I$) gewählt werden. Man bietet zu dem Adaptationsfeld einen zusätzlichen Lichtreiz (ΔL) und stellt die Leuchtdichte des Lichtes fest, die zur ebenmerklichen Unterscheidung zwischen Lichtreiz und Hintergrund notwendig ist. Es zeigt sich, daß der ebenmerkliche Zusatzreiz (ΔL) bei fortschreitender Dunkeladaptation immer kleiner gewählt werden kann, weil die Empfindlichkeit zunimmt. Ein anderes Meßkriterium für die Änderung der Empfindlichkeit während der Dunkeladaptation ist die Sehschärfe. Man prüft die Sehschärfe in gleichen Zeitintervallen während der Adaptation.

Der Verlauf der Dunkeladaptation ist ein komplexer Prozeß. Wie Abb. 25 zeigt, besteht sie aus zwei Phasen, die man den Rezeptorenarten in der Retina zuzuordnen pflegt: die erste Phase ordnet man der

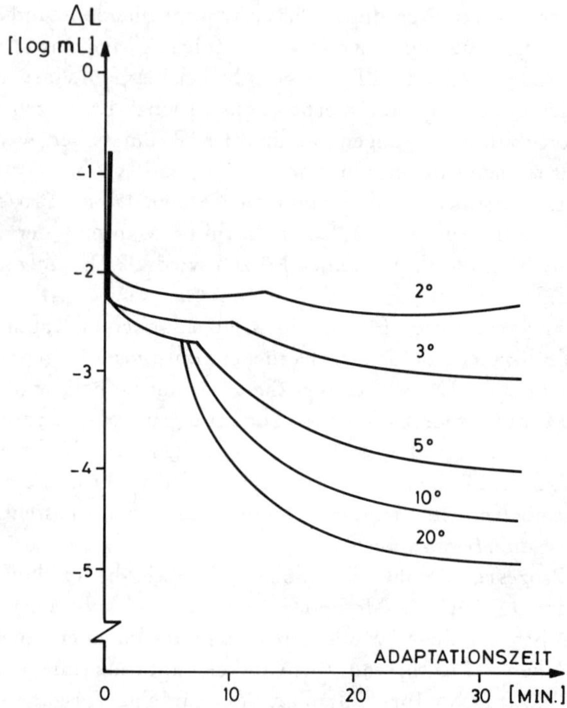

Abb. 25. Verlauf der Dunkeladaptation bei verschiedenen retinalen Positionen des Testlichtes.

Abszisse: Adaptationszeit in Minuten. Ordinate: die Leuchtdichteschwelle (eben unterscheidbare Helligkeit im Dunkeln) in logarithmischen Schritten (mL). Als Parameter ist die retinale Stelle des Testlichtes gewählt. Null Grad ist die Foveamitte. Der Verlauf der einzelnen Adaptationskurven zeigt, daß die retinale Stelle der Prüfmarke einen wesentlichen Einfluß ausübt. Nicht nur die Adaptationszeit, sondern auch die gereizte Netzhautstelle (Rezeptorenverteilung) ist ein bedeutsamer Faktor bei der Dunkeladaptation. (Abbildung nach HECHT, HAIG und WALD, 1935, nach STEVENS, 1963.)

Zapfenfunktion zu. Erst wenn die Empfindlichkeitszunahme der Zapfen nicht ausreicht bzw. beendet ist, beginnt die Empfindlichkeitszunahme der Stäbchen. Die Annahme dieser beiden Funktionen ist durch eine Reihe von Daten gestützt. So findet z. B. für Rot keine zweiphasige Adaptation statt. Der Adaptationsprozeß ist nach Ablauf der ersten Phase beendet (s. dazu die V′ [λ]-Funktion, bei welcher für den Rotbereich die Empfindlichkeit Null ist).

Allgemein ist der Adaptationsverlauf unterschiedlich für verschiedene Wellenlängen des Lichtes, für verschiedene Netzhautbereiche, für verschiedene Größen des Testfeldes usw. Dabei hat die Dunkeladaptation einen anderen Verlauf als die Helladaptation.

Adaptationsprozesse können bei den verschiedensten Sinnessystemen gefunden werden, die dynamische Änderung der Empfindlichkeit scheint eine grundlegende Eigenschaft aller Sinnessysteme zu sein, Ausnahmen sind selten (s. Vestibularsystem). Die Art des Ablaufs der Adaptation variiert von Sinnessystem zu Sinnessystem, insbesondere sind die Geschwindigkeiten der Adaptation verschieden. Das visuelle System zeigt den langsamsten Adaptationsverlauf, während Geschmack, Geruch und Hautsinne sich in viel kürzerer Zeit auf ein verändertes Reizniveau einstellen können. Zu den verschiedensten Adaptationsprozessen verschiedener Sinne muß hier auf die Literatur hingewiesen werden (STEVENS, 1951; GRAHAM, 1965; HENSEL, 1966 usw.)

Die Adaptationsverläufe in Abb. 25 und 26 stellen lediglich den mindestnotwendigen Reizzuwachs ΔL in der Reizsituation zu verschiedenen Zeiten während der Adaptation dar. Sie zeigen nicht die Empfindlichkeit des Sinnessystems für Reizunterschiede, die größer sind als der für die ebenmerkliche Empfindung notwendige Reizzuwachs. Diese Frage ist jedoch entscheidend, wenn wir die sog. *dynamischen Kennlinien von Sinnessystemen erhalten wollen.*

Um die Bedeutung von dynamischer Empfindlichkeit bzw. die Bedeutung der dynamischen Kennlinien zu demonstrieren, bedienen wir uns eines technischen Beispieles, das wegen seiner Einfachheit die wesentlichen Merkmale besser demonstrieren kann als die komplexe Funktionsweise der Sinnessysteme. Wir nehmen ein Voltmeter, welches Spannungen bis zu 10 000 Volt anzeigen kann. Wir betrachten die an den Meßklemmen angelegte Spannung, die wir als bekannt voraussetzen, und den Zeigerausschlag des Meßgerätes. Erstere betrage X Volt, letztere lesen wir an einer in *hundert Teile* eingeteilten 100 mm langen Skala ab; die Einheit sei mm.

Wir setzen voraus, daß unser Voltmeter eine lineare Kennlinie besitzt und damit auch eine Konstante Kp mit der Dimension mm/V. Um diese Konstante festzustellen, kann man auf verschiedene Weise verfahren. Man kann auf die Klemmen eine Spannung anlegen, die gerade so groß ist, daß der Zeiger eben 1 mm vom Nullpunkt ausschlägt. Ist diese Spannung 100 Volt, dann beträgt die Konstante Kp 1 mm/100 V, also 0.01 mm/V. Eine weitere Möglichkeit besteht darin, daß wir die Spannung so erhöhen, daß der Zeiger des Meßinstrumentes gerade am Endausschlag steht. Die Spannung für den

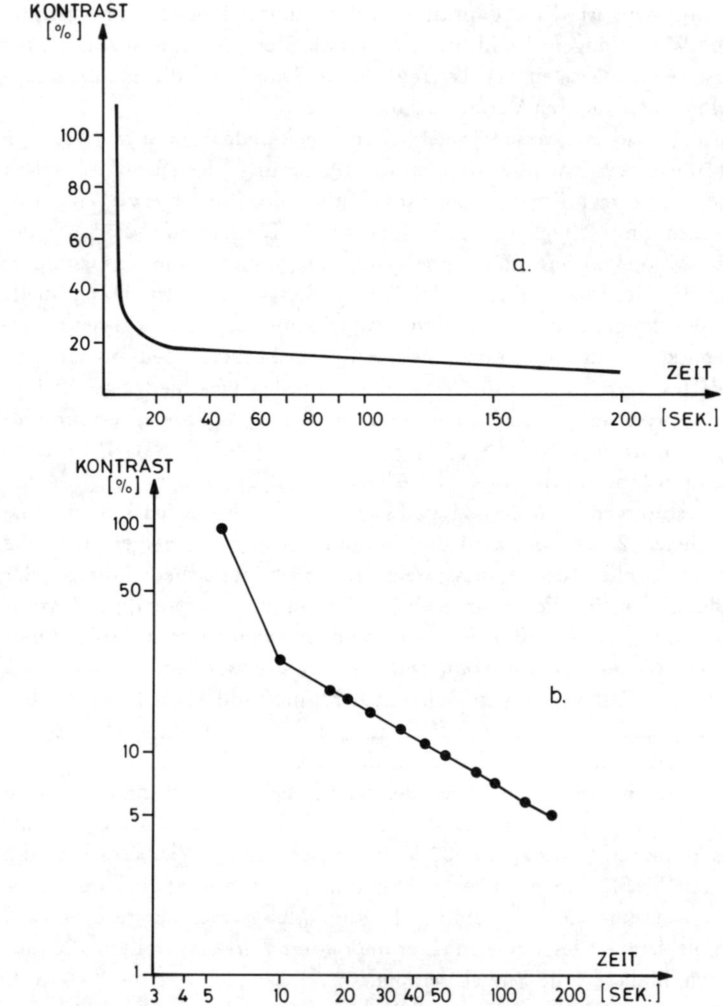

Abb. 26. Verlauf der Dunkeladaptation bei dem Nyktotest nach Schober.

a.: linearer Maßstab, Abszisse: die Adaptationszeit in Sekunden. Ordinate: der für die Erkennung notwendige Kontrast der Prüfmarke zum Hintergrund in Prozenten.

b.: wie a, jedoch in doppeltlogarithmischer Darstellung.
Die Kurven sind über 160 Beobachter geeicht (s. später Nyktometer, Adaptometer).
Individuelle Abweichungen von den dargestellten Kurven können erheblich sein. (Kurven nach Schober, 1964.)

Endausschlag bei linearer Kennlinie 100 mm/X Volt = 0.01 mm/V beträgt dann 10 000 Volt. Ebenso können wir die Konstante auch bestimmen, indem wir eine Spannung von 700 V an die Klemmen legen und die Skala ablesen; der Ausschlag muß dann 7 mm betragen. Es genügt also die Kenntnis *einer einzigen Spannung und des zugehörigen Zeigerausschlages*, um die Konstante Kp (es ist die Eichung des Meßinstrumentes) zu bestimmen. Ist diese Konstante bekannt, so können wir aus dem Zeigerausschlag Y die angelegte (unbekannte) Spannung berechnen, sie beträgt das Hundertfache des Zeigerausschlages (mm) in Volt. Diese Berechnung gilt unter der Voraussetzung, daß das Meßinstrument tatsächlich linear arbeitet, also eine lineare Kennlinie besitzt. Wir müssen noch eine zweite Einschränkung in Kauf nehmen. Den Zeigerausschlag dürfen wir erst ablesen, nachdem sich der Zeiger auf einen „Ruhewert" eingestellt hat. Die elektromechanische Trägheit des Zeigers bedingt, daß der Zeiger bei Anlegen der Spannung zuerst langsam, dann rasch ausschlägt, über den anzuzeigenden Skalenwert hinausschießt und erst allmählich zu diesem Skalenwert zurückkehrt, wie es in Abb. 27 a gezeigt wird.

Erfolgt die Zeigerablesung, bevor der Zeiger die Ruhestellung erreicht hat (vgl. die gestrichelte Linie in Abb. 27 a), so erhält man zur gleichen Eingangsspannung verschiedene Werte für den Zeigerausschlag. Wir wollen gerade diesem Problem nachgehen.

Wir können die Zeigerstellung zu verschiedenen Zeiten, kurz nach Anlegen der Eingangsspannung, ablesen, z. B. in den Zeiten A bis G (siehe Abb. 27 a). Für jedes Ablesen erhalten wir eine andere dynamische Konstante Kp, die andere Werte als die statische Konstante Kp bei S haben wird. Die Frage ist nun: sind die dynamischen Konstanten tatsächlich Konstanten des Meßinstrumentes? Dies können wir dadurch prüfen, daß wir die Ablesungen in gleichen Zeitabschnitten, jedoch bei verschiedenen am Eingang angelegten Spannungen vornehmen. Hierbei erhalten wir Zeigerausschläge von verschiedenen Eingangsspannungen jeweils zum Ablesezeitpunkt A, B, C usw. bis G. Wir können diese Zeigerausschläge als Funktionen der angelegten Spannungen X in ein Koordinatensystem an der Ordinate (und X an der Abszisse) auftragen. Hierbei gibt es zwei Möglichkeiten. Die dynamischen Konstanten Kp können von der Zeigerablesung bei A, bei B, bei C usw. bis G und einschließlich S und verschiedenen Eingangsspannungen X wiederum jeweils an einer Geraden liegen (Abb. 27 b). Dann bezeichnet man das System als linear und die „zeitbedingten" Kennlinien A bis G *als dynamische Kennlinien*, die bei linearen Systemen ebenfalls, wie auch die statische Kennlinie, linear sein müssen. Die

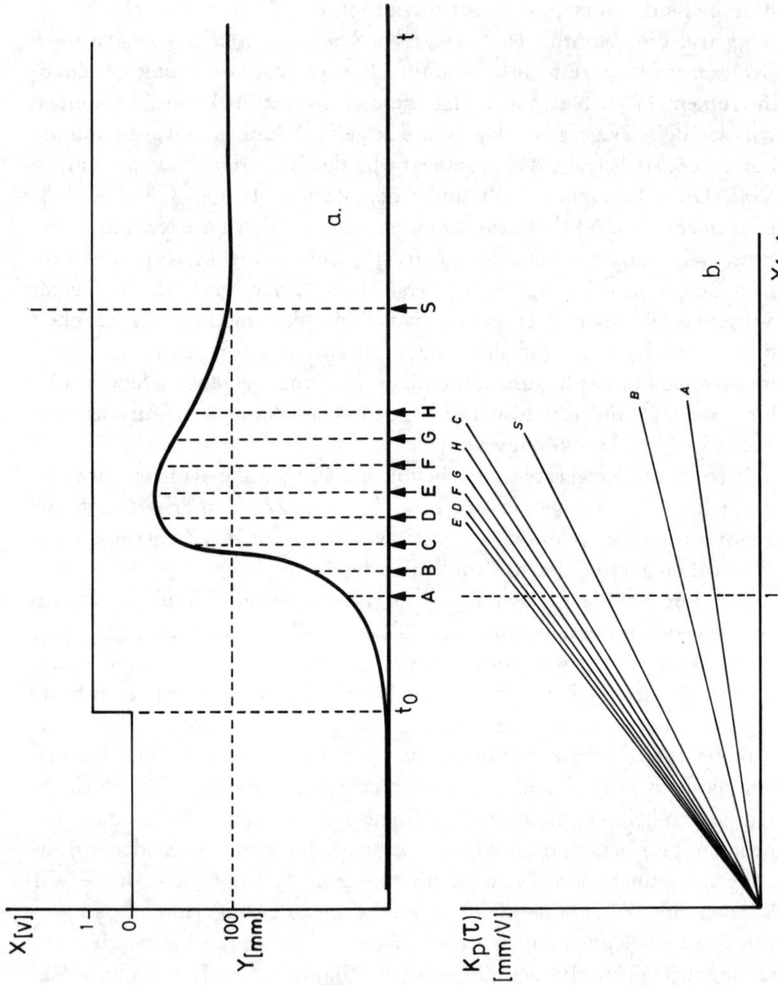
a.
b.
X[V]
Y[mm]
100
1
0
t
t0
A B C D E F G H S
Kp(τ) [mm/V]
X[V]

dynamischen Kennlinien müssen jedoch nicht Geraden sein. In diesem Fall kann zwar das System eine lineare statische Kennlinie haben (man formuliert, das System ist im Ruhe- oder Beharrungszustand linear), ist dem Typ nach jedoch nicht linear.

Bei der Feststellung der Linearität des Systems kommt es also nicht darauf an, wie das Einpendeln des Ausgangswertes auf den „Ruhewert" erfolgt, sondern ob die Kennlinien alle Geraden sind oder nicht. Die Variablen in Abb. 27 a benennt man in der Systemanalyse als *Sprungfunktion* (eine sprungförmige Änderung des Eingangswertes, welche für die weitere Zeit einen konstanten Wert beibehält), und die *Antwort auf die Sprungfunktion als Übergangsfunktion* (Verlauf von Y). Die Kennlinien A bis G heißen dynamische Kennlinien und die von S statische Kennlinie.

Bevor wir die dynamischen und statischen Kennlinien von Sinnessystemen betrachten, müssen wir einige Änderungen an unserem Voltmeter vornehmen. Unser Voltmeter hatte einen Endausschlag von 100 mm bei 10 000 Volt. Die Skaleneinteilung ist auf $^1/_{100}$ der

Abb. 27. Übergangsfunktion und die dynamischen Kennlinien.

a. Eingangserregung und Übergangsfunktion des Voltmeters. Zum Zeitpunkt t_0 wird die Eingangsgröße X von Null auf den Wert 1 erhöht. Die Ausgangsgröße (Zeigerausschlag in mm) Y beginnt allmählich an Wert zuzunehmen, geht zwischen B und C über 100 und erreicht bei D und E ein Maximum. Ab E kehrt die Zeigerbewegung um und erreicht bei S die 100-mm-Linie, bei der sie auch für die weitere Zeit stehenbleibt. Ab S gilt die statische Kennlinie S (s. bei b). Die Marken A, B, C . . . stellen Zeitpunkte der Zeigerablesung dar, die nach Zeitintervallen $\tau_A = t_A - t_0$, $\tau_B = t_B - t_0$ usw. von Beginn der Spannungsänderung X erfolgen. Für jeden Zeitpunkt t_A, t_B, t_C usw. läßt sich eine Proportionalitätskonstante K_p bestimmen. Die Sprunghöhe von X als Einheit vorausgesetzt, entsprechen diese Proportionalitätskonstanten den gestrichelten ordinatenparallelen Strecken bei A, B, C usw.

b. Die dynamischen Kennlinien und die statische Kennlinie (S). Abszisse: Eingangswert (Spannung in Volt beim Voltmeter). Ordinate: Die Proportionalitätskonstante K_p. Parameter: der Ablesezeitpunkt. Trägt man bei dem Wert eins der Eingangsgröße die zu verschiedenen Zeiten abgelesenen Zeigerstellungen ab, so lassen sich diese mit dem Nullpunkt der Koordinatenachse verbinden. So erhält man eine Schar von Linien, die als dynamische Kennlinien des Systems gelten, wenn das System linear ist. An diesen Linien läßt sich z. B. der Ausgangswert Y jeweils ablesen, wenn X nicht um eine Einheit, sondern um beliebigen Wert verändert wurde, und die Zeigerbewegung läßt sich für beliebige Änderung der Eingangsgröße konstruieren (vgl. den Text).

Skalenlänge beschränkt. Dies bedeutet, daß wir nur 100-Volt-Schritte mit Hilfe unseres Meßinstrumentes unterscheiden können. Wenn wir also Spannungen von einigen Volt messen wollen, müssen wir ein Instrument wählen, welches bei gleicher Skala den Endausschlag nicht bei 10 000 Volt, sondern z. B. bei 10 Volt hat. Ein solches Meßinstrument hätte dann die Konstante Kp = 100 mm/10 V, also 10 mm/V. Mit einem solchen Meßinstrument kann man auf 0.1 Volt genau messen. Ein Elektroniker, der in Bereichen von Mikrovolt (Millionstel Volt) über Millivolt (Tausendstel Volt) und im Voltbereich, wie beschrieben, aber auch bis zu Tausenden von Volt messen will, benötigte eine ganze Reihe von Meßinstrumenten. Oder aber man löst durch technische Mittel das Problem, indem man nämlich die Konstante Kp in Schritten von 0.01, 0.1, 1, 10, 100, 1000, 10 000 usw., oder in beliebigen anderen Schritten (ökonomischerweise jedoch in *logarithmischen* Schritten) vorwählbar macht. Man legt also durch Wahl der Konstante einen für die Meßaufgabe geeigneten Meßbereich am Meßinstrument fest. Derzeit realisierte Voltmeter einfacherer Bauart verfügen über einen Wahlschalter, mit welchem die Konstante Kp etwa in den Bereichen (0.01 bis 10, seltener bis 100 oder darüber) vorgewählt werden können. *Durch die Vorwahl der Konstanten wird natürlich die Bedeutung des Zeigerausschlages verändert.* Der gleiche Zeigerausschlag von z. B. 27 Skaleneinheiten bedeutet, je nach gewählter Konstante, 27 Millivolt, oder, bei der Konstante von 0.1, 270 Volt (100 mm/1000 V). Man muß also die Meßbereichswahl kennen, um den Skalenausschlag interpretieren zu können. Modernere Meßinstrumente (automatische Digitalvoltmeter) nehmen einem diese Arbeit ab und regulieren den Meßbereich automatisch, so daß der Zeigerausschlag (bei neueren Meßinstrumenten statt durch Zeiger als Zifferanzeige) des Instrumentes der angelegten Spannung angepaßt ist. Das Instrument wählt also selbst die Empfindlichkeit so, daß

1. der Meßwert innerhalb des Meßbereiches liegt,
2. die Auflösung, und damit die Anzeige des Instrumentes optimal ist.

Mit der Fortentwicklung der Meßinstrumente wird die Analogie zu Prozessen der Sinnessysteme immer besser. Es gibt nur noch einige wenige Schritte, bis wir zum Verständnis der Empfindlichkeit und Empfindlichkeitsänderungen (= Adaptationsprozesse) der Sinnessysteme gelangen. Ein wesentlicher Schritt ist, daß bei unseren Sinnessystemen der „Meßbereich" nicht in Stufen, sondern, wie die Adaptationen zeigen, kontinuierlich verändert wird.

Zwar wird die Empfindlichkeit logarithmisch, wie bei den Meßinstrumenten, verstellt, jedoch nicht in Stufen. Den zweiten Schritt erreichen wir dadurch, daß wir nach dem Zeigerausschlag bei Beendigung der kontinuierlichen Veränderung der Empfindlichkeit fragen. Ließe man einem automatischen Voltmeter, der nun die Empfindlichkeit *kontinuierlich verändern könnte*, genügend Zeit, so würde ein solches Instrument im Sinne der in Punkt 1. und 2. formulierten Kriterien immer den *Skalenendwert* anzeigen. Dadurch würde die Skala lediglich anzeigen, daß das Instrument richtig funktioniert und die Empfindlichkeit der angelegten Spannung entsprechend optimal (= optimale Auflösung, Anzeigegenauigkeit) ist. Die Skala könnte für Meßzwecke weggelassen werden. Das Instrument müßte dann *seine Empfindlichkeit* anzeigen, welche der angelegten Spannung proportional ist. Damit wäre wiederum nichts gewonnen, weil die Empfindlichkeit im Bereich der möglichen Spannungen variieren müßte und eine Skala für die Empfindlichkeit mit 100 Einheiten jetzt die Empfindlichkeit so ungenügend anzeigen würde, wie die Spannungen durch ein Instrument angezeigt werden, das keine Meßbereichswahl besitzt. Warum verstellen dann unsere Sinnessysteme den Meßbereich kontinuierlich?

Verständnis hierfür können wir gewinnen, wenn wir von einer bisherigen Annahme für das Voltmeter abgehen. Wir setzten beim Voltmeter voraus, daß zur gleichen Zeit immer *nur eine Spannung* angelegt wird, die als ein Meßwert quantifiziert werden soll. Zwei zugleich angelegte Spannungen können von einem üblichen Voltmeter nicht getrennt angezeigt werden. Wohl werden gerade solche „Meßaufgaben" von unseren Sinnessystemen vorgenommen. Unser visuelles System z. B. ist *nicht an der absoluten Leuchtdichte eines Objektpunktes, sondern an der Relation dieser Leuchtdichte zu anderen Leuchtdichten des visuellen Feldes* interessiert. Es zeigt nicht singuläre Leuchtdichtewerte, sondern *Leuchtdichteverhältnisse* an.

Das Funktionsprinzip der Sinnessysteme ist die mehrkanälige Pegelmessung, welche auch in der Technik bekannt ist. Man wählt eine Skala mit einem Nullpunkt etwa in der Mitte der Skala. Die Empfindlichkeit wird so eingestellt, daß die zur gleichen Zeit auf das Sinnessystem wirksamen, räumlich verteilten Reize, z. B. die logarithmisch bewerteten Leuchtdichten, als Durchschnittssumme den Skalenwert Null ergeben. Ist dies nicht der Fall, so wird eine Empfindlichkeitsänderung in Gang gesetzt, entweder eine Hell- oder eine Dunkeladaptation, die die Empfindlichkeit des visuellen Helligkeitssystems so verstellt, daß der Durchschnitt der Logarithmen der Leuchtdichten als Nullwert an der Skala entsteht oder zumindest in dieser Richtung verschoben wird (über das Problem der „unendlichen" Empfindlichkeit haben wir schon gesprochen, s. Abb. 9, wie auch über die Probleme der Aufnahme allzu intensiver Lichtreize). Hierzu stehen dem Sinnessystem mehrere Maßnahmen zur Verfügung. Die Pupille kann verengt oder erweitert werden, wodurch die retinale Beleuchtungsstärke beeinflußt wird; die Konzentration der Sehstoffe kann erhöht oder verringert und damit können mehr oder weniger Sehstoffe aufgebaut werden, so daß die Umsetzung des Lichtes in Erregung beeinflußt wird. Den Differenzen der logarithmisch bewerteten Leuchtdichten (dies entspricht den Leuchtdichteverhältnissen) werden Skalenwerte unter oder über Null (Dunkel, Hell), relativ zum Pegelwert Null (= Reizdurchschnitt) zugeordnet.

Das hier skizzierte Meßprinzip, das keinesfalls als ein vollständiges Modell für das Helligkeitssehen angesehen werden kann, hilft lediglich beim Verständnis einiger Phänomene wie z. B. der *Helligkeitskonstanz*.

Wenn wir die Durchschnittsleuchtdichte des visuellen Feldes allmählich verändern, zeigt sich, daß die Anzeige der Helligkeit von zwei Objektoberflächen verschiedener Reflexionseigenschaft konstant bzw. nahezu konstant bleibt. Bei logarithmischer Abbildung (Verhältnisse statt Differenzen) bleibt die Relation der Helligkeiten konstant, und die Änderung der Gesamtleuchtdichte wird durch Adaptation wettgemacht. Die Helligkeitswerte sind damit invariant gegenüber dem Leuchtdichteniveau.

Helligkeitskonstanz bedeutet, daß zwei Objekte, eines mit hohem Reflexionsgrad, das andere mit niedrigem (z. B. eine weiße und eine schwarze Fläche), bei den verschiedensten Leuchtdichteniveaus (Dämmerung bis helles Sonnenlicht) den Kategorien Hell und Dunkel bzw. Schwarz und Weiß zugeordnet werden können. Das skizzierte Meßprinzip hilft uns zu verstehen, auf welchem Wege es möglich ist, die Kovarianzeigenschaften der Helligkeitswahrnehmung mit Objekteigenschaften (Reflexionsgrad) unter verschiedenen Beleuchtungsverhältnissen zu erreichen. Die Helligkeit von Objekten ist nahezu invariant gegenüber der absoluten Höhe der Leuchtdichte.

Konstanzleistungen, für die die Helligkeitskonstanz ja nur ein Beispiel ist, können auf verschiedenen Wegen entstehen. Im Prinzip handelt es sich bei den Konstanzleistungen um Invarianzeigenschaften der Wahrnehmung gegenüber bestimmten, sich verändernden Bedingungen der Reizsituation. Eine der Maßnahmen der Sinnessysteme für die Bildung von Konstanzen, die man in der Literatur auch als Dingkonstanz bezeichnet, sind die sensorischen Adaptationen, also die Regulierung der Empfindlichkeit und die Anzeige von Verhältnissen (logarithmische Transformation), die invariant gegenüber Maßeinheiten sind. In gewissem Sinne können die Konstanzleistungen als Objektivierungsmaßnahmen der perzeptiven Informationen gegenüber der Art der Aufnahme der Informationen durch die Sinneskanäle angesehen werden.

Bekanntere Beispiele für die Konstanzleistungen in verschiedenen Bereichen der Sinnessysteme sind:

Die Farbkonstanz: bei welcher eine, wenn auch nur geringe, Invarianz gegenüber der spektralen Emission der Lichtquelle gebildet wird. Wenn sich die spektrale Emission der Lichtquelle ändert, wenn die Lichtquelle z. B. zunächst mehr kurzwelliges als langwelliges Licht emittiert und dann, infolge einer Änderung der Emissionseigenschaft, mehr langwelliges als kurzwelliges, so behalten die Farben etwa ihre Relationen zueinander bei. Die Lichtverteilung einer Fläche, die „gelb" gesehen wird, kann bei stärkerer Emission im kurzwelligen Bereich objektiv der Lichtverteilung einer „grünen" Fläche bei primär langwelliger Emission entsprechen, trotzdem erscheint bei verschiedenen Lichtern das eine „gelb" und das andere „grün". Obwohl die Farbenkonstanz eine der mangelhaftesten Konstanzleistungen ist, leistet sie dennoch Wesentliches. Die Farbenkonstanz pflegt bei Lichtquellen, die kein kontinuierliches Spektrum haben (wie z. B. Leuchtstoffröhren), oder bei Lichtquellen, die nur Teile des Spektrums emittieren usw., zu versagen, für das natürliche Tageslicht, das erhebliche Emissionsvariationen zeigt, kommt die Farbenkonstanz gut auf.

Auch im Bereich des akustischen Systems sind Konstanzleistungen bekannt. Eine Flöte, eine Klarinette oder eine Geige behält die Klangfarbe (eine bestimmte, für das Instrument charakteristische Mischung von harmonischen Schwingungen, die aber in weiten Bereichen variieren kann) in verschiedenen Räumen bei. Die Stimme eines Bekannten erkennt man auch am Telefon, obwohl das spektrale Klanggemisch ein gänzlich anderes ist als bei der natürlichen Vermittlung durch die Luft.

Eine Reihe von Konstanzleistungen haben andere funktionelle Grundlagen als die beschriebenen Sinnesadaptationen. Ihre Aufgabe, die Wahrnehmung zu objektivieren, d. h. Invarianzen gegenüber partiellen Änderungen der Reizsituation und gegenüber der Art der Informationsaufnahme durch die Sinneskanäle zu schaffen und Kovariation mit den bleibenden Eigenschaften der Objekte herzustellen, ist jedoch die gleiche. Die Strukturen, die ihnen zugrunde liegen, können sehr verschieden sein. Bei der sog. *Größenkonstanz* werden verschiedene Informationen über ein Objekt miteinander *verrechnet*, um die Größeninvarianz von Objekten zu erhalten. Wie schon dargestellt, sind im Nahreiz an der Netzhaut nicht nur die Informationen über die Größe eines Objektes, sondern auch über deren Entfernung vom Beobachter enthalten. Um die Größe eines Objektes invariant von dessen Entfernung vom Beobachter wahrnehmen zu können, muß das Sinnessystem eine regelrechte trigonometrische Rechnung vornehmen, die retinale Bildgröße muß mit den Informationen über die Entfernung des Objektes verrechnet werden. Bei der *Vertikalenkonstanz* werden die Informationen über die retinale Bildlage (z. B. bei Neigung des Kopfes oder des Körpers) mit den Lagemeldungen aus den Halsmuskelrezeptoren — allgemein mit den Propriozeptoren des Lagesinns — und den Informationen vom Vestibularapparat verrechnet. Diese Konstanzleistung ermöglicht uns eine komfortable Wahrnehmung einer aufrechtstehenden Welt, wenn wir den Kopf neigen oder unsere Körperlage ändern.

Diese kurze Auflistung stellt nur eine Auswahl der Konstanzleistungen dar, das Repertoire der Sinnessysteme an Konstanzleistungen ist damit keinesfalls erschöpft. Adaptationsprozesse sind nur eine der Maßnahmen, die zu Konstanzleistungen führen. Durch Konstanzleistungen wird die Wahrnehmung „objektiviert", d. h.: Eigenschaften der Wahrnehmungsobjekte sind mit Dingeigenschaften von Objekten kovariant und invariant gegenüber der Art der Aufnahme des Reizes und invariant gegenüber den Randbedingungen der Reizsituation.

IV. Der phänomenale Raum — Lokalisationsleistungen der Sinnessysteme

Ein Gegenstand, der zu einer gegebenen Zeit gebraucht wird und zu dieser Zeit weder gesehen, noch getastet, noch gehört usw. wird, wird in der Überzeugung gesucht, daß er „dort ist", wo man ihn früher gesehen, gehört bzw. getastet hat. Die Grundlage des Suchverhaltens ist eine *Erlebnisordnung* von Wahrnehmungsobjekten, nämlich der *phänomenale Raum.* Im phänomenalen Raum (erlebten Raum) werden *gegebene Wahrnehmungsobjekte* und auch *früher Wahrgenommenes* einheitlich eingeordnet (= Einheit des phänomenalen Raumes), unabhängig davon, durch welchen Sinneskanal oder welche Sinneskanäle die Informationen entstanden sind. Das Einordnen wird als *Lokalisation* bezeichnet und die entsprechenden Leistungen der Sinnessysteme als *Lokalisationsleistungen.*

Das Ergebnis von Lokalisationsleistungen haben wir schon bei dem Problem der Synthese von Wahrnehmungsobjekten kurz diskutiert. Die Bedeutung der Raummerkmale ist für das geordnete Erleben kaum überschätzbar, alle Erlebnisformen spielen sich — von pathologischen

Fällen abgesehen, wo gerade die Bedeutung der Raumordnung des Erlebten deutlich wird — in einer phänomenalen Ordnung des Raumes ab. Der phänomenale Raum kann in verschiedenen Graden der Realitätsbezogenheit erlebt werden. Als Gegenstand von Kognitionen besitzen wir einen *Raumbegriff*, der sich auf das „objektiv Gegebene", weit über den wahrnehmbaren Raum hinaus erstreckt, und als zeitlos (s. jedoch die Relativitätstheorie) gedacht wird. Dieser Raumbegriff hat keine subjekt-bezogenen bzw. individuum-bezogenen Koordinaten. Wenn *subjekt-bezogene* Koordinaten eingesetzt werden, also der Raum anschaulich erlebt wird, sprechen wir von *Raumvorstellung*.

Ihr Ankerpunkt, eine Art Koordinatenschnittpunkt, ist der individuelle Bezugspunkt, das sog. *Egozentrum*. Die Raumvorstellung muß nicht konkret sein. In der Vorstellung kann das Egozentrum praktisch unbegrenzt verlagert werden, muß also nicht an die körperliche Präsenz des Individuums gebunden sein. Man kann also durchaus am Kölner Dom sitzen und sich vorstellen, wie man selbst gerade oben auf der Zugspitze steht und nach Süden schaut. Es ist also durchaus möglich, Raumordnung nur in der Vorstellung zu erleben. Dieses Erlebnis wird natürlich weitgehend davon abhängen, ob es auf frühere Wahrnehmungen zurückgeht oder durch die Phantasie gebildet wird. Bei der Raumvorstellung abstrahieren wir von dem aktuellen Ort, an dem wir uns gerade befinden, und „versetzen" unser vorgestelltes Egozentrum frei im Raum. In der Vorstellung können wir Lage und Ort des Egozentrums praktisch frei wählen. Diese Transformationsmöglichkeit fehlt beim *Erlebnis des Wahrnehmungsraumes*, das Egozentrum ist hierbei durch den konkreten Ort des Individuums festgelegt. Daher sind *Lokalisationsleistungen (räumliches Wahrnehmen) stets egozentrisch auf den Ort des Individuums relativiert.*

Wir sprachen von der Einheit des phänomenalen Raumes und unterscheiden nun die Raumvorstellung, bei welcher das Egozentrum frei wählbar ist, vom räumlichen Wahrnehmen, bei dem das Egozentrum „festsitzt". Diese Unterscheidung scheint den phänomenalen Raum zu verdoppeln. Nun, diese Verdoppelung besteht nur scheinbar. Wohl können wir im Erleben das „Egozentrum" verdoppeln, indem wir im Raume sitzend wahrnehmen und uns vorstellen, wir wären außerhalb des Zimmers und sähen das Haus von außen. Man möge diese Vorstellung nachvollziehen und erleben, daß nicht der Raum verdoppelt wird, sondern nur der Betrachtungsbezug (Standortbezug) *desselben Raumes*. Die Möglichkeit, den Standort in der Vorstellung zu verändern, zu transformieren, gestattet es uns, räumliche Objekte zur gleichen Zeit als wirkliche räumliche Wahrnehmungsobjekte zu erleben.

Wir können z. B. durch die Vorstellung eine Kugel von allen Richtungen zur gleichen Zeit als rund erleben.

Lokalisationsleistungen sind prinzipiell auf die aktuelle räumliche Lage des Individuums bezogen, in der Wahrnehmung haben wir nur eine auf den real gegebenen Ort unseres Körpers bezogene egozentrische Lokalisation. Es ist eine theoretische, wenn auch sehr interessante Frage, wo genau das „Egozentrum" des Individuums ist, also wo genau der Schnittpunkt der Raumkoordinaten ist bzw. für die Raumwahrnehmung liegt. Die Frage ist nicht beantwortbar, weil sie von einer falschen Voraussetzung ausgeht, nämlich: daß es *einen Punkt* des Egozentrums gibt sowie, daß die von dem Raumbegriff hergeleiteten Koordinaten mit einem Schnittpunkt tatsächlich vorhanden sind. Wir erleben in der Wahrnehmung nicht die Raumkoordinaten mit einem Schnittpunkt und beziehen auf diese die Wahrnehmungsobjekte, sondern wir erleben direkt deren räumliche Lokalisiertheit in einem einheitlichen Wahrnehmungs- und Handlungsraum. Versucht man nun, einen Bezugspunkt (also doch einen „Punkt" für das Egozentrum) zu finden, so stellt man fest, daß dieser im Körper variiert und seine Lage von den Aufgaben und von dem primär aktivierten Sinnessystem abhängig ist. So ist das Egozentrum beim Sehen ohne eine intendierte körperliche Aktion in der Gegend der Nasenwurzel, wie genaue Untersuchungen zeigen, etwas seitlich (links oder rechts von der Mitte) verschoben; beim Schließen des einen Auges verlagert es sich zum anderen Auge hin. Das akustische „Egozentrum" ist im Kopf, etwa in der Mitte der Strecke zwischen den beiden Ohren, mit einer Lateralisationstendenz (Tendenz zur seitlichen Verlagerung), wenn eines der Ohren verschlossen wird. Das Egozentrum des Tast- und Bewegungsraumes ist in der Regel an der Schulterachse (bei Rechtshändern etwas nach rechts verschoben) usw. Auch bei diesen verschiedenen „Egozentren" gilt, daß durch diese Bezugspunkte nicht der Raum vervielfacht wird, sondern die Bezugspunkte der Wahrnehmungsmeldungen und die der Aktionen.

Die Lokalisationsleistungen teilt man in „absolute" (ein schlecht gewähltes Wort, weil es kaum etwas mit „absolut", sondern mit dem konkreten Ort des Individuums und mit dem wahrnehmungsmäßig gegebenen „Egozentrum" zu tun hat) *und „relative" Lokalisationen ein.* Mit dieser Einteilung ist gemeint, daß wir Wahrnehmungsobjekte relativ zu unserer Lage lokalisieren (absolute Lokalisation) und zugleich die relative Lage von Wahrnehmungsobjekten zueinander (relative Lokalisation) wahrnehmen können. Wir sehen ein Objekt in einer bestimmten Entfernung (z. B. etwa drei Meter) von uns entfernt, geradeaus in der Mitte (Augenhöhe, senkrecht zur Schulterachse, in der „Nasenrichtung“, bei gerader Kopfhaltung). Wir können uns mit einer Kopfwendung und Blickwendung einem zweiten Objekt zuwenden, das vier Meter entfernt, unterhalb der Augenhöhe und wiederum senkrecht zur Schulterachse und in „Nasenrichtung“ liegt. In dieser Art können wir Wahrnehmungsobjekte nacheinander absolut (also auf unsere Körperposition bezogen) lokalisieren, d. h. den Körperbezug zu Wahrnehmungsobjekten variieren und ein Bezugsobjekt aus der Vielzahl von Objekten auswählen. Bei dieser variierten Relation vom Körper zum Bezugsobjekt werden jedoch auch die anderen Wahrnehmungsobjekte mitlokalisiert, und zwar zugleich körperbezogen (absolut) wie auch relativ zu dem jeweiligen Bezugsobjekt. Dabei bleibt die Lage der Wahrnehmungsobjekte konstant. Ändern müssen sich jedoch die Relationen zwischen den Wahrnehmungsobjekten in den Kategorien der relativen Lokalisation. Ein Objekt, das „vorne“, „links“, „oben“ relativ zu einem Bezugsobjekt war, kann bei der Wahl eines neuen Bezugsobjektes, je nach Lage des Bezugsobjektes, jetzt „hinten“ (= hinter dem Bezugsobjekt), „rechts“ und „unten“ lokalisiert sein.

Wie die beiden Lokalisationsarten, absolute und relative, müssen auch Lokalisationskoordinaten unterschieden werden. Unsere Sinnessysteme erstellen die Informationen über die Höhe, Richtung, Entfernung von Wahrnehmungsobjekten relativ und absolut durch verschiedene Sinneskanäle und Signalsysteme. Daher muß zwischen absoluter Höhen-, Richtungs- und Tiefenlokalisation und relativer Höhen-, Richtungs- und Tiefenlokalisation unterschieden werden. Teilt man diese Lokalisationsleistungen auch noch nach den Modalitäten (Sehen, Hören, Tasten, Riechen usw.) ein, so tut sich eine Fülle möglicher Problembereiche auf, die eine gemeinsame und allgemeine Behandlung kaum gestatten.

Auch innerhalb einer Modalität gibt es eine Fülle von Signalordnungen, die, durch die verschiedenen Sinnesstrukturen transformiert, zur Lokalisation beitragen.

Dabei können durchaus die verschiedensten Arten von Signalordnungen, die von Gibson (1973) als „Gradienten“ bezeichnet wurden, zu Lokalisationsleistungen beitragen. Bemerkenswert ist hierbei, daß z. B. zeitliche Ordnung von Schallwellen zur Grundlage räumlicher Lokalisation (Richtung von Schallquellen) wird, wie andererseits auch Intensitätsdifferenz des Schalles an beiden Gehörgängen zur Richtungslokalisation des Schalles beiträgt. Diese Tatsache wird z. B. bei der Stereophonie zur räumlichen (Richtungslokalisation) Vermittlung von Musik usw. benutzt. Unsere Sinnessysteme sind „erfinderisch“, wenn es um

Signalquellen für das Räumliche geht, die Technik erfindet bestimmte Methoden nur nach. Z. B. sind Echolot, Radar usw., wenn auch mit anderen Signalarten, technische Prinzipien, die bei der Lokalisation durch Sinnessysteme realisiert sind. Die Entfernung einer Schallquelle z. B. erfahren wir nicht nur über die relative Lautstärke des Schalles, sondern bei Bewegung der Schallquelle (oder wenn wir uns rasch bewegen, auch bei stehender Schallquelle) durch die Änderung des charakteristischen Schallspektrums, wie man an der Autobahn bei rasch vorbeifahrenden Fahrzeugen sehr gut beobachten kann. Wir können schon bei diesen Beispielen feststellen, daß *die zeitliche Ordnung von Signalen oder die relativen Intensitäts- und Qualitätsänderungen von Sinneseindrücken von den Sinnessystemen zu einer konstanten Raumordnung* verarbeitet werden können.

Die Forschungsaktivität im Problembereich der visuellen Lokalisation ist eindrucksvoll (s. z. B. Hoffmann, 1925; Trendelenburg, 1961) und zeigt, welche wichtige Rolle der Raum in der Wahrnehmung allgemein und bei der visuellen Wahrnehmung im speziellen einnimmt.

Die Bewegungswahrnehmung und auch die Formwahrnehmung sind nur über visuelle Lokalisation möglich. Dabei ist das visuelle System ein Paradebeispiel für die Präzisionsarbeit bei den Analysen des Reizangebotes nach räumlichen Signalen (Zeichen, Gradienten).

Man kann dem visuellen System auf einem zweidimensionalen Bild, etwa einer Photographie oder einem Landschaftsgemälde, vielseitige räumliche Reizanordnungen bieten, z. B. Perspektiven, Luftperspektiven, sogar Farbperspektiven, Licht-Schatten-Wirkung, Verdeckung von Linien usw.: Das visuelle System verarbeitet sie in der Wahrnehmung zu einem dreidimensionalen Raum. Dies geschieht auch bei bewegten Bildern, etwa beim (zweidimensionalen) Fernsehbild, wenn das visuelle System aus den verschiedenen Objektgeschwindigkeiten auf räumliche Verhältnisse „schließt".

Der auf den genannten Reizanordnungen (Perspektiven, Schattenwirkung, Verdeckung usw.) beruhende Raumeindruck in der Wahrnehmung ist von dem echten plastischen Sehen zu unterscheiden. Wenn man z. B. ein Drahtgestell zunächst mit einem Auge betrachtet, dann nach dem Öffnen des zweiten Auges die räumliche Gestalt mit dem vorher Gesehenen vergleicht, so bemerkt man den deutlichen Unterschied: das räumliche Sehen mit den beiden Augen ist ein „echtes" plastisches Sehen. Die Ursache hierfür ist recht früh von Wheatstone (1838) erkannt worden und liegt in der beidäugigen (binokularen) Bildverschiedenheit. Macht man je eine Photoaufnahme vom genannten Drahtgestell von zwei Standorten, die um Augenabstand voneinander getrennt sind, so stellt man fest, daß die beiden Aufnahmen desselben Drahtgestells systematische Unterschiede zeigen. Bringt man zwei den Aufnahmen entsprechende Transparente zur Deckung, so stellt man fest, daß sich nur die am weitesten entfernten Teile des Drahtgestells (ungefähr) decken. Die Teile des Drahtgestells, die weiter vorne liegen, ergeben desto größere Bildabweichungen, je näher sie zum Aufnahmeort liegen. Diese auch den Augen gegebene binokulare Bildverschiedenheit wird vom visuellen System zum Signal für die relative Tiefenlokalisation, die WHEATSTONE als Stereoskopie (Raumsehen) bezeichnet. Analog zum beidohrigen (binauralen) Hören, wo Zeitunterschiede oder Intensitätsunterschiede des Schalles zur Richtungslokalisation der Schallquelle benutzt werden, wird die binokulare Bildverschiedenheit zur Grundlage des stereoskopischen (plastischen) Sehens. Die Leistungsfähigkeit des visuellen Systems ist bei der Stereoskopie, wenn also den Augen zwei Bilder getrennt dargeboten werden, unwahrscheinlich präzise. Es genügen einige Winkelsekunden Bildverschiedenheit, um einen ebenmerklichen Tiefenunterschied wahrnehmen zu können. Die Leistungsfähigkeit des visuellen Systems ist so hoch, daß z. B. ein stereoskopischer Vergleich zweier Banknoten es ermöglicht, eine Fälschung sicher durch die Wahrnehmung von „Tiefenunterschieden“ vom Original zu unterscheiden, auch dann noch, wenn bei gewöhnlicher Betrachtung keine Unterschiede zu erkennen sind.

Ein echtes plastisches Sehen kann auch durch sukzessive Bildverschiedenheit zustande kommen. Wenn man beim Gehen oder im fahrenden Fahrzeug nur mit einem Auge schaut, entsteht eine dem stereoskopischen Sehen ähnliche plastische Wahrnehmung, die nicht auf der binokularen, sondern auf der zeitlichen Bildverschiedenheit beruht (Bewegungsparallaxe). Nahe Gegenstände verschieben sich bei Eigenbewegung mehr an der Netzhaut als entferntere. Die unterschiedlichen retinalen Bildverschiebungen werden vom visuellen System zu einem plastischen Eindruck verarbeitet, der selbstverständlich auch beim beidäugigen Sehen (dann zusammen mit dem stereoskopischen Sehen) gegeben ist.

In künstlichen Situationen (Film, Fernsehen) arbeiten stereoskopisches Sehen und Bewegungsparallaxe einander entgegen, daher erscheint ein Fernsehbild plastischer, wenn man es nur mit einem Auge betrachtet.

Die Komplexität der Signalverarbeitung durch Sinnessysteme wird dadurch noch deutlicher, daß alle diese und eine Reihe weiterer Signalsysteme für die Lokalisationsleistungen aufeinander bezogen und aufeinander abgestimmt (skaliert) sind. Ein durch das visuelle System geortetes Objekt, z. B. eine gesehene Schallquelle, wird vom akustischen System am gleichen Ort und beide zusammen an identischen Stellen des Wahrnehmungsraumes lokalisiert.

Wie entsprechende Ergebnisse von Experimenten zeigen, wird diese Identität von Sinnesräumen, die Einheit des phänomenalen Raumes, durch ständige Kontrolle und Eichung durch das Handeln, durch das Bewegen, aufrechterhalten und gegebenenfalls kontrolliert (sensumotorische Koordinationen).

Dritter Teil

PRÜFUNGEN DER SINNESLEISTUNGEN

I. Fragestellung, Umfang und Methoden der Sinnesprüfung

Der Anlaß, bei einer Person eine Sinnesprüfung durchzuführen, kann verschieden sein. Abgesehen von sog. Routineprüfungen, die in der Regel Eignungsprüfungen sind, wird man eine Prüfung der Sinnesleistungen dann vornehmen lassen, wenn Mängel in der Sinnesleistung deutlich werden.

Die Eignungsprüfungen können allgemein *orientierender Art* sein, also der Frage nachgehen, inwiefern Sinnesleistungen einer Person der durchschnittlichen Norm entsprechen bzw. inwiefern markante Leistungsverminderungen in den verschiedenen Sinnesbereichen vorliegen. Die Eignungsprüfungen können auch *tätigkeitsspezifisch*, also speziellen Anforderungen einer Tätigkeit angepaßt sein. In diesem Fall wird man sich in der Regel nicht an durchschnittlichen Sinnesleistungen orientieren, sondern an den Sinnesanforderungen der Tätigkeiten, für welche die Prüfung als vorselektierende Methode (bei betrieblichen oder sonstigen Tätigkeiten selten als einzige) angewendet wird. Die tätigkeitsspezifische Prüfung kann nach *allgemein höheren Sinnesleistungen* ausgerichtet sein (besonders gutes Sehvermögen, gutes Hörvermögen, rasche und fehlerlose Reaktion usw. fordern), also als Ausleseinstrument für eine Tätigkeit mit vorwiegend perzeptiven Aufgaben dienen. In solchen Fällen pflegt man allgemein höhere Sinnesleistungen zu fordern. Die Spezifität der Tätigkeit kann aber auch darin liegen, daß *in einem bestimmten spezifischen Sinnesleistungsbereich,* z. B. bei der Farbunterscheidung (Farbprüfer, Überwacher von Farbdruckmaschinen) oder aber bei der Sehschärfeleistung (Feinmechaniker, Uhrmacher, Graphiker, technischer Zeichner usw.), besonders hohe Sinnesleistungen vorliegen müssen, während die anderen Sinnesleistungen durchaus im Normbereich liegen können. Bei tätigkeitsspezifischen Sinnesprüfungen wird man ein sog. Sinnesanforderungsprofil der Tätigkeiten erstellen. Ein solches Anforderungsprofil verzeichnet die für die Tätigkeit notwendige Güte von Sinnesleistungen, die in der Regel nur ein Teil eines gesamten Anforderungsprofils für eine Tätigkeit ist. (Dazu wird man in der Regel nicht nur die Sinnesleistungen, sondern, allgemein psychologisch, wichtige Merkmale der Ausübenden wie Intelligenz, Zuverlässigkeit, Konzentrationsleistung usw. in Betracht ziehen.) Die Sinnesanforderungen stellen in tätigkeitsspezifischen Eignungsprüfungen sog. "cut-off"-Werte dar und dienen meist als *Vorselektionsmaßnahmen,* bzw. sie gelten als *Zulassungsbedingung.* Mit dem Ausdruck "cut-off" ist genau letzteres gemeint, und zwar in dem speziellen Sinne, daß besonders hohe Sinnesleistungen in einem oder mehreren Bereichen nicht mangelnde Sinnesleistungen in anderen Bereichen ausgleichen können. Die vorgeschriebene Sinnesleistung, der "cut-off"-Wert, muß in allen Bereichen mindestens erreicht werden. Erreicht die Sinnesleistung in nur einem Sinnesleistungsbereich von vielen anderen den "cut-off"-Wert nicht, so wird der Proband abgewiesen, auch dann, wenn in allen anderen Bereichen überdurchschnittliche Leistungen vorliegen.

Routineprüfungen können auch für bestimmte Gruppen von Bedeutung sein, wenn es darum geht, leistungsbeeinträchtigende oder leistungsmindernde Mängel von Sinnessystemen aufzudecken (Untersuchung der Sinnesleistungen in Kindergärten, Schulen, Berufsschulen, Betrieben; empfehlenswert wäre sie auch für bestimmte Altersgruppen usw.). Es kommt immer wieder vor, daß allgemeine Leistungsbeeinträchtigungen auf mangelnden Sinnesleistungen beruhen und ihre Erkennung (Sehschärfe, Schwerhörigkeit) und Korrektur die Beeinträchtigung der Leistung in Schule, Betrieb usw. behebt. Der Aufwand für solche Prüfungen ist relativ gering, eine orientierende Routineprüfung kann in einigen Minuten pro Individuum vorgenommen werden.

Routineprüfungen wären auch im Sinne der Psychohygiene von Bedeutung. Wenn eine Umgebung schädlichen Einfluß auf die Sinnesorgane ausübt (ungenügende Beleuchtung am Arbeitsplatz, unverträgliche Lautstärken über längere Dauer usw.), so muß, wenn die Wirkursachen nicht zu beseitigen sind, deren Einwirkungsdauer beschränkt und die Sinnesleistung regelmäßig überwacht werden (Problem der Bildschirmarbeitsplätze usw.).

Die Bedeutung der Sinnesprüfungen zeigt, daß der Psychologe in den verschiedensten Tätigkeitsbereichen (Arbeitspsychologie, Schulpsychologie, Verkehrspsychologie) usw. mit der Prüfung der Sinnesleistungen zu tun hat. In der derzeitigen Praxis müssen diese Sinnesprüfungen oft infolge fehlender Kenntnisse der Psychologen den Medizinern überlassen werden.

Die Sinnesleistungen werden über die Sinneserlebnisse (von wenigen Ausnahmen abgesehen stets über die Wahrnehmungserlebnisse des Probanden) geprüft, und sowohl vom Gegenstand als auch von der Methode her ist dies eine Tätigkeit des Psychologen. Erst wenn Sinnesleistungsdefekte durch körperliche (somatische) Ursachen bedingt (pathologisch bedingt) sind und einer Therapie bedürfen, muß der Psychologe den Probanden zum Arzt schicken.

Aus den genannten Aufgaben ist Umfang und Methode der Sinnesprüfung (orientierend, Routineprüfung, selegierend usw.) ableitbar. Der Umfang einer Sinnesprüfung könnte sich theoretisch auf alle bekannten Leistungsbereiche der Wahrnehmung erstrecken. Es hat sich jedoch gezeigt, daß der Prozentsatz der Probanden, bei denen einige der *Grundfunktionen* in ausreichendem Maße vorhanden sind und sich in anderen Bereichen Leistungsminderungen zeigen, sehr gering ist. Daher genügt es im praktischen Fall in der Regel, wenn *einige der Grundfunktionen* geprüft werden. Mit hoher Wahrscheinlichkeit liegen dann höhere und andere Sinnesfunktionen ebenfalls im Normbereich. Die Sinnesprüfung hat also *Stichprobencharakter* (nur einige wenige Sinnesleistungen werden geprüft) und ist *auf Grundfunktionen gerichtet.* Für die praktische Anwendung hat sich, von geringen Spezialfällen abgesehen, gezeigt, daß es genügt, zwei der Hauptsinnesgebiete, nämlich Sehen und Hören, zu prüfen; daher *teilen wir die Sinnesprüfungen in Sehtüchtigkeitsprüfung und Gehörprüfung* auf. Die Prüfung anderer Sinnesgebiete wie z. B. Tastsinn, Lagesinn (Luftfahrt) ist relativ selten.

Die Methoden der Sinnesprüfungen folgen den bekannten Methoden der klassischen Psychophysik und sind ausschließlich *individuelle Schwellenmessungen,* meist *Schnellverfahren* und angepaßt an die jeweilige Art der geprüften Sinnesleistung. Die Beurteilung kann an Mindestnormen orientiert sein; meist bezieht man die individuellen Schwellenwerte auf die Werte eines Bezugskollektivs.

II. Sehtüchtigkeitsprüfung

Der Umfang der Sehtüchtigkeitsprüfung kann sehr verschieden sein. Er kann sich auf die Prüfung der Sehschärfe beschränken (wie es z. B. zur Führerscheinprüfung als Zulassungsbedingung, übrigens völlig unzureichenderweise, vorgeschrieben wird) oder die Prüfung mehrerer Grundfunktionen umfassen (von denen einige für die Führerscheinprüfung ebenfalls von Bedeutung wären).

Eine anspruchsvolle *Sehtüchtigkeitsprüfung* sollte folgende Sehfunktionen prüfen:

1. *Sehschärfeprüfung*:
   Prüfung des Auflösungsvermögens der Augen.

2. *Prüfung der Tiefensehschärfe*:
   Prüfung, mit welcher Genauigkeit ein Proband relative Tiefenunterschiede wahrnehmen kann.
3. *Prüfung des Konvergenzgleichgewichtes der Augen*:
   Prüfung, ob eine Phorie (latentes Schielen) vorliegt.
4. *Prüfung der Motilität der Okulomotorik*:
   Nystagmus- und Blickfeldprüfung.
5. *Prüfung der Adaptationsfähigkeit*:
   Prüfung auf Nachtblindheit (Hemeralopie).
6. *Farbsinnprüfung*:
   Prüfung der Farbunterscheidungsfähigkeit.
7. *Prüfung der Gesichtsfeldgrenzen* (Perimetrie).

Die hier aufgereihten Einzelprüfungen liefern in der Regel über die Leistungsfähigkeit des visuellen Systems ausreichende Informationen. Sie geben jedoch nur grobe Hinweise auf die Ursachen möglicher Defekte. Für eine vollständige Diagnose — also nicht nur der Leistungsmängel, sondern auch deren Ursachen — können eine Reihe weiterer Prüfungen vorgenommen werden, die aber zum klinischen Untersuchungsbereich gehören und vom Augenarzt vorgenommen werden.

Die Sehtüchtigkeitsprüfung ist die Grundlage einer Leistungsbeurteilung des visuellen Systems und kein diagnostischer Vorgang im Sinne einer klinischen Untersuchung durch den Augenarzt, etwa für eine Sehkorrektur usw.

1. Sehschärfeprüfung

Bei der Sehschärfeprüfung wird das Auflösungsvermögen des visuellen Systems geprüft, in der Regel die sog. *Punktsehschärfe* oder ein kombiniertes Maß von *Punkt- und Formsehschärfe*. Die Sehschärfeprüfung ist die häufigste, oft die einzige Teilprüfung für die Beurteilung der Tauglichkeit für visuelle Wahrnehmungsaufgaben. Diese Priorität der Sehschärfeprüfung ist weniger sachlicher Natur als mehr zeitökonomisch und im gewissen Sinne durch die Häufigkeiten der Leistungsbeeinträchtigungen im Bereich des visuellen Systems begründbar. Die Gesamtpopulation der Probanden läßt sich in drei Klassen einteilen:

a) eine Gruppe mit verminderter Sehschärfe, die mit optischen Mitteln behoben wurde (Brillen, Haftschalen),
b) eine Gruppe mit nicht oder nicht ausreichend korrigierter verminderter Sehschärfe und schließlich

c) eine Gruppe, deren Probanden zwar noch keine Beeinträchtigung haben, sie aber haben werden.

Die Bedeutung der Sehschärfeprüfung im Routineverfahren ist auf die Gruppe b) und vorsorglich auf die Gruppe c) gerichtet. Die Sehschärfeleistung gehört zu den wenigen Beeinträchtigungen der visuellen Sinnesleistung, die, von ganz wenigen Ausnahmefällen abgesehen, behoben werden kann. Dabei ist es eine allgemeine Erfahrung, daß Probanden ihre Sehschärfemängel „mit sich herumschleppen" — d. h.: wenn sie „nur" leistungsbeeinträchtigend sind (oft werden von Probanden diese Beeinträchtigungen erst gar nicht bemerkt), werden sie noch durchaus toleriert, erst, wenn sie „lästig" werden, also zu Auffälligkeiten führen, werden Maßnahmen gegen sie ergriffen, und der Weg führt erst dann zum Augenarzt. Im Sinne der Psychohygiene haben Routineuntersuchungen („Bewußtmachen") hierbei eine vorbeugende und der Eitelkeit entgegenwirkende Rolle.

Von den Routineuntersuchungen sind die Fälle der Vorauslese für Berufe zu unterscheiden. Hierbei geht es nicht um Leistungsmängel, sondern um besonders für den Beruf qualifizierende hohe Sehschärfeleistungen. Entsprechend muß das Verfahren für die *Sehschärfeprüfung* unterschiedlich ausgerichtet sein.

Für die Prüfung der Sehschärfe gibt es eine ganze Reihe standardisierter Verfahren, die je nach Prüfungszweck mehr oder weniger geeignet sind. Die Prüfungsmethoden weichen vom klassischen Prinzip der Prüfung des Auflösungsvermögens mittels Punktsehschärfe mehr oder weniger ab, liefern aber Ergebnisse, die miteinander mit mittlerer Zuverlässigkeit vergleichbar sind, was zugleich besagt, daß man sich als Untersucher über die angewandten Verfahren besonders gründlich informieren muß (gegebenenfalls nicht nur aus der Literatur, sondern auch durch Paralleleichung, s. hierzu BARTHELMESS et al., 1972).

Die klassische Definition der Punktsehschärfe beruht auf einer Reizsituation, wie sie Abb. 28 zeigt.

Die klassische Situation wird von TRENDELENBURG (1961) wie folgt beschrieben:

Man stellt eine Blende mit zwei Löchern, die etwa 5 mm (= d) übereinander oder nebeneinander liegen, vor eine diffus beleuchtete oder diffus leuchtende Fläche (beleuchtete Leinwand oder Milchglasscheibe). Dann sucht man die Entfernung auf, bei der die beiden Löcher eben noch als zwei getrennte Lichtpunkte gesehen werden.

Das Verhältnis zwischen Abstand d und der Entfernung E, also d/E, in Winkel ausgedrückt, ist ein Maß für das Auflösungsvermögen des visuellen Systems. Aus den im vorigen Abschnitt dargelegten Zusam-

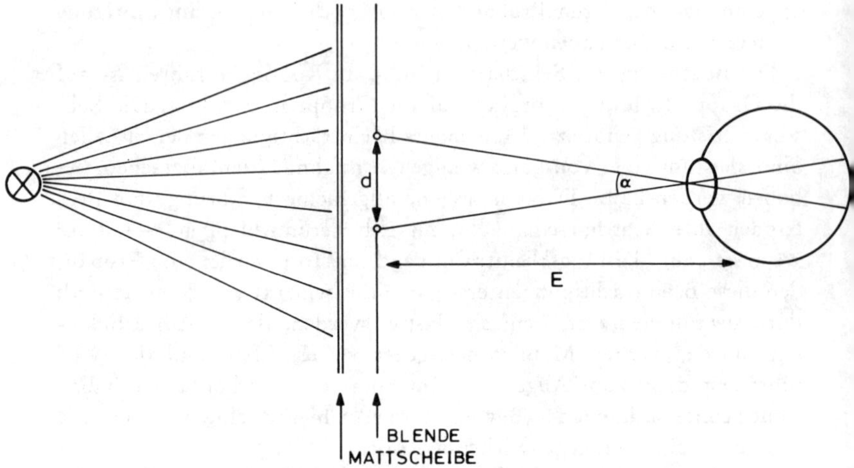

Abb. 28. Klassische Anordnung zur Bestimmung der Punktsehschärfe.
d: Abstand der Öffnungen, die eben getrennt wahrgenommen werden, E: Entfernung der Blende vom Auge des Beobachters, α: Sehwinkel für den Punkteabstand d. Als Maß dient die Reziproke des Winkels α: (Näheres s. Text.)

menhängen wissen wir, daß hierbei der Durchmesser der Löcher (ω) und die Leuchtdichte der durchscheinenden Fläche (L) einen wesentlichen und funktionell bestimmbaren Einfluß auf das Auflösungsvermögen haben. Hinzu kommt, bei Annahme eines normalsichtigen Beobachters, die Tatsache, daß auch die Entfernung E schon aus strahlenoptischen Gründen (Streulicht und Kontrast) Einfluß auf die Auflösung haben wird. Das führt dazu, daß das Auflösungsvermögen eines Probanden in der beschriebenen Situation zwischen Werten von 30 bis 100 Winkelsekunden und sogar darüber und darunter (je nach den Bedingungen) variieren wird. Aus diesen Gründen ist eine Normierung der Bedingungen einer Sehschärfeprüfung notwendig.

Der erste Schritt zu einer Meßanordnung der Sehschärfe bestand im Abweichen von der eben beschriebenen Punkteanordnung und in der Annäherung der Aufgabe an die bei praktischen Tätigkeiten vorhandenen Anforderungen. Man verwendete nicht mehr zwei Punkte, sondern sog. *Sehzeichen*, also Ziffern, Buchstaben, aber auch andere Vorlagen. Einige dieser Sehzeichen sind international normiert und werden *Optotypen* genannt. Sie prüfen nicht nur die Punktsehschärfe, sondern auch gewissermaßen eine „Formsehschärfe", also die Erkennbarkeit

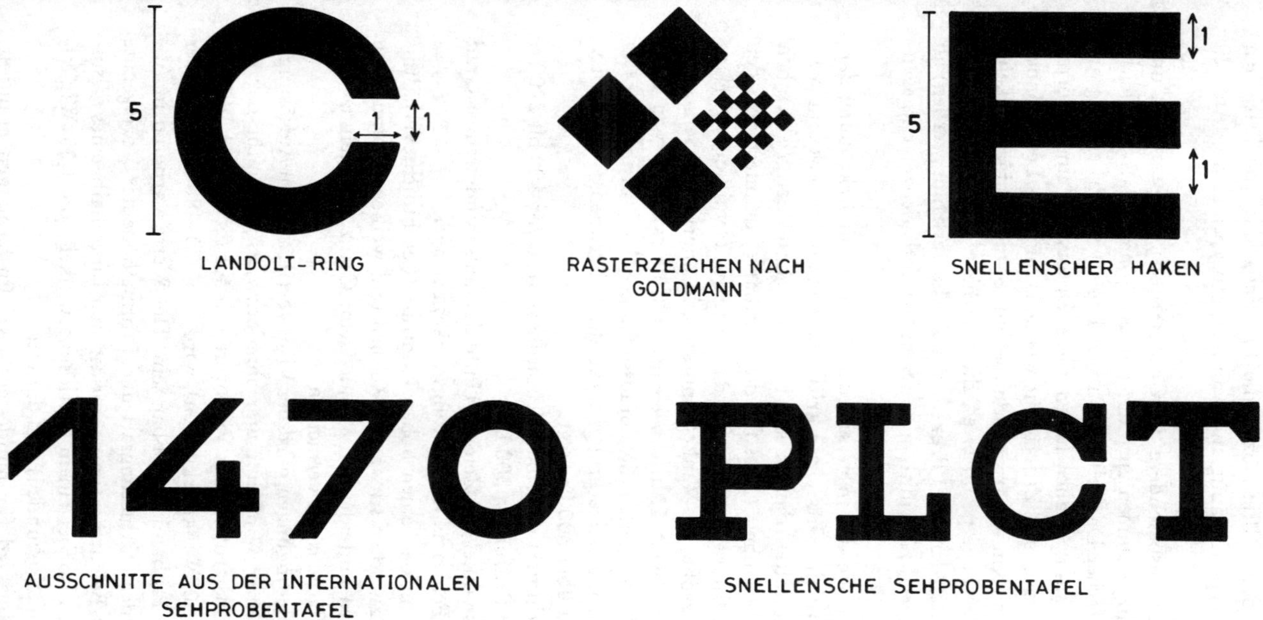

Abb. 29. Beispiele für verschiedene Arten von Optotypen (internationale Sehzeichen).

Die drei oberen Optotypen, der Landoltsche Ring, der Goldmannsche Optotyp und der Snellensche Haken, haben den Vorteil, daß sie in vier verschiedenen Hauptlagen dargeboten werden können (Nebenlagen ergeben andere Visuswerte). Die Ziffern und Buchstaben setzen nicht nur ein Lesenkönnen voraus (Probleme bei Untersuchungen im Vorschulalter und im ersten Schuljahr usw.), sondern sie können auch nur in einer Hauptlage dargeboten werden. Die einzelnen Zeichen stellen nicht genau die gleichen Anforderungen an das Auflösungsvermögen. (Bei dem Goldmannschen Optotyp ist eine durch eine Zeichnung bedingte Vereinfachung vorgenommen worden: die schwarzen Felder müssen den Probanden in der *gleichen Helligkeit* wie das gerasterte kritische Quadrat erscheinen. Man rastert auch die drei anderen Quadrate, jedoch wesentlich feiner.)

von Buchstaben oder Ziffern bzw. die Erkennbarkeit von kritischen Details der Optotypen. Häufig angewandte Optotypen sind in Abb. 29 dargestellt.

Die Optotypen, insbesondere die GOLDMANNschen Optotypen, und der LANDOLT-Ring kommen auch der Forderung nach, daß das gleiche Zeichen in mehrfacher Darstellung (in vier Lagen) zur Erkennung angeboten werden kann. Daher haben diese Optotypen einen Vorteil gegenüber Buchstaben und Ziffern, für welche ja auch das Lesenkönnen Voraussetzung ist (Kindergarten, Schulbeginn, Sprachunabhängigkeit). Die Variation der Lage gestattet es, die Sehschärfe-Schwelle (also die Bedingungen, unter denen 50 Prozent der Zeichen erkannt werden) an homogenem Material zu ermitteln und Simulationstendenzen entgegenzuwirken.

Die Optotypen werden in verschiedener Größe zur Erkennung dargeboten. Dabei ist die Größe der kritischen Details (die erkannt werden sollen) so gestaltet, daß sie sich etwa in Zehntel der Visuseinheit gliedern. Als Visuseinheit (Maß für die Sehschärfe) definiert man den Kehrwert des Öffnungswinkels für das kritische Detail der Vorlage (nicht der Figurgröße) in Winkelminuten. Die „normale" Sehschärfe liegt bei dem Visuswert 1, also bei einem Öffnungswinkel von einer Winkelminute. Dabei gelten die Voraussetzungen der Prüfung:

1. eine ausreichende Beleuchtungsstärke des Sehzeichens von 100 Lx, die aber nicht über 300 Lx liegt.
   Als guter Richtwert gilt eine Beleuchtungsstärke von 100 bis 270 Lx (bei manchen Prüfungen 300 Lx).
2. Der Gesichtswinkel des Zeichen-Umfeldes muß mindestens 4 Grad (homogenes Feld o. g. Beleuchtungsstärke) betragen.
3. Die Zeichen müssen einen hohen Kontrast (Leuchtdichteverhältnis von 1 : 100 zwischen schwarzen Zeichen und weißem Grund) zum Umfeld haben und scharf gezeichnet sein: Glanz, Spiegelung usw. der Vorlagefläche ist zu vermeiden.

Unter diesen Bedingungen wird der Visuswert 1, also ein Auflösungsvermögen von einer Winkelminute, ohne Schwierigkeit nicht nur erreicht, sondern übertroffen, ein Visuswert von 1,2 (etwa 0.83 Winkelminuten, rund 50 Winkelsekunden) wird von 70—80 Prozent der normalsichtigen Probanden meßbar sein. Die Werte variieren in Abhängigkeit von der Darbietungsart und Prüfmethode der Vorlagegüte usw. Von einer Beeinträchtigung spricht man unterhalb eines Visuswertes von 0.8, also bei einem Auflösungswinkel von 1,25 Winkelminuten (75 Winkelsekunden) und darunter.

Die Sehschärfe wird für mindestens zwei Entfernungen ermittelt:

Für eine normale Leseentfernung von 33 cm (in manchen Fällen zusätzlich für 25 cm): diese wird als *Nahvisus* bezeichnet. Den *Fernvisus* bestimmt man für eine Entfernung von 5 oder 6 Meter. Wie Untersuchungen zeigten, liegt die Sehschärfe im Zwischenbereich (über 0,5 und unter 5 m) höher, so daß die Prüfung bei diesen beiden Entfernungen ausreicht. Die Prüfung bei einer Entfernung von 5 bzw. 6 m erbringt auch den Sehschärfewert für weitere Entfernungen (über 6 m), weil die Änderung der Akkommodation (Einstellung der Augenlinse auf verschiedene Entfernungen) zwischen 6 m und „unendlich“ unwesentlich ist. Somit können Nahvisus und Fernvisus (beim letzteren sollte man den Ausdruck „Fernsehschärfe“ vermeiden) als ausreichende Kenngrößen für den gesamten Entfernungsbereich angesehen werden.

Die Sehschärfe kann für die beiden Augen verschieden sein, daher wird in der Regel die Sehschärfe für die genannten Entfernungen (Nah- und Fernvisus) sowohl für jedes Auge einzeln (monokular) als auch für beide Augen zusammen (binokular) bestimmt. Daher umfaßt eine Sehschärfeprüfung mindestens folgende Angaben:

1. Nahvisus: monokular links, rechts und binokular.
2. Fernvisus: monokular links, rechts und binokular.

Auf die Vielzahl möglicher Ursachen und Gründe, die die Sehschärfeleistung eines Probanden herabsetzen können, kann hier nicht so ausführlich, wie es wünschenswert wäre, eingegangen werden; daher sei auf die hierfür geeigneten Literaturstellen hingewiesen (Schober, 1960; Trendelenburg, 1961; Riggs, in Graham, 1965, Kap. 11), in denen auch weiterführende Literatur u. a. aus dem Bereich der Augenheilkunde zu finden ist. Als Nachschlagewerk von besonderem praktischem Nutzen für Grundbegriffe und alle Detailfragen ist das ABC der Optik von Mütze (Hrsg.) 1961, zu empfehlen. Hier soll nur die grobe Einteilung der Anomalien und deren häufigste Formen genannt werden.

1. Das normale Auge mit regelmäßiger Bauart und korrekter Abbildungsart nennt man *emmetrop*.
   Emmetropie ist also „Rechtsichtigkeit“, Normalsichtigkeit und stellt den normalen Befund dar.
2. *Kurzsichtigkeit, Myopie,* zeigt sich darin, daß der Nahvisus Normalbefund ergibt, der Fernvisus jedoch deutlich herabgesetzt ist.
   Probanden mit Myopie haben für die Nähe ausreichende Sehschärfe, für die Ferne müssen sie eine Korrekturbrille tragen. Besonders wichtig ist die Beachtung der Myopie für den Straßenverkehr.
3. *Übersichtigkeit* (oft „Weitsichtigkeit“ genannt) oder *Hypermetro-*

pie liegt vor bei niedrigem Nahvisus, normalem Fernvisus und einem normalen Visuswert für eine optisch herstellbare Situation (scharfes Sehen für Entfernungen „hinter unendlich"), die erörtert werden muß.

Das emmetrope Auge (normales Auge) vermag sich durch Änderung der Brechkraft der Augenlinsen auf die weiteste Entfernung so einzustellen, daß parallele Lichtstrahlen in einem Brennpunkt auf der Netzhaut vereinigt werden. Hierbei ist die Augenlinse flacher, weniger gewölbt als bei der Einstellung der Augen auf die Nähe. Ein emmetropes Auge kann sich bei 20—30jährigen Probanden auf eine Nahentfernung von 10—15 cm, im Alter von 40 Jahren immer noch auf 22 cm einstellen. Diese Entfernungen werden als Nahpunktentfernung der Probanden bezeichnet, und der in kürzester Entfernung vom Auge noch scharf abbildbare Punkt als *Nahpunkt.* Beim emmetropen Auge liegt der Nahpunkt bei 14 cm. Entsprechend kann man die größte Entfernung, also die Fernpunktentfernung, bestimmen. Beim emmetropen Auge liegt dieser *Fernpunkt* im Unendlichen. Das Auge vermag noch die weitesten Gegenstände scharf auf der Netzhaut abzubilden. Die Fähigkeit der Augenlinse, sich durch Veränderung der Brechkraft auf verschiedene Objektentfernungen einzustellen, bezeichnet man als *Akkommodation.* Die Akkommodation ist diejenige Brechkraftänderung der Augenlinse, die diese zwischen Fernpunkt und Nahpunkt durchführt. Die Akkommodationsfähigkeit könnte man also durch die Entfernungen Fernpunktabstand und Nahpunktabstand beschreiben. Üblich ist jedoch, diese optische Änderung durch ein abbildungsoptisches Maß, in Dioptrien (dptr.), anzugeben. Dioptrie ist der Kehrwert der Entferung des Brennpunktes von der Linse. Die Einheit ist die Brechkraft einer Linse in Luft mit einem Meter Brennweite. Eine Linse mit 2 Meter Brennweite hat 0.5 dptr.; eine mit 50 cm 2 dptr. usw. Die *Brechkraftänderung* bei Akkommodation, die als *Akkommodationsbreite* bezeichnet wird, kann man in dptr. angeben. Als Bezugspunkt kann die Einstellung auf unendlich gewählt werden (Null dptr. weil 1/Unendlich beliebig klein, also als Grenzwert Null ist).

Man kann nun ausrechnen, welche Zunahme der Brechkraft notwendig ist, um z. B. auf den Nahpunktabstand von 14 cm zu akkommodieren. Die Zunahme beträgt 1/0.14—1/Unendlich, also:

1/0.14 — 0. = 7.14 dptr.

Die Akkommodationsbreite beträgt also rund 7 dptr. bei emmetropem Auge.

Die genannten Fehlsichtigkeiten, nämlich Kurzsichtigkeit (Myopie) und Übersichtigkeit (Hypermetropie), zeichnen sich dadurch aus, daß die Akkommodationsbreite normal vorhanden ist. Es verschieben sich lediglich die Nah- und Fernpunkte. Bei der Kurzsichtigkeit liegt der Nah- und Fernpunkt näher beim Auge als beim emmetropen Auge, bei Übersichtigkeit rückt der Nahpunkt weiter weg, und der Fernpunkt liegt „hinter dem Unendlichen", d. h. der Proband kann seine Akkommodationsfähigkeit für die Nähe nicht ausnutzen. Daher kommt es, daß solche Probanden eine gute Sehschärfe haben, wenn man den Fernvisus mit einer Zusatzlinse von z. B. + 1.5 dptr. prüft. Die Augenlinse vermag noch flacher zu werden, als es für die unendliche Entfernung notwendig ist und kann daher durch Entakkommodation den Zusatz von + 1.5 dptr. kompensieren (daher ist der Ausdruck „übersichtig" besser als „weitsichtig"). Die beiden Arten der Nahpunktverschiebungen können verschiedene Ursachen haben, die für die Leistungsbeurteilung natürlich nicht von entscheidender Bedeutung sind. Sie können durch den Bau des Auges bedingt sein, wenn die Augenachse (vom Vorderpol des Augapfels bis zur fovea centralis als hinterem Pol) zu klein (= Achsenhypermetropie) oder zu groß (= Achsenmyopie) und die Brechkraft der Augen emmetrop (normal) ist. Andererseits kann die Achse normal und die Brechkraft des Auges zu hoch oder zu niedrig sein (Brechungsmyopie oder Brechungshypermetropie), oder aber die Wölbungen der optischen Medien des Auges sind zu stark oder zu schwach (Krümmungsmyopie, Krümmungshypermetropie).

4. Von der Kurz- und Übersichtigkeit, bei denen die Akkommodationsbreite erhalten bleibt, ist der Fall zu unterscheiden, bei welchem der Fernpunkt emmetrop ist, der Nahpunkt aber weiter weggerückt, die Akkommodationsbreite also geringer als beim emmetropen Auge ist. Die Ursache ist bei der Augenlinse zu suchen, die nicht in der Lage ist, die für die Nahakkommodation notwendige Elastizität aufzubringen. Insbesondere mit zunehmendem Alter tritt eine *Verringerung der Akkommodationsbreite,* die sog. *Alterssichtigkeit oder Presbyopie* auf. Der Proband hat einen normalen Fernvisus, vermag die Sehschärfeleistung mit der 1.5-dptr.-Zusatzlinse nicht aufrechtzuerhalten (im Unterschied zum Hypermetropen) und hat einen stark verminderten Nahvisus, der desto niedriger ist, je geringer die Zeichenentfernung ist.
5. Mit der soeben beschriebenen Presbyopie wird gelegentlich eine zweite, ebenfalls mit dem Alter einhergehende Sehleistungsverminderung, die sog. *Altersübersichtigkeit* oder *Altershypermetropie* verwechselt, deren Ursache eine Brechkraftverminderung der Augenmedien ist, bei der sowohl die Akkommodationsbreite reduziert wird, wie auch eine Übersichtigkeit besteht.

6. Die Augen können einzeln myop oder hypermetrop sein bzw. voneinander in ihren optischen Eigenschaften wesentlich abweichen. In diesen Fällen, wo also unterschiedliche Brechkrafteigenschaften (oder Achsenfehler) bestehen, spricht man von *Ungleichsichtigkeit oder Anisometropie.* Entstehen hierdurch verschieden große Netzhautbilder, so spricht man von *Aniseikonie.*

Die Ursachen, die zu verminderter Sehschärfeleistung führen, könnten noch weiter aufgereiht werden, insbesondere wenn man sog. Stellungsanomalien (Schielstellung, Horizontal- und Vertikalschielen), Unregelmäßigkeiten (Narben, Verunreinigungen, Trübungen der Augenmedien usw.), Abweichungen von der Zentriertheit der optischen Medien im Auge (Astigmatismus, chromatische Abbildungsfehler usw.) u. a. berücksichtigen würde. Die Sehschärfeleistung wird jedoch in all diesen Fällen, bei einer bedeutsamen Ausprägung eine zuverlässige Anzeige für *irgendeine* leistungsbeeinträchtigende Ursache sein und gerade darin liegt ihre Bedeutung. Man spricht — um das nachzutragen — von *Schwachsichtigkeit, von Amblyopie,* wenn die Sehschärfe unter $^1/_{10}$ der Norm liegt, was in der Normalpopulation selten vorkommt. Ihre Ursache liegt nicht in der optischen Unvollkommenheit des Auges (das Auge kann optisch einwandfrei, emmetrop sein), womit auch darauf hingewiesen sei, daß Sehschärfeleistungsmängel nicht nur durch optische Unvollkommenheiten des Auges bedingt sein können. In solchen Fällen wird eine spezielle Untersuchung durch sog. objektive Methoden (Augenspiegel, Skiaskopie, neuerdings auch elektrophysiologische Methoden) notwendig sein.

Methoden und Mittel für die Sehschärfeprüfung sind für die verschiedensten Fragestellungen einer Untersuchung ausreichend vorhanden. Für die grobe Orientierung über Sehschärfemangel kann eine *Leseprobe* gewählt werden. Wenn man sich von Hinweisen des Textinhaltes freihalten will, kann man sinnarmes Material verwenden. Für die Entfernungen ca. 30 cm und 5—6 m läßt sich Prüfmaterial mit Leichtigkeit in geeigneten Größen zusammenstellen.

Am häufigsten wird für die Sehschärfeprüfung ein Schnelltest, der als Kompaktgerät von der Fa. Rodenstock hergestellt wird, verwendet. *Das Sehtestgerät R5 der Fa. Rodenstock* ist für Sehschärfeuntersuchungen auch im verkehrspsychologischen Bereich zugelassen und empfohlen. Dieses Gerät prüft die Sehschärfe für Nah, Fern und Fern mit 1,5 dptr. Zusatz, monokular und binokular in allen drei Bereichen und ist mit Zusätzen erweiterbar. Die Prüfungsergebnisse werden an einer vierstufigen Skala angegeben, wobei die Einstufung der Sehschärfeleistung als „nicht ausreichend" bei der Skalenstufe 3 erfolgt:

dies entspricht etwa einem Visuswert um 0.7 (für Ferne) bzw. um 0.8 (für Nähe), je nach Zustand des Gerätes, der Lampenleuchtdichte usw. Außer den Sehschärfemaßen liefert die Prüfung noch einen Hinweis auf Vorliegen einer Phorie (s. unten). Die Prüfung ist nach entsprechender Anweisung des Probanden in einigen Minuten durchführbar. Näheres ist der Anleitung zum Gerät zu entnehmen. Das Sehtestgerät R5 selegiert, wenn auch etwas grob, im niedrigen Sehschärfebereich mit guter Zuverlässigkeit, ist jedoch für Untersuchungen der Sehschärfe oberhalb des Normvisuswertes nicht vorgesehen und auch ungeeignet. Durchführung der Prüfung und Auswertung der Ergebnisse erfordern keine besonderen Kenntnisse.

Ein dem R5 ähnliches, etwas anspruchsvolleres Sehtestgerät ist der *Ortho-Rater der Fa. Bausch & Lomb.* Es sind mehrere Varianten, Erweiterungen (wie auch bei R5) möglich. In der Normalbestückung ist der Ortho-Rater ausgestattet mit einem Prüffeld für Visuswerte (bis zum Visuswert 1,2 bzw. 1,5) für Nah und Fern, binokular, monokular (12teilige Skala oder 15teilige Skala). Außer der Sehschärfe prüft der Ortho-Rater auch Phorie (laterale und vertikale Phorie im Nah- und Fernbereich, ein guter Zusatz zur Ermittlung von Ursachen für Fehlsichtigkeiten, s. unten), Farbsinn (eine Grobprüfung, die kaum für mehr als eine Vorprüfung bzw. Vorselektion ausreichend ist) und stereoskopisches Sehen (auch nur als Groborientierung). Die Handhabung des Gerätes ist relativ einfach. Die Durchführung ist zeitlich etwas aufwendiger als die von R5, liefert aber auch mehr Anhaltspunkte für die Leistungsbeurteilung. Bei den beiden Geräten handelt es sich um Geräte für Routineuntersuchungen.

Für die Prüfung für besondere Sehschärfeanforderungen sind die Astralonfolien der Firma Oculus, Dutenhofen bei Wetzlar, oder entsprechende Diaserien der klinischen Sehschärfeprüfung der Firma Erdmann & Grün, Wetzlar, zu empfehlen, bzw. allgemein die Materialien der klinischen Sehschärfeprüfung.

Außer der Punkt- bzw. Formsehschärfe, die in der Regel als Sehschärfekriterium gewählt wird, können im speziellen Fall die *dynamische Sehschärfe* (Sehschärfe für bewegte Sehzeichen, die entweder lateral, vertikal oder aber in der Entfernung bewegt werden, nicht zu verwechseln mit der Schwelle für Bewegungssehen, die die eben bemerkbare Winkelgeschwindigkeit eines Objektes betrifft), *die Bewegungsschärfe* (diejenige langsamste Bewegung, die noch als solche erkannt wird, vgl. hierzu die Zeigerbewegung der Uhr, die meist nicht als solche erkannt wird) und die *Noniussehschärfe* (wird mit einem ebenmerklich unterbrochenen Konturverlauf getestet) geprüft werden

(s. bei TRENDELENBURG, 1961, S. 253 ff.). Der Grund solcher für die allgemeine Sehtüchtigkeitsbeurteilung kaum wichtiger Spezialprüfungen kann nur aus der besonderen Fragestellung der Untersuchung abgeleitet werden.

2. *Prüfung der Tiefensehschärfe*

Die Prüfung der Tiefensehschärfe (s. hierzu TRENDELENBURG, 1961, S. 311 ff.) wird für Tätigkeiten im feinmotorischen Bereich bedeutsam (wie Feinmechanik, Elektroindustrie mit Miniaturbauelementen usw.), wenn es also um die visuelle Erfassung von kleinsten räumlichen Unterschieden von Objekten relativ zueinander geht (s. Steroskopie). Die Tiefensehschärfe ist wesentlich feiner als die Punktsehschärfe und liegt in der Größenordnung von einigen Winkelsekunden, meist um 10 Winkelsekunden, und ist etwa gleich der Noniussehschärfe, wenn auch die neurophysiologischen Grundlagen unterschiedlich sein könnten bzw. wahrscheinlich andere sind. Die geprüfte Tiefensehschärfe ist ein Gütemaß für die visuelle Erfassung feinster Tiefenunterschiede. Die Reizgrundlage ist die binokulare Bildverschiedenheit der beiden Netzhautbilder infolge der unterschiedlichen Entfernung der Objekte vom Beobachter (Abb. 30).

Nehmen wir an, daß der Beobachter den Punkt A) fixiert. Punkt A) wird an der Netzhaut als Punkt a) abgebildet. Diese Netzhautpunkte, wie auch die Punkte c) vom Objektpunkt C) treffen *identische Netzhautstellen*, weil der Abstand a—c in beiden Augen identisch und gleichgerichtet ist.

Hingegen sind die Abbildungen von B) und D) als b) und d) disparat, sie treffen sog. disparate Netzhautstellen, weil ihr Abstand zu a) bzw. zu c) bei den beiden Augen in entgegengesetzter Richtung liegt. Im linken Auge sind b) und d) relativ zu a) und c) nach links verschoben, im rechten Auge nach rechts. Den Winkel zwischen den Linien Aa) und Bb), nämlich δ, bezeichnet man als querdisparaten Winkel; er wird vom visuellen System als Signal für die relative Tiefenlokalisation (= plastisches oder stereoskopisches Sehen) verarbeitet. Ein querdisparater Winkel von einigen Winkelsekunden reicht bereits für eine Tiefenunterscheidung aus.

Bei der Prüfung begnügt man sich meistens mit der Feststellung, ob stereoskopisches Sehen überhaupt vorliegt (es kann auch bei intaktem binokularem Sehen fehlen oder sehr mangelhaft sein) und stuft qualitativ in „mäßig“, „mittel“, „gut“ ein.

Das Sehtestgerät Ortho-Rater der Firma Bausch & Lomb. enthält

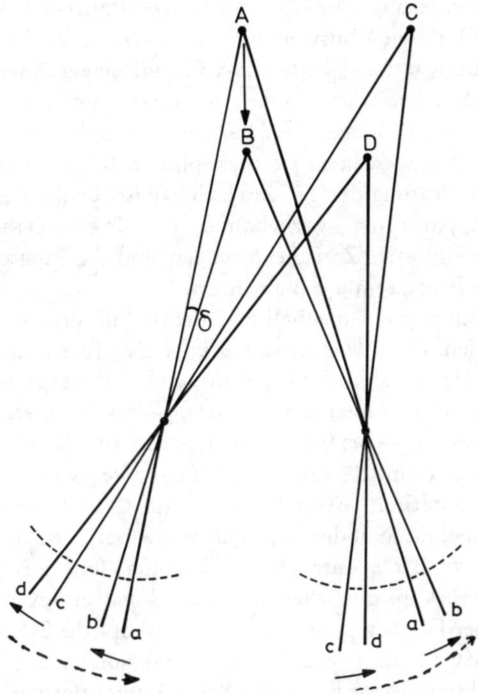

Abb. 30. Schematische Darstellung zum stereoskopischen Sehen.

Wenn der Beobachter A fixiert, bildet sich der Punkt A in beiden Augen als a an sog. identischen Netzhautstellen ab. Ebenfalls erfolgt die Abbildung C an identischen Netzhautstellen; c liegt in beiden Augen um den gleichen Abstand „links“ von der Projektion des Fixationspunktes (a), also dem Richtungsunterschied der Ziele A und C entgegengesetzt. Das Ziel B wird jedoch an nicht identischen Netzhautstellen, an sog. querdisparaten Stellen, abgebildet. Im linken Auge liegt die Abbildung b links von a, im rechten Auge rechts von a. Das gleiche gilt für die Abbildungen von D. Die querdisparate Bildverschiedenheit wird beim stereoskopischen Sehen zum Kriterium des Tiefenunterschiedes. Der Winkel δ ist der querdisparate Winkel zwischen a und b, d. h. Ausdruck für den Tiefenunterschied AB. Unterbrochene Pfeile bedeuten Richtungsunterschied der Ziele, ausgezogene Pfeile Tiefenunterschied von Zielen.

eine achtteilige Prüfvorlage, die eine solche Einstufung gestattet. In der schon genannten Diaserie (mittels Polarisationsmethode) ist ebenfalls ein solches Prüfsystem enthalten. Sind solche Einrichtungen nicht vorhanden, so erlaubt ein Stereoskop mit entsprechenden Vorlagen ausreichende Orientierung. Die Güte des stereoskopischen Sehens ist nicht mit den monokularen Visuswerten, bzw. deren Abweichungen voneinander, korreliert, d. h., es kann durchaus auf einem Auge eine relativ niedrigere Sehschärfe und dennoch ein relativ gutes stereoskopisches Sehen vorliegen und umgekehrt: bei guten monokularen Visuswerten können die Leistungen beim stereoskopischen Sehen mangelhaft sein. Eine genauere Prüfung der Tiefensehschärfe ist für die Forschung konstruierten Apparaturen vorbehalten (s. TRENDELENBURG, 1961, S. 309 ff.). Als günstige Zwischenlösungen sind die PULFRICHschen stereoskopischen Prüftafeln u. a. zu nennen.

Es muß noch auf einen möglichen Beurteilungsirrtum aufmerksam gemacht werden. *Ein fehlendes stereoskopisches Sehen oder mangelnde Tiefensehschärfe besagt noch keinesfalls, daß der Proband nur über ungenügende räumliche Lokalisationsleistung — auch im relativen Tiefenlokalisationsbereich — verfügt.* Besonders verhängnisvoll ist ein solcher Irrtum, wenn z. B. im Bereich des Straßenverkehrs diese völlig unzulässige Argumentation verwendet wird. Auf Grund verschiedener Sekundärkriterien, insbesondere aber durch die sog. Bewegungsparallaxe, können relative Tiefenunterschiede schneller und zuverlässiger als durch das stereoskopische Sehen auch monokular erkannt werden. Gerade bei rascher Fortbewegung ist das stereoskopische Sehen (s. GIBSON, 1973; TRENDELENBURG, 1961, S. 332—333) von untergeordneter Bedeutung. Wichtiger ist, z. B. bei der Beurteilung relativer Tiefenunterschiede im Straßenverkehr, die relative Lageänderung oder die bei Annäherung auftretende Vergrößerung der Abbildungen von Objekten an der Netzhaut (Bewegungsparallaxe), durch die *die Tiefenwahrnehmung der Objekte zueinander direkt möglich ist.*

3. Prüfung des Konvergenzgleichgewichtes und der Phorie

Das Gesetz der binokularen Gemeinschaft der Augen (auch binokulares Assoziationsgesetz genannt) besagt, daß die Blicklinien der Augen stets in einer Ebene liegen und sich im Blickpunkt schneiden. Als Blicklinie bezeichnet man die Linie, die von der Foveamitte über den Augendrehpunkt führt. Der erste Teil des Assoziationsgesetzes besagt also, daß die Blicklinien der Augen keine voneinander abweichende Vertikalstellung einnehmen. Bei deutlicher Vertikalabweichung der Blicklinien voneinander spricht man von *Vertikalschielen.* Das Vertikalschielen ist eine der selteneren Abweichungen der Okulomotorik. Der zweite Teil des Gesetzes besagt, daß die Blicklinien sich im Blickpunkt schneiden, der in der Regel auch der Punkt ist, der mit den Augen fixiert ist. Normalerweise ist die Blicklinie zugleich die Fixationslinie, also die Linie, die von der Foveamitte zum fixierten Objekt führt. Schneiden sich die Blicklinien vor oder hinter dem Fixationspunkt, so spricht man von *Horizontalschielen,* und zwar von Einwärtsschielen (Esophorie), wenn die Blicklinie vor dem Fixationspunkt verläuft, von Auswärtsschielen (Exophorie), wenn sie dahinter verläuft. Der Grund einer solchen Abweichung kann eine Lähmungserscheinung der Okulomotorik sein; dann spricht man von *Lähmungsschielen,* die Augenmuskeln oder deren neuronale Versorgung sind geschädigt. Es kann sich aber auch um ein *Begleitschielen* handeln, bei welchem nicht die Augenmuskeln bzw. deren Motilität Ursache des latenten Schielens sind. Vielmehr liegt dann eine Fehlkoppelung der Augenstellung mit der Akkommodation (auch mit der Pupillengröße) vor. Wenn die Augen eine Fixationspunktänderung von Ferne auf Nähe vornehmen, führen sie eine Konvergenzbewegung aus und zugleich akkommodieren die Augenlinsen.

Normalerweise sind Akkommodation und Konvergenz beim *beidäugigen Fixieren* des Zieles so gekoppelt, daß die Konvergenz- und Akkommodationsentfernungen übereinstimmen: In diesem Fall liegt kein Schielen vor, bzw. die Blicklinien schneiden sich im Fixationspunkt, welcher zugleich scharf (infolge korrekter Akkommodation) auf der Netzhaut abgebildet wird.

Man kann nun untersuchen, wie die Konvergenzstellung der Augen ist, wenn der Proband *einäugig* (monokular) das Ziel fixiert (dem zweiten Auge wird dabei kein Fixationsziel dargeboten). Wenn z. B. die Akkommodation von unendlich auf 50 cm verändert und das Fixationsziel nur einem der beiden Augen (monokular) angeboten wird, so führt auch das zweite Auge eine Konvergenzbewegung aus. Diese monokular, durch Akkommodation bedingte Konvergenzstellung wird *akkommodative Konvergenz* genannt. Die akkommodative Konvergenz entspricht nicht der binokularen Konvergenz. Den Unterschied nennt man Phorie (die nicht mit binokularem Schielen zu verwechseln ist).

Gibt man dem bisher verdeckten Auge die Sicht auf das Fixationsziel frei, so wird eine *zweite Konvergenzbewegung* ausgeführt, so daß Blickpunkt und Fixationspunkt übereinstimmen. Diese Konvergenzbewegung nennt man *fusionale Konvergenz.* Beide Konvergenzbewegungen werden bei normalsichtigen Augen ausgeführt. Sie können jedoch durch verschiedene Ursachen in der einen oder in der anderen (Einwärts- oder Auswärts-)Richtung abweichen. In diesem Fall spricht man von *Heterophorie.* Bei erheblicher Ausprägung von Myopie oder

Hypermetropie tritt regelmäßig eine Heterophorie auf (Begleitschielen). Da Akkommodation und Konvergenzstellung nicht unabhängig sind (bei Akkommodation „zieht“ die Konvergenz „nach“ und umgekehrt), konvergieren die Blicklinien bei Hypermetropen zwangsläufig, wenn diese (ohne Korrekturgläser) ihren Sehfehler durch Nahakkommodation ausgleichen. Es kommt zu einer *Esophorie* („monokulares Einwärtsschielen“). Bei starker Myopie müssen die Augen auf Ferne akkommodieren, um den Sehfehler auszugleichen. Entsprechend nimmt dann die Konvergenz der Blicklinien ab: es kommt zur *Exophorie* („monokulares Auswärtsschielen“). Es sei nochmals betont, daß es sich bei den beschriebenen Vorgängen um Korrekturen von Sehfehlern handelt, d. h., die Zu- bzw. Abnahme der Konvergenz relativ zum Fixationspunkt entsteht, wenn der Fehlsichtige versucht, einen Gegenstand „gegen seinen Sehfehler“ scharf einzustellen.

Man kann zwischen dem Akkommodationsmaß in *Dioprien* (dptr.) (Null bei Unendlich) und akkommodativer Konvergenz in Prismendioptrien (pdpt.) einen Koeffizienten bestimmen. „Prismendioptrie“ ist ein Maß für den seitlichen Ablenkungswinkel eines Prismas. Einheit ist die Ablenkung eines Prismas mit einem Ablenkungswinkel (1 cm in einem Meter Entfernung) von rund 0.5 Grad. Beträgt z. B. der Konvergenzwinkel von Unendlich auf 50 cm 8.6 pdpt. und die Akkommodation 2 dptr., so beträgt der Koeffizient $8.6/2 = 4.3$.

Diesen Koeffizienten bezeichnet man als *ACA-Koeffizienten.* Den ACA-Koeffizienten, also das Verhältnis zwischen monokularer Konvergenzstellung und Akkommodation, hat man durch Untersuchungen bei Normalsichtigen ermittelt. Die Methode sah vor, bei einer festen Entfernung (z. B. 50 cm) Linsen (um die Akkommodation zu variieren) und Prismen (um die notwendige Konvergenz zu variieren) so zu kombinieren, daß ein Gegenstand bei gegebener Entfernung (50 cm) scharf gesehen wurde (Kriterium). Das Verhältnis von Prismen- und Linsenstärke (in pdpt./dptr.) ist der ACA-Koeffizient. Der genannte Wert von 4.3 pdpt./dptr. ist ein Durchschnitts- bzw. Normwert einer großen normalsichtigen Untersuchungsgruppe. Ist der ACA-Koeffizient wesentlich größer als 4.3, so liegt eine Exophorie vor, ist er wesentlich kleiner, dann liegt eine Esophorie vor. Bei einem Koeffizienten um 4.3 ($\pm$ 1) spricht man von einem *normalen Phoriewert,* in den anderen Fällen von *Heterophorien.*

Die Überprüfung von Schielstellungen, insbesondere für Begleitschielen (Lähmungsschielen ist in der Regel bei freiem Auge beobachtbar) kann mit verschiedensten Mitteln vorgenommen werden.

Im klinischen Bereich wird man sich eines Phorometers (Gerät, bei dem mit Hilfe eines Prismenpaares der ACA-Koeffizient direkt gemessen werden kann) bedienen, während beim R5-Sehtest-Gerät eine einfache Methode (Doppelbild) qualitative Angaben von Phoriewerten (Kontrolle über Hypermetropie und Myopie) erlaubt. Der Ortho-Rater hat zwei Untertests, einen für Vertikal-, einen zweiten für Horizontalphorie, die sowohl für die Ferne, als auch für die Nähe durchgeführt werden. Die Ergebnisse gestatten nicht nur die Schätzung der ACA-Koeffizienten, sondern auch die Angabe der Phoriewerte in etwa Prismendioptrien genau. Näheres muß hierzu aus den Testanleitungen entnommen werden.

4. *Prüfung der Motilität der Okulomotorik*

Bei einer Reihe von Sehaufgaben, Tätigkeiten und Berufen ist es besonders wichtig, daß die Augen

1. ein großes Blickfeld (= Summe aller Richtungsziele, die bei einer gegebenen Kopfstellung angeblickt werden können) haben und in diesem Bereich Ziele auch festhalten können,
2. rasch von einem Ziel auf ein anderes wechseln können.

Bei einer normalen Sehtüchtigkeitsprüfung wird man nicht zu aufwendigen quantitativen Methoden von sog. Okulogrammen (meist Elektrookulogramm, die elektrische Aufzeichnung der Augenbewegungen mit der Methode der Registrierung des Biopotentials des Auges) greifen. Für die normale Sehtüchtigkeitsprüfung wird eine *qualitative Orientierung über extreme Blickwechsel* (Zeigefingerfolgen) und ein durch eine Streifentrommel ausgelöster *optokinetischer Nystagmus* (und Beobachtung der raschen Augenbewegungen) ausreichen.

Bei Rotation eines Streifenzylinders vor den Augen führen die Augen in deutliche Phasen einteilbare sog. *Nystagmusbewegungen* aus. Zunächst wird eine Streifenkontur fixiert, und die Augen folgen deren Bewegung. Nach einer bestimmten Folgeperiode wird von diesem Streifen auf einen anderen, der in der anderen Gesichtsfeldhälfte (entgegen der Bewegungsrichtung) liegt, umfixiert. Diese Periode aus langsamen Folgen und rascher Rückfixierung wiederholt sich bei Rotation des Zylinders. Nach einigen Beobachtungsproben wird man in der Lage sein, mit diesen einfachen Hilfen grobe Motilitätsstörungen zu entdecken.

5. Prüfung der Adaptationsfähigkeit

Die Bedeutung dieser Prüfung für visuelle Aufgaben, bei denen ein niedriges Leuchtdichteniveau gegeben ist oder bei denen sich das Leuchtdichteniveau rasch ändert, ist direkt einsichtig. Oft wird diese Prüfung jedoch zu Unrecht vernachlässigt (z. B. bei der Prüfung der Fahrtauglichkeit). Dabei kann die sog. Nachtblindheit (Hemeralopie), bei deren Vorliegen (s. Adaptationskurven) die Hellempfindlichkeit um drei Dekaden der Leuchtdichte geringer sein kann als bei Normalsichtigen, von besonderer Bedeutung sein.

Die Prüfung der Adaptationsfähigkeit ist bei Kraftfahrern von besonderer Bedeutung. Zum einen ist die Fähigkeit des visuellen Hell-Dunkel-Systems für die Einstellung auf wechselnde Leuchtdichten von Bedeutung. Zum anderen bietet die mangelnde Dunkeladaptationsfähigkeit u. a. einen Hinweis auf erhöhten Alkoholkonsum. Wie Trendelenburg (1961) nach Steff berichtet, tritt bei Lebererkrankungen, insbesondere bei Schrumpfleber (Leberzirrhose) in der Regel eine Hemeralopie auf, die annähernd dem Grad der Leberschädigung entspricht. Natürlich ist Nachtsehschwäche oder Nachtblindheit (Hemeralopie) nicht immer ein Zeichen von Leberschaden oder Alkoholkonsum; es gibt auch verschiedene angeborene Formen der Hemeralopie.

Für eine allgemeine Leistungsbeurteilung der Adaptationsfähigkeit muß nicht ein metrisch arbeitendes Gerät, ein Adaptometer (Adaptometer nach Engelking oder Nyktometer nach Schober usw.), vorhanden sein. Es genügt ein gut verdunkelbares Zimmer mit schwachbeleuchteten Sehzeichen, die man nach Erfahrungswerten für die Aufenthaltsperioden von 2, 5, 10 und 20 Minuten (Dunkelaufenthalt) eicht, zumal die individuellen Unterschiede der Dunkeladaptation relativ groß sind. Die nach diesen Zeiten geprüften Sehschärfeleistungen (die Sehzeichenbeleuchtung wird mit zunehmender Dauer des Dunkelaufenthaltes logarithmisch reduziert) werden gute Hinweise auf die Adaptationsfähigkeit des Probanden geben. Für die Eignung zu Nachtberufen und Tätigkeiten bei besonders niedrigem Leuchtdichteniveau wird man jedoch ein Leistungsurteil nur nach einer Prüfung mit Hilfe eines geeichten Adaptometers abgeben können.

Als Faustregel gilt, daß sich die Sehschärfe nach 5minütiger Adaptation an ein hohes Lichtniveau von ca. 5000—10 000 Lux (Vollfeldbeleuchtung) während einer nachfolgenden Dunkelperiode, bei der die Sehzeichen mit 5—10 Lux beleuchtet werden, erheblich verbessert (etwa verdoppelt). Ist die Beleuchtung so gewählt, daß die Sehschärfe während der ersten 5—10 Minuten der Dunkelperiode einem Visuswert von 0.2 bis 0.4 entspricht, so wird sie beim Nicht-Hemeralopen nach 20 Minuten Dunkelaufenthalt auf etwa 0.5 bis 0.8 Visuseinheiten steigen. Es empfiehlt sich jedoch, eine solche Prüfsituation mit Hilfe eines Adaptometers an einem Kollektiv zu eichen.

6. *Farbsinnprüfung*

Die Methoden und Mittel der Farbsinnprüfung sind sehr verschieden. Im Prinzip wird bei allen Farbsinnprüfungen die individuelle Schwelle der relativen Farbtonunterscheidung geprüft. Die Prüfmethoden (Prüfverfahren) unterscheiden sich durch die Gründlichkeit und Genauigkeit der Angaben über die Farbdiskriminationsleistung des Probanden.

Die Gründe für eine herabgesetzte Farbdiskriminationsleistung (die nicht mit der Farbbenennung zu verwechseln ist) können sehr verschieden sein; meist sind es angeborene Farbsinnstörungen für einen Farbbereich (Rot-, Grün-, oder Blaubereich, entsprechend spricht man von Proto-, Deutero- und Tritostörungen), die voll ausgeprägt sein können, so daß der Proband statt der Farbe unbunt (grau oder schwarz bei der Protostörung) sieht, in diesem Fall spricht man von *Protanopie* (Rotblindheit), *Deuteranopie* (Grünblindheit) und *Tritanopie* (Blaublindheit). Die Störungen können als Anomalien, also als Farbschwächen vorliegen (Protanomalie, Deuteranomalie und Tritanomalie), die unterschiedlich ausgeprägt sein können. Für die Ausprägung der Farbdiskriminationsstörung kann man, je nach Verfahren, einen prozentuellen Wert, oder den Anomalkoeffizienten angeben, die den Ausprägungsgrad der Farbsinnstörung quantitativ spezifizieren. Die normale Farbdiskrimination bezeichnet man als trichromatisch (Dreifarbensystem), daher spricht man vom *„normalen Trichromaten"*. Zeigt eines der Teilsysteme (Rot, Grün oder relativ selten Blau) verminderte Farbunterscheidung, so spricht man von *anomalen Trichromaten* (Prot-, Deuter-, Tritanomale).

Fehlt die Farbunterscheidung in einem der Teilbereiche, so spricht man von *Dichromaten* (Zweifarbensystem). Von *Monochromaten* spricht man bei totaler Farbenblindheit, die man je nach Art entweder als Zapfenblinde (nur ein Stäbchensehen vorhanden, die Grauwerte entsprechen der $V'[\lambda]$-Funktion) oder als Zapfenfarbenblinde (ein Zapfensehen ist ohne Farbensehen vorhanden, die Grauwerte des Spektrums folgen der $V[\lambda]$-Funktion) bezeichnet.

Vielfältig und kaum im Detail klassifizierbar ist die Gruppe der *erworbenen Farbfehlsichtigkeiten,* die jedoch meist analog den anomalen Trichromaten oder Dichromaten ausgeprägt sind. Ihr Hauptmerkmal besteht darin, daß sie mit einer Farbschwäche für ein Teilsystem beginnen, zuerst den Ausprägungsgrad einer Anomalie haben und sich möglicherweise zu einer Dichromasie oder einer Monochromasie entwickeln. Aus diesem Grund sollten Farbsinnprüfungen in Berufen, die eine erhöhte Anforderung an die Farbdiskriminationsleistung stellen, von Zeit zu Zeit durchgeführt werden. Ursachen einer erworbenen Farbenblindheit können z. B. Stoffwechselstörungen oder neuronale Störungen sein. Das Gegenteil von Farbenblindheit, nämlich das Farbigsehen von Weiß (bzw. Grautönen), kann bei Vergiftungen und infolge der Einnahme bestimmter Medikamente auftreten, z. B. ein „Gelbsehen" (Xanthopsie, nach Einnahme von Xanthonin) oder ein „Violettsehen" (bei bestimmten Pilzvergiftungen). Auch bei organischen Veränderungen wie Trübung der Augenlinse (Blausehen) oder, vorübergehend, nach einer Staroperation (Rotsehen oder Erythropsie, die auch unter zu hoher Lichtbelastung kurzzeitig bestehen kann), kann Farbigsehen von Weiß auftreten (wobei dunkle Bereiche dann in der Kontrastfarbe gesehen werden).

Von der Vielzahl an möglichen Prüfverfahren sollen stellvertretend nur einige genannt werden, die bei praktischen Prüfungen des Farbsinnes häufig angewendet werden. Im Prinzip kann für orientierende Zwecke jede Farbsortieraufgabe gewählt werden, wenn es darum geht, grobe Störungen zu entdecken.

Man kann Farbpapiere oder farbige Objekte nach dem Farbton sortieren lassen (wie es bei den sog. HOLMGRENschen Wollproben erfolgt). Man kann Farbplättchen gleicher Helligkeit, jedoch unterschiedlicher Farbtöne z. B. aus der OSWALD-Reihe oder aus der MUNSELL-Reihe, sortieren lassen. Den Farbsinn kann man mit einem Spektralmischapparat oder mit einem MAXWELLschen Farbkreisel prüfen. Im Prinzip funktionieren die genannten Verfahren nach dem o. g. Prinzip; sie haben jedoch den Vorteil, daß sie normiert und standardisiert sind.

Die einfachsten Farbsinntests sind die Farbtafeln der HERTEL-STILLINGschen Form, nach ISHIHARA oder nach HARDY, RAND und RITTLER. Der Vorteil dieser Tafeln besteht darin, daß sie meist durch das Prinzip der Farb- und Helligkeitsanordnung (Pseudoisochromasie = scheinbare Gleichfarbigkeit durch gleiche Helligkeiten und Pseudoanisochromasie = scheinbare Ungleichfarbigkeit durch Helligkeitsunterschiede, s. Testanweisung) gegen Simulation abgesichert sind (Farbsinnprüfung bei Musterung). Die Tafeln geben gute Auskunft über Anomalien bzw. Dichromasie. Zur Quantifizierung des Ausprägungsgrades von Anomalien und für die Prüfung hoher Farbunterscheidungsfähigkeit sind sie weniger geeignet.

Das Grundprinzip beim Farbanomaloskop nach NAGEL bzw. bei dessen verbesserter Nachkonstruktion (SCHMIDT & HAENSCH, Berlin) ist die Farbenmischung mit Spektrallichtern. Rot und Grün müssen zu einem Gelb gemischt werden, das mit einem Spektralgelb verglichen wird. Aus dem Rot- und Grünanteil der Mischung kann eine Farbgleichung für das Spektralgelb aufgestellt und die Abweichungen der Farbgewichte der Probanden von Normalgleichung als Farbsinnstörung interpretiert werden. Die Genauigkeit und Trennschärfe des Anomaloskopes ist bei sorgfältiger Testdurchführung für Anomalien hervorragend. Aus den Farbgewichten kann der sog. Anomalkoeffizient (mit Hilfe eines Rechenschiebers) bestimmt werden. Näheres muß aus der Bedienungsanleitung des Gerätes entnommen werden. Simulation ist möglich, aber indirekt kontrollierbar.

Das Testprinzip des ›FARNSWORTH-MUNSELL 100-HUE-Tests‹ ist eine Sortieraufgabe von Farbproben in Form von Farbplättchen, die nicht nach Gruppen, sondern nach der Farbtonreihe zwischen Ankerfarbtönen zu ordnen sind. Der Test umfaßt den vollen Farbkreis in einer Sättigungsstufe mit Farbtönen, die voneinander etwa durch die Farbtonschwelle entfernt sind. Die Auswertung ist unkompliziert und leicht der Testanweisung (es werden Verwechslungen gewichtet gezählt) zu entnehmen. Zusätzlicher Vorteil des Tests sind die Eichwerte bei verschiedenen Farbdiskriminationsleistungen (Übungsfaktor) und für bestimmte Anomalgruppen. Der Test ist gegen Simulation nur indirekt geschützt (Nachteil gegenüber Farbtafeln).

7. Prüfung der Gesichtsfeldgrenzen (Perimetrie)

Bei höheren sehtechnischen Anforderungen, bei welchen es insbesondere auf einen großen Gesichtsfeldbereich ankommt, ist die Prüfung der Gesichtsfeldgrenzen angebracht. Bei Routineprüfungen wird man die relativ aufwendige Prüfung selten anwenden. Man bestimmt mit einem speziellen Gerät, dem Perimeter, die Gesichtsfeldgrenzen für verschiedene Leuchtdichten und Farben. In besonderen Fällen können auch Formen (Formperimetrie) oder Bewegungen (Bewegungsperimetrie) als Reize verwendet werden. Die Bedeutung der Perimetrie liegt jedoch mehr im klinischen Bereich (Gesichtsfeldausfälle, Skotome).

III. Gehörprüfung

Die Gehörprüfung hat, im Gegensatz zu Sehtüchtigkeitsprüfungen, den Zweck, *Hörbeeinträchtigungen* festzustellen. Es werden in der Regel nicht Leistungen — wie es bei der Sehtüchtigkeitsprüfung doch in speziellem Fall vorkommen kann — sondern praktisch ausschließlich Leistungsbeeinträchtigungen geprüft. Die Gehörprüfung ist auf Hörverluste ausgerichtet und steht, wenn nicht im Rahmen der klinischen Diagnose, im Dienste der Psychohygiene. Der Bereich der Gehörprüfungen, *die Audiologie*, ist in gewissem Sinne ein Berufsfeld, in dem Psychologen tätig sind.

Abgesehen von einigen speziellen Prüfungen, die klinisch als Diagnosemittel eingesetzt werden, prüft man das Hörvermögen des Individuums im breiten Frequenzbereich des Schallspektrums (von 100 bzw. 125 Hz beginnend bis 12 oder 16 kHz). Dabei wird die untere absolute Hörschwelle bei verschiedenen Frequenzen des Schalles bestimmt und mit der mittleren, interindividuellen Schwelle von normalhörenden Versuchspersonen (im Alter von 20 Jahren) verglichen. Eine solche, mit hierfür konstruierten und geeichten Meßgeräten, den sog. Audiometern, durchgeführte Prüfung heißt *Audiometrie*.

Für eine orientierende Prüfung über Schwerhörigkeit wendet man entweder aus Gründen der Zeitersparnis oder weil ein Audiometer nicht zur Verfügung steht, *den Flüstertest*, auch Flüsterprobe genannt, an. Es handelt sich dabei um eine grobe und qualitative Überprüfung des Hörvermögens mittels Sprachmaterials. Der Proband soll vom Prüfer gesprochene Silben, Zahlen im Flüsterton, bei einer Entfernung von etwa sechs Metern, nachsprechen. Das Verfahren gestattet es, bei ausreichender Einübung des Untersuchers, ausgeprägte Hörschäden, z. B. eine Schwerhörigkeit, zu entdecken.

Eine solche Prüfung kann in praktischen Fällen (z. B. Untersuchung zur Fahrtauglichkeit) Aushilfe, doch niemals eine ausreichende Orientierung über Hörverluste ermöglichen. Eine Prüfung, die von Fall zu Fall gute Dienste leisten kann, kann man mit Hilfe vorgeeichter, elektroakustischer Geräte (z. B. einem Tonband mit Kopfhörern, bei dem die Schallabgabe des Kopfhörers, wenn auch grob, in dB geeicht ist) besser gestalten. Mit Hilfe von preiswerten Hörprüfgeräten, die durch die Entwicklung der modernen Elektronik durchaus leistungsfähig geworden sind und an die Leistung bekannter Großgeräte herankommen, kann eine Überprüfung einiger kritischer Frequenzbereiche in einigen Minuten, ohne großen Untersuchungsaufwand, durchgeführt werden.

Die Gründe für die Beeinträchtigung des Hörvermögens können sehr verschieden sein, sie können organisch bedingt sein (Mittelohrschäden usw.), psychische (psychologische) Ursachen haben, doch lassen sie sich in den häufigsten Fällen auf unzulässige und unzumutbare Lärmbelastung zurückführen. Eine besondere Gruppe bilden Hörverluste bei älteren Probanden (Altersschwerhörigkeit), die auch ohne schädliche Lärmbelastungen im Alter regelmäßig auftreten und an Hörverlusten im oberen Frequenzbereich (von 4--5 kHz beginnend und zu höheren Frequenzen zunehmend) erkennbar sind.

Eine sorgfältig durchgeführte Audiometerprüfung liefert ein Audiogramm, das die individuelle absolute Hörschwelle, für beide Hörgänge getrennt, über das gesamte Frequenzspektrum hinweg, in „Verlust-Dezibel" (VdB) enthält. VdB bedeutet, daß jeweils der dB-Wert ermittelt wird, um den — bei einer bestimmten Frequenz — die Hörschwelle gegenüber dem Normalbeobachter (von 18—20 Jahren) heraufgesetzt, das akustische System also unempfindlicher, ist. Man benutzt die Hörschwelle des Normalbeobachters als Bezugswert und ermittelt in dB, wieweit der Schalldruck über diesen Bezugsschall erhöht werden muß, damit der Schall ebenmerklich hörbar ist. Ein VdB von 20 bedeutet, daß der Proband den zehnfachen, 40 VdB, daß der Proband den hundertfachen Schalldruckwert als Schwellenwert in dem gegebenen Frequenzbereich hat; 40 VdB liegen schon im kritischen Hörverlustbereich. Selten wird man heutzutage Probanden finden, die einen negativen VdB-Wert (d. h. niedrigere Hörschwelle als der Normalbeobachter) haben. Viel häufiger findet man Fälle mit Gehörbeeinträchtigungen im empfindlichsten Hörfrequenzbereich, im Bereich von 2—6 kHz (die sog. C5-Senke, nach der Frequenz des fünfgestrichenen C der Musikskala bei 4096 Hz benannt). Die statistischen Angaben über die Häufigkeiten und Ausprägungsgrade von Hörverlusten im C5-Bereich variieren von Autor zu Autor, stimmen aber darin überein, daß etwa jeder dritte bis fünfte Gehörschäden hat und die Beeinträchtigungshäufigkeit von Jahr zu Jahr zunimmt. Ein Umweltproblem, das nicht zuletzt auf laute Unterhaltungsmusik (Kopfhörer) in Phonbereichen von 90 bis zu über 110 (gelegentlich bis zur Schmerzgrenze, die bei 130—140 Phon liegt) sowie auf Industrielärm (darunter auch Verkehrslärm) zurückzuführen ist.

Das Vorliegen einer C5-Senke ist vor allem deswegen kritisch, weil sie sich in ihrem niederfrequenten Bereich mit dem Sprachbereich deckt.

Hierdurch bekommt die Gehörprüfung in der heutigen Situation eine besondere psychohygienische Bedeutung, sowohl an industriellen Arbeitsplätzen, wie auch in der Freizeitgestaltung.

Über weitere Methoden und Techniken der Audiometrie muß hier auf die Spezial-Literatur hingewiesen werden: Bekesy, 1947; Berendes, Link, Zöllner (Hrsg.), Hals-Nasen-Ohrenheilkunde, Bd. III., Teil 1, 1965).

LITERATURVERZEICHNIS

Barthelmess, A., et al.: Sehtestungen. München: W. Goldmann, 1972.

Bedford, R. E., and *Wyseki, G.:* Wawelength discrimination for point sources. J. opt. Soc. Amer., *48*, 129—135, 1958.

Benda, H. von: Untersuchungen über die Abhängigkeit der Wahrnehmungsschwelle für komplexe Sehzeichen von den Parametern Zeit, Intensität und Form. Psychol. Beiträge, *10*, 2 u. 3, 1968.

Bouman, M. A., Walraven, P. L.: Color discrimination data, In: Jameson, D., and Hurwich, L. M. (ed.): Handbook of Sensory Physiology. Berlin: Springer, 1972.

Bouma, P. J.: Farbe und Farbwahrnehmung. Eindhoven: Philips, 1951.

Brentano, F.: Psychologie vom empirischen Standpunkt. Wien, 1874. In: Meinersche Phil. Bibl. (Hrsg.: O. Kraus), Bd. I, 1955, Bd. II., 1959.

Brown, J. L.: Flicker and intermittend stimulation. In: Graham, C. H. (ed.), Vision and visual perception, 10. New York: Wiley, 1965.

Brunswik, E.: Wahrnehmung und Gegenstandswelt. Leipzig: Deuticke, 1934.

De Valois, R. L.: Central mechanisms of color vision. In: Jung, R. (ed.): Handbook of sensory Physiology, Vol. VII/3 Berlin: Springer, 1973.

Fechner, G. T.: Elemente der Psychophysik, Teil 1. Leipzig: Breitkopf u. Härtel, 1860.

Ferry, E. S.: Persistence of vision. Amer. J. Sci., *44*, 1892.

Gauer, O. H., Kramer, K., Jung, R.: Physiologie des Menschen. München, Berlin, Wien: Urban & Schwarzenberg, 1972.

Gibson, J. J.: Die Sinne und der Prozeß der Wahrnehmung. Bern: Huber, 1973.

—: Die Wahrnehmung der visuellen Welt. Weinheim: Beltz, 1973.

—: The perception of the visual world. Boston: H. Miffin, 1950.

Graham, C. H. (ed.): Vision and visual perception. New York / London: Wiley, 1965.

Granit, R., and Harpes, P.: Comparative studies on the peripheral and central retina. Amer. J. Physiol., *95*, 1930.

Hajos, A.: Sensomotorische Koordinationsprozesse bei Richtungslokalisation. Z. f. exp. u. angew. Psych., *15*, 435—461, 1968.

—: Sinnespsychologische Untersuchungen zur Invarianzbildung im visuellen System des Menschen. In: Gruesser, O. J., und Klinke, R. (Hrsg.): Zeichenerkennung durch biologische und technische Systeme. Berlin: Springer, 1971.

—: Wahrnehmungspsychologische Indikatoren neuronaler Strukturen. Stuttgart: Kohlhammer, 1977.

Hajos, A.: Wahrnehmungspsychologie. Stuttgart: Kohlhammer, 1972.

Hartline, H. K.: Intensity and duration in the excitation of single photoreceptor units. J. cell. comp. Physiol, *5*, 229—247, 1934.

Hecht, S.: Eine Grundlage für die Beziehung zwischen Sehschärfe und Beleuchtung. Die Naturwissenschaften, *18*, 1930.

—: The retinal processes concerned with visual acuity and color vision. Bull. No. 4 of the Howe Lab. of Ophtalmology, Haward Med. School, Cambridge, 1931.

—: The nature of the photoreceptor process Vision II. In: Murchison, C. (ed.): A Handbook of general exp. psychology, Clark Univ. Press, Worcester, 1934.

Hecht, S., Verrijp, C. D.: Intermittent stimulation by light. J. gen. Physiol., *17*, 251—286, 1933.

Hecht, S., Haig, C., and Wald, G.: Dark adaptation of retinal fields of different size and location. J. gen. Physiol., *19*, 321—337, 1935.

Hecht, S., and Shlaer, S.: Intermittent stimulation by light. J. gen. Physiol., *19*, 965—979, 1936.

Helmholtz, H. von: Handbuch der physiologischen Optik, Bde. I—III. Leipzig: Voss, 1909.

Hensel, H.: Allgemeine Sinnesphysiologie, Hautsinne, Geschmack, Geruch. Berlin/Heidelberg/New York: Springer, 1966.

Herrmann, Th., et al. (eds.): Handbuch psychologischer Grundbegriffe. München: Kösel, 1977.

Hirschberger, J.: Geschichte der Philosophie I u. II. Freiburg i. Br.: Herder, [8]1965.

Hofmann, F. B.: Physiologische Optik: Die Lehre vom Raumsinn des Auges. In: Graefe-Saemisch (Hrsg.): Handbuch der ges. Augenheilkunde, 3; XIII., 1 Berlin: Springer, 1925.

—: Die Lehre vom Raumsinn des Auges. Berlin/Heidelberg/New York: Springer, 1970.

Hugony, A.: Über die Empfindung von Schwingungen mittels des Tastsinnes. Z. Biol., *96*, 548—553, 1935.

Keidel, W. D.: Kurzgefaßtes Lehrbuch der Physiologie. Stuttgart: G. Thieme, 1968.

—: Sinnesphysiologie, Teil I: Allgemeine Sinnesphysiologie, visuelles System. Berlin: Springer, 1971. (Heidelberger Taschenbücher, Bd. 97.)

Kleemann, A.: Einsatzwert eines Schiffes aus arbeitsmechanischer Sicht. Wehrmed. u. Wehrpharm., *7*, 134—149, 1969.

Klix, F.: Elementaranalysen zur Psychophysik der Raumwahrnehmung. Berlin: VEB Deutscher Verlag der Wissenschaften, 1962.

Kohler, I.: Über Aufbau und Wandlungen der Wahrnehmungswelt. Österr. Akademie d. Wiss., phil. hist. Kl. 227/1. Wien, 1951.

—: Psychophysik heute? Studium Generale, *10*, 340—347, 1957.

—: Zentralnervöse Korrekturen in der Wahrnehmung. Die Naturwissenschaften, *8*, 259—264, 1961.

—: Interne und externe Organisation in der Wahrnehmung. Psych. Beitr. *8*, 259—264, 1962.

—: Die Zusammenarbeit der Sinne und das allgemeine Adaptationsproblem. In: Metzger (Hrsg.): Handbuch der Psychologie, Band 1, 1. Halbband. Göttingen: Hogrefe, 1966.

—: Wahrnehmung. In: Meili/Rohracher: Lehrbuch der experimentellen Psychologie. Bern: Huber, 1968.

Kries, J. v.: Über Empfindlichkeitsmannigfaltigkeiten und ihre geometrische Darstellung. Z. Sinnesphysiol., *56*, 281—317, 1925.

—: Allgemeine Sinnesphysiologie. Leipzig: Vogel, 1923.

Müller, J.: Handbuch der Physiologie des Menschen, Bd. I u. II. Koblenz, 1838, 1840.

—: Zur vergleichenden Physiologie des Gesichtssinnes. Leipzig, 1826.

Mütze, K.: ABC der Optik. Hanau: Dausien, 1961.

Murch, G. M., and *Woodworth, G. L.:* Wahrnehmung. Stuttgart: Kohlhammer, 1978.

Porter, T. C.: Contributions to the study of flicker. Proc. Roy. Soc., *70A*, 1902 und *86A*, 1912.

Riggs, L. A.: Light as a stimulus for vision. In: Graham, C. H. (ed.): Vision and visual perception, 1. New York: Wiley, 1965.

—: Visual acuity. In: Graham, C. H. (ed.): Vision and visual perception, 1. New York: Wiley, 1965.

Rohracher, H.: Einführung in die Psychologie. Wien/München: Urban & Schwarzenberg, [8]1963.

Schmidt, R. F.: Grundriß der Neurophysiologie. Berlin: Springer, 1972. (Heidelberger Taschenbücher, Bd. 96.)

—: Grundriß der Sinnesphysiologie. Berlin: Springer, 1973. (Heidelberger Taschenbücher, Bd. 136.)

Schober, H.: Das Sehen, Bd. I. u. II. Leipzig: VEB Fachbuchverlag, 1960.

Schneider, M.: Einführung in die Physiologie des Menschen. Berlin: Springer, 1973.

Shower, E. G., and Biddulph, R.: Differential pitch sensitivity of the ear. J. of the Aconst. Soc. Am. *3*, 1931.

Stevens, S. S.: On the problem of scales for the measurement of psychological magnitudes. J. unif. Sci., *9*, 94—99, 1939.

—: On the theory of scales of measurement. Science, *103*, 677—680, 1946.

—: Calculating loudness. In: Noise control, *3*, 11—22, 1957.

—: On the validity of the loudness scale. J. Aconst. Soc. Amer. *31*, 995—1003, 1959.

—: The psychophysics of sensory functions. In: Rosenblith (ed.): Sensory communication. New York/London: M.I.T. Press and J. Wiley, 1961.

Stevens, S. S. (ed.): Handbook of Experimental Psychology. New York/ London: Wiley, 1963.

Stevens, S. S.: Sensory power functions and neural events. In: Loewenstein,

W. R. (ed.): Principles of Receptor Physiology. Berlin/Heidelberg/New York: Springer, 1971.

Stevens, S. S., and Harris, Judith, R.: The scaling of subjective Roughness and Smoothness. J. of Exp. Psychol. *64*, 489–494, 1962.

Tschermak-Seysenegg, A. von: Einführung in die physiologische Optik. Wien: Springer, 1947.

Trendelenburg, W.: Der Gesichtssinn. Berlin/Göttingen/Heidelberg: Springer, 1961.

Varju, D.: Systemtheorie. Berlin/Heidelberg/New York: Springer, 1977.

—: Signalübertragung in Organismen und technischen Systemen. Studium Gen., *22*, 1–29, 1969.

—: Über nichtlineare Analogschaltungen zur Simulierung biologischer Adaptationsvorgänge. In: Wimer/Schade (eds.): Progress of Brain Research, *17*, 1965.

Walraven, P. L.: On the mechanisms of colour vision. (Thesis, Univ. Utrecht.) Rep. No. IZF 1962–16. Soesterberg, RVO-TNO, 1962.

Weber, E. H.: Der Tastsinn und das Gemeingefühl. In: Wagner, R. (Hrsg.): Handwörterbuch der Physiologie. Bd. III/2, Braunschweig: F. Vieweg & Co., 1846.

Wheatstone, Ch.: Beiträge zur Physiologie der Gesichtswahrnehmung. Philos. Trans., 1838. In: Rohr, V. (Hrsg.): Oswalds Klassiker, 1908.

Witte, W.: Perzeptive Organisation als Weg zur Wahrnehmung. In: Heckhausen, H. (Hrsg.): Biologische und kulturelle Grundlagen des Verhaltens. Göttingen: Hogrefe, 1965.

—: Das Problem der Bezugssysteme. In: Metzger (Hrsg.): Handbuch der Psychologie, Bd. I., 1. Halbband. Göttingen: Hogrefe, 1966.

Wright, W. D.: Colour Mixture. In: Jameson, D., and Hurwich, L. M. (eds.): Handbook of Sens. Physiol., VII/4, 16. Berlin: Springer, 1972.

Wyseki, G., and *Stiles, W. S.:* Color Science. New York: Wiley, 1967.

Zwicker, E.: Scaling. In: Keidel, W., and Neff, D. (eds.): Handbook of Sensory Physiology, V/2, 9. Berlin: Springer, 1975.